城市轨道交通行业合规实务操作指南

王松山　周海燕　王　凯 / 著

中国法制出版社
CHINA LEGAL PUBLISHING HOUSE

前　言

市场经济是法治经济，市场主体越多元、竞争态势越复杂，对企业竞争行为规范性的要求也就越高。当下，在全球市场竞争中持续强化企业合规已成为一个新趋势。对我国企业来讲，合规发展不单是防范自身风险的重要手段，更是实现治理体系治理能力现代化和高质量发展的内在要求；同时，对走向国际舞台的企业来讲，也是应对国际挑战、参与国际竞争的必由之路。

全国各地城市轨道交通的发展方兴未艾，其建设周期长、资金投入大、开发建设运营管理专业性强的特点，使得与城市轨道交通相关的合规管理风险日益凸显。如何在城市轨道交通行业开展合规管理并最大限度地降低合规风险，成为城市轨道交通企业亟待解决的问题。

较市面上关于合规管理类的法律图书不同，本书不拘泥于对合规管理体系建设的梳理及相应环节的操作提示，而是从城市轨道交通行业的实践角度出发，紧紧围绕如何在城市轨道交通企业进行合规管理实务展开。在对城市轨道交通行业的发展特点和其所涉及的专业领域进行分析的基础上，本书从城市轨道交通行业合规管理的原则及要求，合规管理的架构，合规管理的制度建设，合规管理的运行保障机制，合规管理的风险识别、评估与处置，合规管理的审计评估与合规文化培育等方面，对城市轨道交通企业的合规管理实务进行了翔实介绍，提供了实践操作指南。同时，结合实例进行评析，通过生动形象的案例进一步深化读者对轨道交通行业合规管理风险识别、评估与处置的理解和认识。

另外，本书的作者是来自城市轨道交通企业的法务管理者及律师事务所的合规实务操作者。本着从问题角度出发的原则，作者结合城市轨道交通企业合规管理体系的建设实践，有针对性地对行业合规管理实务提供有价值的实践操作指引，而非对合规管理泛泛而谈。

总之，本书是关于城市轨道交通行业合规实务的操作指南，致力于有效打造城市轨道交通行业合规管理体系，规避行业合规风险，促进城市轨道交通行业规范化经营，助力城市轨道交通行业高质量发展。本着“从实践中来、到实践中去”的原则，本书积极回应行业合规管理实务中出现的问题及合规风险解决的需求，以期对城市轨道交通行业的合规管理实务工作有一定助益。

目 录

第 1 章
城市轨道交通行业概述

第一节 城市轨道交通行业的发展特点

我国城市轨道交通发展先是缓缓起步，继而快速超越，从比世界第一条地铁晚 100 年到地铁运营规模的世界第一，成为城轨交通大国，总体保持了健康发展的势头，取得了令人瞩目的成绩。

20 世纪 50 年代，北京首次进行地铁规划编制，在“战备为主，兼顾交通”的前提下，开启了中国首条地铁线路——北京地铁一期工程的建设，该工程自 1965 年开工建设，线路长 23. 6km，标志着中国城市轨道交通发展拉开了序幕。70 年代，天津市建设了 7. 4km 地铁线路，上海、广州等城市开展了地铁建设技术研究工作。从 1965 年开始到 2000 年，我国仅有 4 个城市建成 7 条地铁线路，共计 146km，年均仅约 4. 2km。①

进入 21 世纪后，我国城轨交通建设开始提速，并很快进入快速发展新时期。亿万农民工进城，千万辆汽车上路，造成城市出行难的现实压力，出现了城轨交通市场的巨大需求。随着经济社会高速发展，政府实力大幅增加，具备了快速发展城轨交通的基本条件。2003 年，通过国务院办公厅颁布的《关于加强城市快速轨道交通建设管理的通知》等国家政策所带来的强大动力，促使 2003 年成为城市轨道交通进入快速发展新时期的重要分水岭。随着 1999 年年初出台的地铁国产化政策文件持续发力，国产化装备的应用促使建设成本下降。因地制宜的城轨制式多样化选择推动单位造价降低和工程周期缩短。

---

① 上半部分数据来源：中国城市轨道交通协会．中国城市轨道交通行业发展报告（2020）［M］．北京：中国铁道出版社有限公司，2020：第 3 页．

“十五”期间（2001—2005 年），10 个城市新建城轨交通运营线路 399km，年均 80km。2005 年年末，共有 10 个城市运营城轨线路 545km，开始提速。“十一五”期间（2006—2010 年），12 个城市新建 1054km，年均 211km。2010 年年末，共有 12 个城市运营城轨线路 1599km，比前 5 年翻了一番多。“十二五”期间（2011—2015 年），26 个城市新建 2019km，年均 404km。2015 年年末，共有 26 个城市运营城轨线路 3618km，又比前 5 年翻了一番。“十三五”期间（2016—2020 年），共有 27 个城市新一轮建设规划或规划调整获国家发展改革委批复，前 4 年共新增运营线路长度为 3118. 2km，年均新增运营线路长度 779. 6km。规划、建设、运营线路规模和投资额稳步增长，城轨交通持续保持快速发展趋势。①

2021 年当年，共有 3 个城市新一轮交通建设规划获得国家发改委批复并公布，获批项目中涉及新增线路长度 314. 6km。②

一、建设规模持续扩大

（一）网络化建设和运营持续扩大

2005 年前后，我国一个城市一条线的情况持续较长时间。2003 年，以“城市轨道交通网络化交通与运营”为主题的中国城市轨道交通论坛在上海召开，拉开了我国城市轨道交通网络化的序幕，北京、上海、广州先后进行了轨道交通网络化研究。2006 年，上海申通地铁集团有限公司完成了“城市轨道交通网络化系统综合研究专题”，并于 2007 年 11 月出版发行《城市轨道交通网络化建设与运营》；广州地铁在 2012 年完成网络化建设运营 12 个专题研究；同期北京也开展相关网络化规划研究。此后，我国城市轨道交通的网络化建设和运营规模持续扩大。目前，我国特大城市及部分大城市已基本实现轨道交通的网络化。

---

① 中国城市轨道交通协会．中国城市轨道交通行业发展报告（2020）［M］．北京：中国铁道出版社有限公司，2020：4.

② 《城市轨道交通 2021 年度统计和分析报告》，中国城市轨道交通协会信息 2022 年 4 月 22 日第 2 期，总第 26 期。

“十四五”期间，城市群、都市圈轨道交通将快速发展，城市群、都市圈规划中所批复的一批市域快轨逐步建成开通。2021 年国家发改委批复了《长江三角洲地区多层次轨道交通规划》《成渝地区双城经济圈多层次轨道交通规划》，未来随着城市群、都市圈轨道交通规划的推进，市域快轨将有一个较大的潜在发展空间。

（二）在建规模持续增长

截至2019 年年底，中国有56 个城市（含有轨电车建设城市12 座，个别由地方政府批复项目未纳入统计）在建线路总规模 6902. 5km（含部分已投运但仍实际发生投资的项目），同比增长 8. 3%，在建线路279 条（段），共有24 座城市的在建线路超过 100km。截至 2019 年年底，据不完全统计，中国在建线路可研批复投资累计 46430. 3 亿元，初设批复投资累计 39937. 4 亿元。2019 年共完成建设投资 5958. 9 亿元，同比增长 8. 9%，当年完成建设投资额占可研批复投资额的 12. 8%。共有 9 个城市全年完成建设投资超过 200 亿元。“十三五”前 4 年，我国城市轨道交通共完成建设投资 19992. 7 亿元，年均完成建设投资 4998. 2 亿元。2021 年全年共完成建设投资 5859. 8 亿元，在建项目的可研批复投资累计 45553. 5 亿元，在建线路总长 6069. 4km。截至 2021 年年底，共有 67 个城市的城轨交通线网规划获批（含地方政府批复的 23 个城市），其中，城轨交通线网规划在实施的城市共计 56 个，在实施的建设规划线路总长 6988. 3km（不含统计期末已开通运营线路）；56 个城市在实施建设规划项目的可研批复总投资额为 42222. 55 亿元。①

（三）多种制式设备协调发展

经过多年的发展，我国城市轨道交通已经从北京地铁 1 号线单一三轨供电的 B 车，逐渐形成根据不同城市特点和运量需求，因地制宜选择多制式、多类型、多速度的城轨 A、B、C 型车，单轨，有轨电车，智轨，磁悬浮，直线电机，市域 D 型车，市域 A 型车等轨道交通协调发展形势。

---

① 《城市轨道交通 2021 年度统计和分析报告》，中国城市轨道交通协会信息 2022 年 4 月 22 日第 2 期，总第 26 期。

二、运营服务逐步提升

（一）管理制度逐步健全

为贯彻落实国务院办公厅《关于保障城市轨道交通安全运行的意见》（国办发〔2018〕13 号）和《城市轨道交通运营管理规定》（交通运输部令 2018 年第 8 号）有关要求，指导各地做好城市轨道交通运营安全评估工作，进一步深化行业管理体系建设，交通运输部 2019 年陆续出台《城市轨道交通初期运营前安全评估管理暂行办法》（交运规〔2019〕号）、《城市轨道交通服务质量评价管理办法》（交运规〔2019〕3 号）、《城市轨道交通运营安全风险分级管控和隐患排查治理管理办法》（交运规〔2019〕7 号）、《城市轨道交通设施设备运行维护管理办法》（交运规〔2019〕8 号）、《城市轨道交通运营突发事件应急演练管理办法》（交运规〔2019〕9 号）、《城市轨道交通运营险性事件信息报告与分析管理办法》（交运规〔2019〕10 号），2022 年出台《城市轨道交通信号系统运营技术规范（试行）》（交运办〔2022〕1 号）等多项制度文件，基本构建了城市轨道交通运营管理制度体系。

（二）运营里程持续增加

截至 2021 年年底，中国共有 50 个城市开通城市轨道交通运营线路 283 条，运营线路总长度 9206.8km，同比上年增长 1237.1km，增幅 15.5%。据不完全统计，截至 2021 年年底，全国城轨交通累计配属车辆 9658 列，比上年增长 15.8%。全年完成运营里程 57.1 亿车公里，比上年增长 25.6%。2021 年全国共计 35 个城市有轨道交通新线开通，其中新增城轨运营城市 5 座（洛阳、嘉兴、绍兴、文山州、芜湖），新增运营线路 39 条，新增运营线路长度 1237.1km。从运营线网规模看，共计 24 个城市的线网规模达到 100km。其中，上海运营线路总长 936.2km，北京 856.2km，两市运营规模在全国遥遥领先，已逐步形成超大线网规模；成都、广州运营线路长度超过 500km；成都、南京、深圳的运营线路长度快速增长，跨进 400km；重庆、杭州的运营线路长度均超过 300km；青岛、天津、苏州、西安、郑州、大连、沈阳七市的运营线路长度均超过 200km；宁波、长沙、合肥、昆明、南昌、南宁、长春、无锡八市的运营线路长度均超过 100km。①

（三）运营效果逐步显现

据不完全统计，2021 年城轨交通全年累计完成客运量 236.9 亿人次，比上年增加 61 亿人次，增长 34.7%。北京全年累计完成客运量 30.7 亿人次，上海累计完成客运量 35.8 亿人次，广州累计完成客运量 28.4 亿人次，深圳累计完成客运量 21.9 亿人次，北京、上海、广州、深圳、成都等 5 个城市客运量占全国总客运量的 56.9%。2021 年，全国城市日均客运总量达到 6711.3 万人次，较上年增加 1579.6 万人次，增长 30.8%。上海日均客运量 1009.7 万人次；广州日均客运量 783 万人次；深圳日均客运量 599.4 万人次；成都日均客运量 493.6 万人次；武汉、南京两市日均客运量均突破 300 万人次；西安、杭州两市日均客运量均突破 200 万人次；日均客运量突破 100 万人次的城市有 5 个，依次为天津、郑州、沈阳、长沙、苏州。

2021 年，全国城轨交通平均客运强度为 0.48 万（km · d），客运强度同比增加 0.03 万人次/公里日，增幅 6.7%，但与疫情前的 2019 年全国平均客运强度相比减少 0.3 万人次/公里日，下降 32.4%。与 2019 年相比，日均客运量增长 1.1%，线路长度增长 36.7%。主要原因一是受疫情散发影响，北京、上海、广州等城市的客流未恢复到 2019 年疫情前的水平；二是新线路投运多，且新线路投运初期客流较少，新投运城市尤其是 2020—2021 年开通的天水、三亚、太原、株洲、宜宾、洛阳、嘉兴、绍兴、文山州、芜湖 10 市的线路少、单线多、没有成网、客流低；三是有轨电车、市域快轨等线路的开通也拉低了城市平均客运强度。从线网来看，线网平均客运强度超过 1 万人次/(km · d)的有 6 个城市，依次为深圳 1.39 万人次/(km · d)、广州 1.31 万人次/(km · d)、上海 1.16 万人次/(km · d)、西安 1.11 万人次/(km · d)、北京 1.09 万人次/(km · d)、长沙 1.00 万人次/(km · d)。从单线来看，2021 年线路客运强度最高的是广州地铁 1 号线 4.10 万人次/(km · d)，其次是广州地铁 5 号线 3.01 万

① 《城市轨道交通 2021 年度统计和分析报告》，中国城市轨道交通协会信息 2022 年 4 月 22 日第 2 期，总第 26 期。

人次/(km·d)，广州人员密集的高客运量线路多。如何提高客流效益是未来高质量发展亟须解决的问题。①

(四) 服务水平不断提高

2021 年，全国城轨交通高峰小时最小发车间隔平均为 272 秒，比上年略有缩短。进入 120 秒及以内的线路共有 18 条，其中，北京地铁 9 条、上海地铁 5 条、深圳地铁 1 条、成都地铁 1 条、南京地铁 1 条、杭州地铁 1 条。上海地铁 10 号线高峰小时最小发车间隔达到 100 秒最短，创了新的纪录。北京、上海、广州、深圳、重庆、南京、武汉、成都、西安、苏州、杭州、郑州、青岛、天津共 14 个城市的 64 条城轨交通线路高峰小时最小发车间隔进入 180 秒以内，占总线路条数的 23%。2021 年，城轨交通平均运营服务时长 17h/d，比上年略有增长。城市平均运营服务时长以北京 18.5h/d 为最长。据不完全统计（部分线路数据填报不完整，且不包含部分有轨电车相应数据），共发生 5 分钟及以上延误事件 1540 次，平均 5 分钟及以上延误率 0.27 次/百万车公里，同比增长 8.9%；列车退出正线故障共计 6777 次，平均退出正线运营故障率 0.012 次/万车公里，同比下降 25%。②

(五) 运营成本有所下降

据不完全统计（本次计入 31 个城市数据，不含部分市域快轨和有轨电车数据，以及营据填报不完整城市），2021 年全国城轨交通平均单位车公里运营成本 23.6 元，同比下降 0.42 元。平均单位人公里运营成本 1.17 元，同比增加 0.14 元。总成本中工费占比 51.2%，同比减少 2.7%；电费占比 9.6%，同比减少 0.9%。全国城轨交通平均单位车公里运营收入 13.27 元，同比增加 0.73 元。平均单位人公里运售收入 0.66 元，同比增加 0.04 元。平均单位票款收入 0.24 元/（人·km），同比减少 0.05 元。

2021 年，全国平均运营收支比为 68.7%，同比增长 3.7 个百分点。总收入

---

① 《城市轨道交通 2021 年度统计和分析报告》，中国城市轨道交通协会信息 2022 年 4 月 22 日第 2 期，总第 26 期。

② 《城市轨道交通 2021 年度统计和分析报告》，中国城市轨道交通协会信息 2022 年 4 月 22 日第 2 期，总第 26 期。

同比增长 24.9%，其中票款收入同比增长 24%。①

三、资源开发稳步推进

随着城市轨道交通的快速发展，四通八达的网络化运营和庞大的客流衍生出特定的社区商业资源，对该生态资源进行商业开发，整合经营，实现资源的价值化，既方便了乘客，也为城市轨道交通带来收入。该特定社区资源商业经营已成为城市轨道交通企业运营外的主要业务之一，也是城市轨道交通企业可持续发展的根本路径和战略选择。

（一）专业组织构建

2007 年，由上海、北京、广州、天津、重庆、南京、苏州、杭州、武汉、深圳和成都 11 家城市轨道交通企业发起成立了城市轨道交通资源经营协作委员会。2014 年 6 月，中国城市轨道交通协会资源经营专业委员会成立，标志着中国城市轨道交通行业中资源经营领域迈入新纪元，目前成员单位涵盖国内所有轨道交通建设运营企业。

（二）经营业务模式

中国城市轨道交通资源经营业务模式分为两大类："物业开发"和"广通商"。其中，"物业开发"包括土地储备和出让，以及商业住宅等物业开发；"广通商"包括物业租赁、车站商业、传媒广告、信息通信，以及其他业务。车站商业、传媒广告、信息通信三大业务各城市基本都经营，而物业开发和物业租赁业务开通地铁较早的城市基本都有经营，但新兴城市则有部分尚未涉猎。

（三）资源经营开发情况

截至 2020 年年底，超过 40 个城市有经营传媒广告、车站商业和信息通信三类资源。其中传媒广告是普遍经营的类型，有 38 个城市经营该类型，车站

① 《城市轨道交通 2021 年度统计和分析报告》，中国城市轨道交通协会信息 2022 年 4 月 22 日第 2 期，总第 26 期。

商业为39个城市；信息通信为35个城市；物业租赁及管理为29个城市；20个城市经营物业开发。珠三角城际涉及经营的资源有传媒广告、车站商业和物业租赁及管理。五类资源均有经营的城市有上海、广州、武汉、南京、南昌、杭州、长沙、徐州、贵阳。

2021年，城市轨道交通资源经营总收入为439.9亿元（即非票务收入），相比去年减少47.1亿元，同比下降9.7%（下降的主要原因是由于物业开发收入的减少）；收益方面，据不完全统计达到125.1亿元。其中，2021年收入构成中，物业开发收入为296.7亿元，占总收入的67%，广告传媒、民用通讯、商业经营收入为143.2亿元，占总收入的33%；物业开发收益为78.4亿元，占总收益的63%，广告传媒、民用通讯、商业经营收益为46.7亿元，占总收益的37%。城轨交通物业开发，即TOD（transit－oriented development）仍是轨道交通资源经营的主要部分。[①]

四、企业发展呈现多元化

（一）企业组织结构多样化

由于不同城市轨道交通发展思路和历程有所不同，近年来我国轨道交通企业组织机构呈现多样化发展趋势，主要有以下几种形式：

1. 投资、建设、运营“三分开”的组织结构

该模式以北京地铁为代表。为加强融资能力，2003年11月17日，北京市政府将北京地铁集团公司改组，分别成立了负责融资、建设管理和运营的三家公司，采用了建设、管理、运营“三分开”的经营模式。其中，北京市基础投资建设有限公司承担北京市基础设施项目的投融资和资本运营任务，并作为北京地铁业主，委托建管公司建设地铁新线项目，建成后委托运营公司运营。目前运营主体主要是北京市地铁运营有限公司、北京京港地铁有限公司等（2020年8月4日，北京市基础设施投资有限公司与北京市轨道交通建设管理有限公

① 参见中国城市轨道交通协会公众号，https：//mp. weixin. qq. com/s/UF－yicPL1GFl7MImJpsaEA，最后访问时间：2022年9月10日。

司合并，由北京市基础设施投资有限公司行使出资人职责）。

2. 投资、建设、运营一体化的组织结构

该模式是目前国内多数城市采用的模式，集团下辖建设、运营等多个子公司，业务涵盖规划、设计、建设、运营全过程，以有效发挥集团优势，整合资源。

3. 城市大公交模式

为整合城市公交资源、促进城市公共交通一体化发展，近期部分城市陆续开始策划轨道集团与公交集团的合并工作，最终形成大公交集团。

4. 与铁路融合发展模式

（1）与地方铁路投资公司合并重组模式

以贵阳为例，为更好地发展市郊铁路，促进城市轨道交通和市域铁路多网融合发展，贵阳市于 2019 年 2 月在贵阳市城市轨道交通有限公司和贵阳铁路建设投资有限公司的基础上，重组成立贵阳市城市轨道交通集团有限公司，内部形成了“九部三室一总两分五子”的管理架构。

（2）代管铁路运营的模式

为支持粤港澳大湾区发展，实现推进大湾区城际客运公交化运营的要求，2019 年 4 月，广州地铁集团有限公司正式承接四条城际铁路的运营工作，分别为广清城际、新白广城际、广珠城际延长线、广佛环线，构建珠三角城际铁路网的轨道交通运营模式。

（3）合资成立市郊铁路公司模式

2008 年 5 月，按照北京市委市政府统一部署，北京市基础设施投资有限公司作为出资人代表与北京铁路局共同投资组建了北京城市铁路投资发展有限公司，负责市郊铁路 S2 线的建设和运营工作。2017 年，全力推进市郊铁路城市副中心线和怀柔—密云线 2 个国家示范项目建设工作。截至 2020 年 7 月，北京市市郊铁路运营总里程达到 353. 5km。①

（4）同时负责市域铁路建投资建设和经营管理模式

天津轨道交通集团有限公司成立于 2014 年 7 月，是经天津市委、市政府批

① 《城市轨道交通 2021 年度统计和分析报告》，中国城市轨道交通协会信息 2022 年 4 月 22 日第 2 期，总第 26 期。

准组建的大型国有企业集团，现注册资金 407 亿元，资产规模已达 3100 亿元，员工 10000 余名。天津轨道交通集团有限公司是集投资建设、运营管理、维修养管、综合开发于一体的轨道交通发展新主体，履行城市轨道和市域铁路投资建设与经营管理职责，为市民出行和货物集疏提供快捷、高效的运营服务。公司承担天津市地方铁路的投资建设和运营管理任务，参股运营李港铁路，参股建设京沪高铁、京津城际铁路、津秦客运专线和津保铁路，拥有铁路综合施工总承包、市政工程施工总承包、房建工程施工总承包一级资质；承担天津市地铁投融资、建设、运营管理和资源开发职能。

综上可以看出，为适应不同的发展需求，轨道交通企业的组织结构呈现不同模式。如北京的“三分开”管理体制主要是为适应 2008 年北京奥运会之前的快速发展需求，长春的轨道与公交集团合并是为了更好实现城市公交系统发展一体化，广州地铁承接城际铁路的运营工作是为了粤港澳大湾区发展。因此，不同的企业组织结构有其特定优势和适用环境，轨道交通企业应因地制宜，选择适应自身需求的组织结构和管理模式。

（二）投融资模式多元化

近年来，城轨企业不断探索并形成了多元化的投融资模式。其中，以下几种模式对于降低城轨企业负债，提高可持续发展能力效果较为显著。

1. 采用较高政府资本金比例

城市轨道交通的建设投入巨大，城轨企业负债越大就对企业的可持续发展越不利。因此，在财政能力较强的城市应适当提高城市轨道交通建设政府资本金投入比例，可直接降低城轨企业负债、降低运营期还本付息压力，增加企业可持续发展能力。

2. ABO 模式

授权（Authorize）—建设（Build）—运营（Operate）（ABO 模式）首创于 2016 年 4 月，北京市交通委员会代表北京市政府与北京市基础设施投资有限公司（以下简称京投公司）签署《北京市轨道交通授权经营协议》。在该协议中，北京市政府授权京投公司履行北京市轨道交通业主职责，京投公司根据授权负责整合各类市场主体资源，提供北京市轨道交通项目的投资、建设、运营等整体服务；北京市政府履行规则制定、绩效考核等职责，同时每年支付京投公司授权经营服务费，用以项目的建设、更新改造和运营亏损补贴等，满足其提供全产业链服务的资金需求。京投公司成为北京轨道线网的统一“业主”。

3. “轨道 + 物业”模式

城市轨道交通建设对城市经济和社会发展有着极大的促进作用，有着较强的外部效应，但由于种种原因，城市轨道交通建设增加的经济效益无法直接转移到城轨企业。为提高城轨企业的可持续发展能力，政府应适当给予政策倾斜，支持城轨企业参与轨道上盖物业开发，推动站城一体化开发。典型代表为深圳地铁集团，“轨道 + 物业”是深圳市政府一直推行的理念。深圳市“轨道 + 物业”的经验比较丰富，且整体开发效益高，开发流程成熟，对国内其他城市有较强的借鉴价值。综合开发是一项系统工程，从开发立项至建设，涉及政府部门、地铁公司、咨询机构等，需要地铁公司主动作为，积极介入轨道交通前期研究工作，配合政府相关部门做好综合开发前期研究工作。深圳市的开发经验不仅仅体现在土地制度创新、合作开发模式、持有经营物业等方面，更多是做好各个阶段衔接配合工作，特别是盖上开发与盖下结构协调方面，建立了良好的工作机制，取得了较好效果。

据上海清算所官网公布的深圳地铁集团 2019 年年报，2019 年深圳地铁实现营业收入 20.9 亿元，同比增加 84.9%，净利润 116.9 亿元，同比增加 61.2%，成为国内盈利能力最强的轨道交通企业。深圳地铁之所以能有较高的盈利能力，与房产开发的关系很大。根据深圳地铁 2019 年年报，报告期内，深圳地铁房地产开发实现营收 140.3 亿元，约占年内总营收 67.6%，远超过地铁运营带来的 43.6 亿元收入。①

4. 成本规制模式

轨道交通成本规制模式是指通过合理界定轨道交通企业的正常经营成本范围，建立成本标准，并以此测算财政补贴的方法。其目的是厘清轨道交通企业政策性亏损和经营性亏损的边界，政府、企业算清“明白账”，改变以前完全由财政兜底式的补贴模式，使财政补贴有据可依，提升财政资金的利用效率。

公共交通领域最早出台成本规制办法的企业是青岛的公交公司，后经国家

① 中国城市轨道交通协会．中国城市轨道交通行业发展报告（2020）［M］．北京：中国铁道出版社有限公司，2020：12.

开发银行总行考察和宣介推广，2018 年 11 月，福州市成为国内首个出台轨道交通成本规制管理办法的城市。截至目前，青岛、济南、成都、苏州、郑州、贵阳、南通等国内多个城市也陆续出台相应的轨道交通成本规制办法。基于成本规制管理办法的轨道交通融资模式也是目前国内地铁项目融资领域中最主要的融资模式。

5. 公募 REITs（Real Estate Investment Trust）

2021 年 5 月，首批 9 只公募 REITs 产品正式发售，标志着我国公募 REITs 业务正式进入新篇章，公募 REITs 具有权益型融资工具属性，在盘活存量资产的同时，可以有效帮助企业降低负债率，是资本市场积极服务国家战略和实体经济发展的重要举措。

第二节　城市轨道交通行业所涉及的专业领域

一、规划设计领域

科学规划是轨道交通行业发展的基础，应坚持规划先行，加强规划龙头作用。规划是龙头，是整个轨道交通建设的指引，实践中应树立建轨道就是建城市的理念，发挥城市轨道交通在城市发展先行和引领作用，促进城市发展与轨道交通发展的深度融合。

坚持多规合一，高度重视线网规划。近年来是国土空间规划编制的关键时期，也是城市轨道交通与城市发展深度融合的关键时期，应特别重视这个阶段的城市轨道交通线网规划工作，切实提高规划的科学性和合理性，重视轨道交通网络的战略布局工作，提出前瞻性布局、多规融合、一体化衔接、引领式发展。重点方向包括与国土空间规划协调编制的技术方法和行动策略、TOD（transit-oriented development，以公共交通为导向的开发模式）开发与城市深度融合、多网融合、网络功能层次研究等。

同时，规划编制过程中也应兼顾效率效益，合理控制建设规模。轨道交通是城市重要的基础设施，投资较大，需认真落实“52 号文”（《国务院办公厅关于进一步加强城市轨道交通规划建设管理的意见》）的要求，理性编制建设规划，合理控制建设规模，科学把握建设节奏，防止城轨建设“大干快上”降低质量保障。另外，智慧城轨需要规划设计具有前瞻性，规划设计咨询单位应支持智慧城轨自主技术和产品的研发和应用，注重研究、学习、接纳创新成果，敢于在规划编制和工程设计中应用，为创新成果铺路架桥。

（一）与城市规划协调发展

城市轨道交通线网规划是以城市规划为依据，线网规划理念逐渐由从工程规划预留转变为对城市的适应和引导。城市的规模、人口、经济与轨道交通规划的线路规模、车站数、线网密度紧密相关，城市轨道线网采用的制式和敷设方式以及规划的投资，应与城市财力、城市规模及发展布局协调统一。

整体来看，城市的规模、人口、经济与已批复的线网规模基本相适应，部分城市线网规模超过预期，高于同类型城市平均水平。按照区域功能划定，可以把建设规划已批复的城市划分为四类，在一、二、三类城市中，轨道交通制式呈多样化发展。近年来，一、二类城市新增市郊铁路项目大规模增长，中低运量规划持续增加；三类城市除地铁外，大力发展轻轨、有轨电车等制式；四类城市中省会城市主要规划为地铁，部分次级中心城市以单轨、市郊铁路为主，从批复情况来看，整体趋势仍是具备建地铁条件的。

（二）与城市经济持续发展

与“十三五”时期相比，“十四五”期间建设规划批复城市、规模及投资总体稳中有降，审批速度有所减缓。历年批复城市数量、建设规模及投资有所下降，而 2018 年指标上升主要因“52 号文”发布前后一年间积累的建设规划均于 2018 年下半年集中批复。同时，“52 号文”提出原则上本轮建设规划实施最后一年或规划项目总投资完成 70% 以上的城市方可开展新一轮建设规划报批工作，轨道交通审批速度有所减缓。

“十四五”期间轨道交通巨额的资金需求，仅依靠政府资本金和银行贷款的融资模式难以持续，资金多元化的投融资模式初见成效。目前，从“十四五”期间获批建设规划的典型城市轨道交通投融资实践来看，城市轨道交通投融资发展大致可划分为三种情况：政府承担更多责任和压力，如西安、乌鲁木齐、贵阳、长沙、沈阳等；政府和轨道交通企业共同承担责任，共同协作，发挥各自优势，形成可持续发展动力源泉，如武汉、成都、南京、杭州、青岛等；在政府以优惠价格“给予”优质土地资源的前提下，可自给自足，形成长期良性发展，此阶段政府给予轨道公司政策和资源，由轨道公司独立运作，形成大量长期稳定现金流，实现轨道交通可持续发展，如北京、上海、深圳、广州。因此，城市轨道交通投融资发展不能脱离城市发展的客观现状，城市发展阶段的不同，可供城市轨道交通投融资发展选择的策略也不相同。总体上，城市轨道交通项目投融资可持续发展的资金保障来源，主要为外部的政府支持及内部的企业自主投融资。外部主要是政府给予的政策、资源和各类财政资金支持。内部方面企业既要开源也要节流，一是挖掘自身资源，发挥自主融资作用；二是努力扩大票务收入（制定合理票制票价）；三是充分挖掘传媒广告、信息通信、物业开发及车站商业等非票务资源收入（包装车厢、包装车站等）；四是大力实施沿线物业开发，增加物业收入（寻找旅游资源、整合旅游项目等）；五是降低运营成本，控制重置、更新支出。

（三）与城市产业融合发展

加快培育发展以轨道为交通支撑的现代化都市圈，需要统筹考虑都市圈轨道交通网络布局，构建以轨道交通为骨干的通勤圈。近年来，随着市郊（域）铁路、市域快线规模的增长，各地的轨道交通逐渐进入网络化运营，轨道交通由快速的工程建设转化为以需求为导向的高质量发展，线网规划以为市民提供完整、便捷的出行服务为着眼点，从出行的需求出发厘清各种城市轨道交通制式在线网中的层级和功能，国家和各城市相继提出“四网融合”“三铁融合”等理念，各地线网规划均提出了“互联互通”“以人为本”的需求，规划设计理念的提升促进了新型车辆、智慧轨道等产业的蓬勃发展。

（四）面向都市圈发展的需要，市域轨道、市域（郊）铁路快速发展

2019 年《粤港澳大湾区城际（铁路）建设规划》中的线路提出参照城市轨道模式，探索城际轨道规划、建设、运营管理等方面在各领域的审批与备案工作机制。为面向都市圈的发展需要，城市轨道交通规划突破了行政区的禁锢，用更经济、便利的方式解决交通需求。

根据《关于促进市域（郊）铁路发展的指导意见》，将市域（郊）铁路“公交化”的规划纳入城市轨道交通规划的一部分。如北京市重点研究了市郊铁路线网规划与建设计划，充分利用既有铁路资源，适当改造，有序新建，于 2018 年陆续开通多条线路。

二、工程建设领域

随着我国经济高速发展，各城市轨道交通同时快速建设。又由于我国轨道交通发展起步较晚，现阶段又是采取跨越式发展方式，所以导致了在轨道交通快速建设中逐渐暴露出一些问题。在网络化建设中，环境制约是建设难度及风险的重要来源。在房屋和市政隧道的近接施工方面，当前工艺技术已经较为成熟，但由于环境制约导致的特殊工法所造成的施工风险，仍然是各城市轨道交通建设的重难点。同时，文明施工仍需进一步优化。施工对城市的影响仍是轨道交通建设的重要矛盾，空气污染、噪声污染、光污染直接对居民的生活造成不同程度的影响，管线切改、土方工程、混凝土工程、夜间施工、大型设备运转等对城市的影响和应对举措值得深思。

根据当前的建设形势，应着重推动轨道交通智慧建造发展，加快施工自动化技术的研发，增强现场感知能力。通过对自动化数据的集成分析，有效利用信息资源，推动城市轨道交通建设在智能化、智慧化方向进一步发展，从而促进轨道交通建设高质量发展。

在管理方面，信息化管理逐步形成趋势，各类平台系统层出不穷。但由于管理平台数量多，操作复杂的问题，导致在各层面的推广应用效果不佳。尤其在现场层面，过多的系统数量与复杂的操作，让很多初衷很好的管理系统的应用只流于流程，无法真正地发挥作用。信息平台整合及手持终端的轻量化方面，仍有较长的路要走。

轨道交通施工规范，主要分为国家标准、地方标准和企业标准三个层面，由于地下工程施工情况与建设当地水文地质情况息息相关，国家标准很难对其进行统一要求，而同一地区的地方标准之间，存在标准不统一，甚至有冲突的情况。企业标准也应与时俱进，根据施工技术的发展现状，及时更新企业标准。只有在各层面文件标准真正具有指导意义的情况下，施工质量才能得到稳步提升，从而促进行业整体发展。

（一）施工安全管理

在轨道交通施工过程中，应深化双重预防机制建设，通过实行风险分级管控和常态化安全隐患排查整治，采取更严格的危大工程安全管理和重大风险管控措施强化常态检查，保障地铁实时平安。督促落实常态化隐患排查责任，实行常态化现场带班检查，以辛苦指数换平安指数。应积极响应建设“平安地铁”行动倡议，切实转变工作作风，把工作落实到现场，以踏实的行动和辛勤的汗水换取平安。强化技术安防，保障建设过程平安，稳步推进工程技术应用实施，加强信息化建设。

工程施工过程中应保障施工现场风险管理全覆盖，实现风险管理专业化及动态管控。聘请风险咨询单位进行专业风险咨询及日常风险巡查，以提高风险管理效率，加大风险管理覆盖面，增强风险管理的专业性。应建立安全管控平台，实现隐患排查治理、风险管理、视频监控，以信息化手段实现施工现场安全动态管理，大幅度提高管理精度和速度。

施工过程中应建立安全督导工作制，切实做好安全生产管控。成立相应的安全督导组，下发规范安全督导工作机制的通知，形成“督导日报每周总结、分级约谈”的循环改进机制，并按隐患整改时限、隐患级别等由监理、下属公司、督导组、安质监管分管负责人、安委会副主任等分级管控、分级督办，按照“谁主管、谁负责”和“全方位覆盖、全时段盯控、全过程闭环、全面留痕迹”的原则，切实做好安全生产管控工作。一是全面推动信息化系统安全管理，完成隐患排查系统人员设备档案管理、安全培训、考试管理、黑名单管理和重要工序管控五大功能开发；二是充分利用风险监控和隐患排查点巡检系统，建立全员、全过程参与的隐患排查治理体系。利用安全风险监控系统开展线上线下隐患排查，结合大数据统计分析，实现了隐患排查多方响应、重点盯防、重点约谈的治理闭环模式。充分利用第三方单位，做好监控量测、盾构掘进参数控制、起重吊装、瓦斯隧道瓦检、原材料及成品质量的过程管控。

（二）施工质量管理

在轨道交通施工过程中，应按照要求全面落实改进和优化措施，实施标准化建设和网格化管理、文明施工管理、绿色施工和生态文明建设。建立以项目经理为第一责任人的质量管理机构，项目质量总监为质量管控主抓手，现场各工点配备质检员，形成质量责任管理“一个核心、一个抓手、基层落实”体制。建立项目安全风险管控双控体系、风险识别手册。建立钢筋集中加工中心，订单化生产，定点配送。人工加工钢筋的质量控制一直是难点，在工程建设中应全面推进工厂化标准化加工，大幅度提高直螺纹钢筋、箍筋等质量，提高生产效率，降低安全风险，使加工场所更加整洁。采用标准化定型围挡，提升施工区围挡的形象，使其更加美观。同时，应建设应急体系，构建统一指挥、协同作战的应急救援体系，通过相关系统查询所有地铁在建工程的应急物资和应急人员分布情况，依托各参建单位成立应急救援队伍和应急中心仓库，重点配备汽车吊、装载机、随车吊、挖机等应急机械和全液压隧道多功能钻机、发电机组、吨袋、填充沙袋等应急设备物资，定期开展基坑坍塌、隧洞坍塌、防台防汛及消防事故等应急演练。持续推进标准化工地建设工作，施工项目从扬尘治理、噪声控制、环保水保等方面落实文明施工常态化管理工作，通过多种措施建设生态地铁，打造美丽工地。

工程施工过程中，开展质量安全标准化实践，把标准化管理作为质量安全管控的重要抓手，从“管理标准化、现场安全标准化、文明施工标准化、质量控制标准化”四个方面积极开展实践研究。以建设单位为主导，协调、带动、督促各参建单位推进标准化管理进程，建立各主体单位的标准化管理组织网络，开展盾构管片生产、机电铺轨、通信信号、装饰装修、BIM（Building Information Modeling，建筑信息模型）技术等标准化创建工作，同时通过开展检查评价工作，持续推动、提升标准化管理水平。建立质量管理制度和质量运行机制，汇编工程标准化手册，按照国家有关法律、法规、设计图纸及施工合同组织施工，施工及验收采用企业标准及企业验收质值标准。在施工前由技术负责人编制施工组织设计及各项施工技术方案、施工技术交底，在施工过程中每道工序完成后进行验收，认真实施旁站制度及“三检”验收制度和各项管理措施。

三、运营管理领域

（一）智慧运营快速发展为运营创新提供历史性机遇

城市轨道交通是智慧交通的重要组成部分，提高其精细化管理和精准化服务，需要智能化技术作为基本手段。随着我国轨道交通建设和运营规模快速发展，轨道交通基础设施和技术装备的规模日益增加、系统集成更加复杂，给轨道交通运营和设备维护工作带来巨大压力。传统的运营管理手段和设备维护模式不能很好适应网络化运营条件下的新需求，检修效率低、维修成本高已经成为常态，因此，近年来行业在逐步探索和实践智慧运营。大数据、物联网、在线监测平台、智能建设及运维平台、人工智能技术的应用，将进一步丰富和完善运营维护场景，智能客服、智能车站、智能调度、智能维修等将得到快速发展和应用，进一步提升运营服务水平。广州地铁正在研究构建轨道交通智能平台，以及全息感知精准服务、高效安全运行保障、设备智能诊断和健康管理、绿色节能环保等创新技术，实现提升服务质量、运维效率、运营效益和保障运营安全的目的。2020 年 3 月，《中国城市轨道交通智慧城轨发展纲要》发布以来引发行业强烈反响，有力推动了行业的技术创新。智慧城轨被纳入《“十四五”现代综合交通运输体系发展规划》。北京、上海、广州、深圳、重庆、南京、武汉、西安等 20 多个城市相继编制了智慧城轨发展规划、信息化建设规划或推进智慧城轨建设白皮书等，2021 年智慧城轨建设取得新进展。

以智慧车站为例，利用大数据、移动互联网等技术手段，在客流预测监控、设备巡视管理、应急指挥、车站站务管理等方面实现自动化，各类生产和服务信息集中进行显示、分析和处理，作业命令直接推送到各岗位，有效提升车站服务水平、综合管理能力和运营效率。上海地铁积极推进智慧车站应用，实施车站设施设备状态监控后，大幅度缩短车站站务人员开关站时间，汉中路等换乘站原来每天早晚开关卷帘门、电梯、照明等系统需要两个多小时，智慧车站试点后只需要不到半小时。深圳地铁联合华为打造“5G + AI”智慧运营，探索无人机巡检、巡视机器人等技术产品，利用无人机在地铁轨道行驶区域巡航监测，使远程操控人员以第一视角进行控制和监控，并将无人机拍摄到的全景视频画面通过 5G 网络传输实时回传，第一时间发现异常、提早预防危险、迅速做出反应。巡视机器人通过人脸抓拍、识别功能，在车站替代安保人员进行巡视，为运营单位优化站务管理、票务管理、设备管理等日常工作创造了条件。

以智慧维修为例，上海轨道交通车辆智能运维系统于2018 年5 月获批中国城市轨道交通协会示范工程，2019 年 1 月被国家发展改革委批复为增强制造业核心竞争力关键技术产业化项目，研发车联网系统、轨旁车辆综合检测系统和车辆维护轨迹系统，为减少运营故障、缩小运营影响、降低故障等级、确保运营安全等提供技术支撑，人车比由 0.6 减为 0.33。2018 年，17 号线列车无运营故障间隔里程超过 10 万 km，相比过去新线开通首年的运营水平提升 63.7%，未来将实现线网车辆基地和所有列车全覆盖。成都地铁研发轨道智能巡检机器人，以最高 30km/h 的速度运行，充电一次可运行 50km，对轨道线路道床、扣件和钢轨进行精准检测，及时发现扣件缺失、断裂、浮起，钢轨裂缝，道床积水、异物等情况。若采用人工检测，每条线路需要 10—20 名轨道检修工每天凌晨进入隧道步行检修，每小时完成 5km 轨道线路，作业效率低、检修质量无法保证，还有随着运营线路不断延长，巡检工作需要占用大量的人力和工时，同时对轨行区安全管理带来隐患，难以适应城市轨道交通快速发展的需求。相比之下，巡检机器人检测效率远高于人工巡检，且准确度高，是未来轨道线路巡检技术提升的方向。

推动城市轨道交通运营不断提升系统安全、优化运维管理和降本增效是发展的永恒目标，智慧运营的快速发展和应用为运营管理创新发展提供了历史性机遇。未来一段时间，在新技术推广应用下，运营单位将在岗位融合、组织架构调整等方面不断推进管理模式优化，同时对设施设备建设运营一体化维护、多专业融合维护等也创造了条件。

（二）全自动运行系统大量投用对运营管理提出挑战

北京地铁燕房线示范工程与具有完全自主知识产权的全自动运行系统，为推动我国轨道交通装备自主创新迈出重要一步，也为创新运营管理模式创造了条件。目前，全自动运行系统正在进行大规模建设，未来一段时间将大量投入运营，在保障运营安全的条件下，如何充分发挥全自动运行系统的技术优势，在运营效率、运营可靠度、运营安全性和运营成本等方面创造出比既有线路更佳的运营表现，这对运营管理工作提出挑战。

2017 年 12 月，北京地铁燕房线开通运营以来，在安全运营、行车效率、节能降耗、服务质量等方面的表现均优于以往非全自动运行线路，有效满足了运营需求，改善了乘车体验。上海地铁 10 号线是国内首条大客流高运量的全自动驾驶地铁线路，日均客流近百万人次，2014 年 8 月 9 日实现有人值守的全自动驾驶运营模式，2017 年 3 月 10 日实现低谷客流运营时段 UTO（Unattended Train Operation，列车无人值守）模式的全自动驾驶运营模式。深圳地铁四期工程将配置全自动运行系统，在地铁 12 号、13 号、14 号和 16 号线实施。2019 年 2 月，成都地铁 9 号线长编组全自动运行地铁车辆开始调试工作，列车全长 185m，宽 3m，采用铝合金车体，最大载客量可达 3496 人，采用最高自动化等级（GoA4）的全自动运行系统，最高运行速度 100km/h，具有自动唤醒、自动运营以及远程控制等功能，搭配通过以太网实时传输的网络控制系统和故障检测装置，列车集智能性和安全性于一体。

全自动运行系统通常配置障碍物及脱轨检测装置、车门与站台门智能对位隔离技术、车辆功能远程控制技术，以及多部件在线检测系统等。智能化系统的应用，将列车和车站的更多智能转移到控制中心调度员。列车出入库、列车唤醒与出车前检查、列车运行工况、列车运行及停站、开关车门/屏蔽门、车门/屏蔽门夹人夹物探测、轨道障碍物探测、列车折返等主要功能都将实现自动化。在没有乘务人员的情况下，列车空调设置、乘客与控制中心通话、车载 PIS（Passenger Information System，乘客信息系统）广播设置等均可在控制中心远程操作，同时车辆子系统数据实时传输至地面控制中心，实时掌握车辆状态和快速故障报警。新技术的应用要求运营管理模式进行转变和适应，对列车管理、车站巡视、车辆段管理等均需要进行优化，同时对控制中心管理提出了更高的要求。

因此，如何充分发挥全自动运行系统的技术优势，培养专业技能复合型人才，提高劳动生产率、改善运营维护策略、降低运营维护成本等，需要建立相关技术标准、法律法规和生产制度，特别是对调度、乘务、站务、车辆、信号之间的相互协作、联控、联合作业等方面进行规范，是未来一段时间运营单位和行业管理亟须解决和改善的重要内容。

（三）运营管理体系建设将进入深化应用和不断完善阶段

《国务院办公厅关于保障城市轨道交通安全运行的意见》和《城市轨道交通运营管理规定》明确了城市轨道交通运营管理的顶层体系架构，为未来一段时间城市轨道交通运营管理工作指明了方向。2018 年，交通运输部为及时了解各地城市轨道交通运营管理情况，更好地推动城市轨道交通运营管理制度实施，建立城市轨道交通运营管理联络员制度，负责情况报告、信息报送和研讨交流等工作，强化与相关单位和部门联络沟通，同时还成立城市轨道交通运营专家库，对初期运营前安全评估等工作加强指导。2019 年，陆续发布了多项规范性文件，对运营安全、客运服务、行车组织、设备维护和应急管理等提出了要求。

未来一段时间，运营管理体系建设将进入深化应用，在运营指标分析与应用、智慧运营、设施设备维护、应急管理等方面的工作将更加深入，通过实际工作不断完善和发展运营管理体系。

四、资源经营领域

近年来，我国轨道交通发展迅猛，截至 2021 年年底，已经开通轨道交通的城市达到 50 个。轨道交通已经成为城市交通的主力，相比一线城市的稳定发展，二线城市轨道交通的发展空间则更为宽广，给轨道交通资源经营提供更加宽广的空间。如何更好地发挥轨道交通资源经营的效益和特点成为每个轨道交通企业关心的问题。

随着轨道空间内资源经营持续增长的需求，以及市场中的商业、产业，特别是媒体传播行业近几年已经且还在不断发生着颠覆性的变化，全国资源经营面临着资源升级、业态升级、产品升级。因此，在自身经营增长和市场转型升级双重需求下，轨道交通的资源经营有必要从开展创新型经营和营销策略探究的高度重新出发。轨道交通资源的进一步开发，既需要关注并理解市场中资源经营的转型升级新办法，同时需要跨领域、跨行业拓展思路和视野，最终延伸创新出轨道交通资源新的商业模式。

在物业开发经营方面，“建轨道就是建城市”“运营轨道就是运营城市”

已成为共识，几乎所有在建和规划发展轨道交通的城市都在大力推进 TOD。在过去的几年间，各城市集中出台了多个支持 TOD 综合开发的地方性法规和指导意见，针对 TOD 推进过程中最常遇到的规划统筹、行政审批、土地收储、开发权获取、合作开发模式、收益分配等方面的关键问题进行了探索创新。更有不少城市将 TOD 作为城市战略推进顶层设计。

在传媒广告经营方面，2017 年以来，各级各地广电机构不断加大经营创新力度，经营结构发生重要变化，广告收入占创收收入的比重不断降低；户外媒体近年来不断升级新技术，人脸识别、裸眼 3D、移动 VR 等技术的应用使户外新媒体具有了社交化、数字化、智能化的属性，增强了与用户的联系，有助于实现场景化营销，不断提升价值。

在零售商业市场上，各种零售形式不断创新。每一种新零售的出现都是基于成本和效率所做的新商业模式的探索。轨道交通资源有必要借势城市发展的商业资源，探究其共同发展的协同模式。

站在城市整体商业格局来看，城市轨道交通把第一空间的居住地、第二空间的工作场所、第三空间的购物餐饮休闲聚会等场所连接起来，为不同空间内的人和商业的流动提供了便捷，为城市不同空间内的商业融合构建着枢纽类平台。在当前瞬息万变的商业市场中，要想取得长效持续的业绩增长，必须具备逐渐向平台运营方向转型的思路逻辑。

五、技术装备领域

2019 年 9 月，国务院发布《交通强国建设纲要》，明确提出了 2035 年基本建成交通强国的目标，城市轨道交通进入高质量发展时代。城轨交通技术装备以创新发展理念为引领，以技术创新为驱动，以信息网络为基础，面向高质量发展需要，搭载人工智能、大数据、云计算、智能感知、5G 通信等技术，在自主化、智能化、标准化、绿色化等方面发展。

（一）城轨交通技术装备自主化

制造业是立国之本、兴国之器、强国之基，是国民经济的主体。打造具有国际竞争力的制造业，是我国提升综合国力、保障国家安全、建设世界强国的必由之路。城市轨道交通装备制造业作为创新驱动、智能转型、强化基础、绿色发展的典型代表，是我国高端装备制造领域自主创新程度最高、国际创新竞争力最强、产业带动效应最明显的行业之一。目前，我国制造优势产业已初步形成，但高端核心领域仍有不足，自主技术及其中国品牌的核心竞争力还比较薄弱，要求城轨行业在城轨交通车辆、牵引、制动、信号、供电等涉及安全的核心系统实现自主化、产业化已经刻不容缓。

为适应日益增长的城市轨道交通建设、运营发展需求，我国通过加快构建形成“产学研用”相结合的城轨交通创新体系，不断深化城轨关键装备及核心技术的自主创新，正逐步扭转大量关键核心技术受制于人的被动局面，有效带动了上下游相关企业协同发展，进一步提高了城轨技术装备在国际市场的影响力和竞争力，为国家重大战略和重大工程的实施提供了有力支撑。2017 年 12 月 30 日，我国第一条拥有完全自主知识产权的全自动运行（FAO）轨道交通线路——北京燕房线正式通车运营。这是我国城轨发展史上的里程碑事件。2019 年 3 月 19 日，国家有关部门组织召开燕房线示范工程现场会，充分肯定通过“产学研用”协同创新，突破了轨道交通全自动运行关键技术，形成了具有自主知识产权的标准体系。

未来将继续深入推进城市轨道交通关键技术装备自主化发展，重点围绕城市轨道交通关键系统及核心技术，以适应城市轨道交通网络化运营、一体化管理的发展趋势，适应新型城镇化发展的新型车辆装备、安全保障系统及装备的自主研发和工程化应用，持续提升城市轨道交通智能化管理水平和安全保障能力，提高我国城市轨道交通装备的技术水平和核心竞争力。

（二）城轨交通技术装备智能化

当前大数据、云计算、人工智能、物联网等智能技术的快速发展和相互融合，不断促进社会生产和消费从工业化向自动化、智能化转变，新技术与制造业的深度融合正在世界范围内掀起一场全新的科技革命和产业变革。随着世界主要城轨交通强国正积极推进新技术、新材料、新工艺与轨道交通的融合发展，国内的新一轮产业技术革命也正与加快转变经济发展方式发生历史交汇。把握住新技术革命带来的机遇，推动城轨交通技术装备智能化发展，是我们赢得全球轨道交通科技竞争主动权的重要战略抓手，也是推动我国城轨交通装备制造业跨越发展、相关产业优化升级、生产力整体跃升的重要战略资源。面对新技术革命带来的新机遇、新挑战、新要求，我国相继制定了政策指导文件，为今后一段时间的轨道交通装备发展指明了方向。

中国城市轨道交通协会于2020年3月发布了《中国城市轨道交通智慧城轨发展纲要》，提出应用云计算、大数据、物联网、人工智能、5G、卫星通信、区块链等新兴信息技术，全面感知、深度互联和智能融合乘客、设施、设备、环境等实体信息，经自主进化，创新服务、运营、建设管理模式，构建安全、便捷、高效、绿色、经济的新一代中国式智慧型城市轨道交通。智能技术装备是智慧城轨的重要组成部分，应准确把握城市轨道交通智能化发展趋势，主动引入新科技、新技术，以智能化、数字化为方向，研发适用于互联互通的全自动运行系统，实现不同制式的轨道交通信号系统互联互通、车辆匹配，实现市区城轨、市城快轨、城际铁路的“三网融合”，研究集约型车辆网络基础平台，研制智能化列车自主运行控制系统，构建智能通信平台推动5G+技术在城轨的应用落地，在车站级集成各弱电专业所有装备信息综合感知与实时控制，研究基于云架构、大数据、5G+的人脸识别、智能分析、智能视频感知的智能视频系统，构建数字化和智能化的运维基础设施，以及车辆智能运维系统。

（三）城轨交通技术装备标准化

多年以来，我国城市轨道交通无论是技术装备，还是工程建设标准，都未能实现统一的接口标准，各装备供货商之间的系统也无法互联互通，因此，城市轨道交通线路长期以来大多采用独立运营、跨线降级的方式运行。近年来，互联互通已成为国内城市轨道交通技术装备新的发展方向，以信号系统为例，其正逐步通过规范统一系统总体架构、通信协议、工程设计标准等，在系统层面实现CBTC及降级模式下的互通互换及联通联运。互联互通已成为城市轨道交通的重要发展趋势。作为当前城市轨道交通尤其是城轨装备制通领域亟须解决的核心瓶颈问题之一，城轨交通技术装备的互联互通及互操作相关系列标准的建立，将极大地推动行业的可持续发展。

同时，既有的城轨车辆也存在产品平台多样化、研发和试验检测平台多样化、车辆零部件互换性和模块化程度不高、检修水平和智能化水平较低等问题，造成研发投入重复，创新合力难以形成，增加了用户的维护和全寿命周期成本，制约了城市轨道交通的健康快速发展。

因此，以用户需求为主线，结合新产品、新技术、新材料的技术升级换代，适应城市轨道交通装备的互联互通需求，开展城轨交通技术装备互联互通及互操作标准的研究，构建安全、可靠、智能、舒适、经济、环保的标准化城轨交通装备，推动建立标准体系及架构，建立支撑城轨交通装备的技术标准、技术规范，降低城轨交通装备的差异性，形成标准化、模块化、智能化的自主知识产权车辆、信号、供电等城轨交通装备，满足互联互通和统型要求，形成协会团体标准并开展标准全过程试验验证，实现标准与技术、标准与创新、标准与认证的相辅相成，最终建立与国际接轨的中国城市轨道交通标准化技术装备和标准化体系，更好地助力中国城轨交通装备制造“走出去”。

（四）城轨交通技术装备绿色化

以“绿色、环保、节能”等为核心的可持续发展理念已成为国际社会的普遍共识，城轨交通装备作为方便快捷、绿色环保的产品，越来越受到青睐。发展城轨交通能对改善城市污染状况、提高大气环境质量和改善居民生存环境起到积极的作用。尽管城轨交通已经是一种绿色交通方式，但随着民众对绿色和可持续发展的要求越来越高，城轨交通在绿色、节能、低碳、环保方面依然有一定的改善空间，这主要表现为以下两个方面：

1. 大规模城市轨道交通和基础设施建设对沿线周边产生了噪声、振动、电磁污染问题，而民众对城市环境要求越来越严格，尤其是在夜间，对地铁运行产生的振动响应更为敏感。未来，应重点关注轨道交通噪声和振动的消解措施，合理预测轨道交通可能产生的噪声和振动影响，从轮轨关系、弓网关系等角度研究城轨交通装备减振降噪的问题。

2. 城轨交通迅猛发展的同时，也带来了巨大的电能消耗。尽管城轨交通是低能耗交通工具，但是随着城轨交通网络规模的不断扩大，线路行车密度的不断增加，系统的电耗总量呈现阶段性上升趋势，其中牵引能耗和车站通风能耗占总能耗比例较大。因此，未来应把节约能源作为重要考虑因素，构建交流中压环网与推广直流牵引网的双向变流技术，加快直流保护、直流配电开关关键部件的国产化开发应用进度，车站综合节能、可再生能源系统技术装备广泛应用；研究探索直接使用市电系统供电的方案，实现线网级能源调度，提升列车智能水平，实现列车的最佳化运行控制；推广永磁牵引技术、SiC（碳化硅）变流技术等，降低列车重量，提高能源利用效率，使我国城轨交通总体节能率大幅提高。

第 2 章
城市轨道交通行业合规管理的原则及要求

第一节　合规的基本概念

一、合规的内涵与外延

讨论城市轨道交通行业合规管理的相关问题，首先要明确合规的内涵与外延，这里的合规是指企业合规。随着近年来企业合规管理的发展，国内外对合规的概念有着不同的论述。

2018 年 11 月 2 日，国务院国有资产监督管理委员会发布《中央企业合规管理指引（试行）》，其中第二条第二款规定，本指引所称合规，是指中央企业及其员工的经营管理行为符合法律法规、监管规定、行业准则和企业章程、规章制度以及国际条约、规则等要求。

2018 年 12 月 26 日，国家发展和改革委员会、外交部、商务部、中国人民银行、国务院国有资产监督管理委员会、国家外汇管理局、中华全国工商业联合会联合发布《企业境外经营合规管理指引》，其中第三条规定，本指引所称合规，是指企业及其员工的经营管理行为符合有关法律法规、国际条约、监管规定、行业准则、商业惯例、道德规范和企业依法制定的章程及规章制度等要求。

胡国辉教授在《企业合规概论》一书中认为，企业合规是指企业的运营遵守相关的法律、法规、准则和规范。合规是管理科学，既是一个目标，也是一个完整的体系，更是一个持续的过程。合规要综合考虑法律、法规、强制性规定、自愿性标准、行业规范、合同义务、企业内部制度及道德规范。①

尼蒂什·辛格（Nitish Singh）博士和托马斯·布森（Thomas J. Bussen）在《合规管理》中认为，合规意味着遵守规则、法律、标准和政策，也隐含了遵守相关行为准则的责任感和义务。公司合规指设计包括政策、程序、控制和行为在内的一整套正式内部系统，以发现和预防违反法律法规、规则、标准和政策的情况。②

综合分析上述对合规概念的论述，我们认为，认识合规的内涵与外延，需要明确一是谁要合规，即合规义务的主体问题；二是合什么规，即合规义务的来源问题。

二、合规义务主体

一般认为，合规的义务主体包括企业及其员工，可以细化为三类：一是企业作为组织本身；二是直接控制或者参与企业决策、经营、管理的主体，包括股东、管理层、经理层、普通员工等，甚至还包括实际控制人；三是与企业经营管理发生联系，从而影响企业本身合规成效的外部主体，包括客户、供应商、经销商、承包商、中间商等合作伙伴。

企业是合规的当然主体，大量的法律法规直接以企业本身作为规制对象。这里的企业包括央企、其他国企和外企，也包括广大民企。

企业作为组织，本身无法从事具体行为，必须通过管理层、经理层、普通员工等自然人来执行企业的意志。上述执行企业意志的个人行为所导致的法律后果，往往由企业直接承担，而且，在很多情况下上述个人行为还应与企业共同承担违规责任。企业合规必须落实到个人合规还体现在，企业通过消化吸收法律法规等外部性规范，根据企业自身的具体需求和实际情况制定企业内部规章制度，为企业管理层和普通员工设定行为指引和红线。合规体系完善的企业能够为控制、参与企业决策、经营、管理的每一主体定岗定责，明确其合规义

---

① 胡国辉. 企业合规概论［M］. 北京：电子工业出版社，2017：1 - 2.

② Nitish Singh and Thomas J. Bussen. Compliance Management：A How - to Guide for Executives，Lawyers，and Other Compliance Professionals，4，AN IM - PRINT OF ABC - CLIO LLC（2015）.

务和违规责任。通过微观层面每一名员工行为的合规，实现中观层面企业每一业务板块和管理部门的合规，才能够进而达到宏观层面整个企业的合规状态。

三、合规义务来源

综合国内外实务界和学界对合规义务来源的论述，合规义务来源主要为法律法规、国际条约、行业标准与准则、商业惯例、党纪党规、企业规章制度、伦理道德与职业操守等。新时代企业的合规管理与传统的企业管理相比，不仅要求企业的行为符合法律法规的要求，符合企业内部制度的规定，符合企业社会责任的要求，更要求企业加强各领域全方位合规管理体系的构建，以及每个合规管理制度的建设和优化，使企业的风险管理形成一个立体的矩形方阵。

虽然种类繁多，但在合规体系建设实务中，所合之规主要还是法律法规和企业规章制度，因为这两类规范比较具体明确，有强制约束力和相应的责任后果，是合规的重点。企业内部规范是外部规范在企业内部的投射和反映，大量基础性和核心的企业内部规范必须符合外部规范，或者来源于外部规范的授权。如公司章程、股东大会议事规则等，都是根据《公司法》[①]《上市公司股东大会规则》等制定。企业合规必须将遵守外部规范和内部规范相结合。除法律法规和企业规章制度外，某些国际组织或者行业协会，不仅制定有针对特定主体或者成员的明确合规指南，而且控制丰富的项目资源为其制裁手段提供支持，只有符合这些组织的合规标准，才能成为该组织成员、获得相应的投标资质等，而违反这些组织的合规要求，则可能遭受到该组织制裁，被剥夺参与某些国际项目的机会。因此，特定行业的企业往往还需要遵循相关国际和行业组织的合规标准和要求。

在上述合规义务来源中，有两类需要特别说明，一类是党纪党规，另一类是伦理道德与职业操守。虽然《中央企业合规管理指引（试行）》中没有规定党内法规为合规义务来源，但是我国城市轨道交通企业的主体为各地方国企，其领导体制和实际情况决定了其合规体系建设过程中必须同时遵守党内法规，否则可能降低企业及员工对党纪党规的重视程度，加大违反党纪党规遭受处分

① 为便于阅读，全书统一略去法律名称中的“中华人民共和国”。

的风险。事实上，在城市轨道交通企业全面合规体系建设过程中，将党纪党规作为合规体系建设的一部分也取得了良好的效果。因此，应当厘清党群纪检部门和其他部门、法律法规和党纪党规的关系，从自身实际情况出发，将党纪党规纳入合规义务来源，从而发挥其在企业经营管理中应有的作用。

关于另一类合规义务来源伦理道德和职业操守，知晓并理解法律只是合规的第一步，真正优秀的合规将更深入全面，既重视对法律、法规和规则的遵守，又强调伦理道德，从而形成和维持基于价值观和责任感的合规文化，并一直做正确的事。《企业境外经营合规管理指引》中即将道德规范列入合规义务来源。但在实践中，企业一般不会强调构建符合道德的合规体系，一般也没有直接以符合道德操守作为企业的合规大方向。我们认为伦理道德规范和职业操守属于广义上企业所需要合的“规”，即法律法规和内部制度是企业合规的直接规范依据，道德规范和职业操守则是企业合规的间接规范依据；法律是最低限度的道德，而追求遵守道德规范和职业操守则是高水平合规体系的要求；企业合规所要遵守的道德规范具有多元性，其中诚信经营是核心。

第二节　合规管理的原则

一、独立性原则

《企业境外经营合规管理指引》第五条规定，独立性原则是指企业合规管理应从制度设计、机构设置、岗位安排以及汇报路径等方面保证独立性。合规管理机构及人员承担的其他职责不应与合规职责产生利益冲突。

独立性原则是有关合规管理的国际标准、指南以及我国国家标准、办法和指引都确认的一项合规管理基本原则。独立性包含以下要素：一是合规管理部门应在企业内部享有正式地位，以使其具有适当的定位、授权和独立性；二是应由合规负责人全面负责协调企业的合规管理；三是在合规管理部门职员特别是合规负责人的职位安排上，应避免其合规职责与其所承担的任何其他职责之间产生可能的利益冲突；四是合规管理部门职员为履行职责，应能够获得必需的信息并能接触到相关人员；五是合规管理部门应与审计部门分离，确保合规管理部门的各项工作受到独立的复查。

企业合规管理的独立性原则体现在合规负责人的独立性以及合规管理部门与合规管理人员的独立性两个方面。

关于合规负责人的独立性，合规负责人应当是企业的高级管理人员，企业应采取各项措施保证合规负责人的独立性。合规负责人不得分管业务条线，不得兼任财务、资金运用和内部审计部门等可能与合规管理存在职责冲突的部门的负责人（总经理兼任合规负责人的除外）。企业应保证合规负责人独立与董事会、合规委员会沟通，有权根据履职的需要参加或者列席董事会会议、经营决策会议等重要会议。企业应保证合规负责人履行职责所需的充分知情权和独立调查权，企业各部门、各层级管理人员应支持配合合规负责人的工作，不得以任何理由限制、阻挠其履行职责。合规管理部门及合规管理人员由合规负责人考核，任命合规负责人或者其离任，都应向监管部门报告。

关于合规管理部门与合规管理人员的独立性，合规管理部门在企业应当拥有独立的、正式的地位，企业应采取各项措施保证合规管理部门与合规管理人员的独立性，确保合规管理部门与合规管理人员具备独立采取措施的权限。合规管理部门与内部审计部门相互独立，合规管理部门与合规管理人员不得承担与合规管理相冲突的其他职责。企业应向合规管理部门与合规管理人员提供履行合规管理职责所需的充分及适当的资源，保障合规管理部门与合规管理人员履行职责所需的充分知情权和独立调查权。企业各部门、各层级管理人员应支持配合合规管理部门与合规管理人员的工作，不得以任何理由限制、阻挠其履行职责。企业应采取措施切实保障合规管理部门与合规管理人员不因履行职责而遭受不公正的对待。合规管理部门及合规管理人员对合规负责人负责，由合规负责人考核。合规管理部门享有向合规委员会、经理层随时、直接汇报的权利。

但企业合规管理的独立性具有相对性，还需要同时遵守协同性原则。如合规审查、合规风险管理还要遵守经济性原则，对于触犯违规红线的重大合规风险，必须坚持独立性原则；但非触犯违规红线的一般合规风险，考虑到合规风险应对的经济成本和必要性，可以由企业决策机构根据实际情况决定是否承受该风险。

二、适用性原则

《企业境外经营合规管理指引》第五条规定，适用性原则是指企业合规管理应从经营范围、组织结构和业务规模等实际出发，兼顾成本与效率，强化合规管理制度的可操作性，提高合规管理的有效性。同时，企业应随着内外部环境的变化持续调整和改进合规管理体系。

适用性原则不仅适用于我国境外企业的合规经营，也适用于我国国内企业的合规经营，主要体现在以下几个方面：

一是合规规范的适用性，企业应根据其经营所在区域、经营范围、行业、产品等确定适用的外部合规规范，跟踪适用的外部合规规范的修改、补充以及新的外部合规规范。企业根据其经营范围、组织结构、业务规模的内部环境因素以及外部合规规范制定企业合规规范，并根据前述因素的变更等，调整、修改、补充企业内部合规规范并确保其适用性。

二是兼顾成本和效率，企业合规管理要根据企业的实际情况，在保障合规的前提下，节约成本，保证效率。

三是可操作性，企业合规管理体系，尤其是合规管理制度应当具有可操作性，切忌好高骛远，空中楼阁，没有实际可操作性而成为“鸡肋”，从而影响企业合规的积极性和有效性。

四是有效性，企业合规管理的目的是促使企业依法合规经营，稳定、安全、持续经营。企业合规管理必须围绕这一目标，实现合规管理的实际有效性。

五是持续适用性，企业应随着内外部环境的变化持续调整和改进合规管理体系，保证其持续适用性。

三、全面性原则

《中央企业合规管理指引（试行）》第四条将全面覆盖性原则确立为企业合规管理的首要原则，要求合规管理覆盖企业各业务领域、各部门、各级子企业和分支机构、全体员工，贯穿决策、执行、监督全流程。《企业境外经营合规管理指引》第五条规定，全面性原则是指企业合规管理应覆盖所有境外业务领域、部门和员工，贯穿决策、执行、监督、反馈等各个环节，体现于决策机制、内部控制、业务流程等各个方面。

全面性原则是公认的企业合规管理原则，是建立企业全员合规理念、培育企业合规文化的基本要求和保障。

第三节　合规管理的意义及价值

"合规创造价值"是重要的合规理念，是企业合规文化的重要组合部分。合规创造管理价值、经济价值和社会价值，其基本内涵和作用已逐步得到认识，并推动企业合规管理发展。

2006 年原银监会发布的《商业银行合规风险管理指引》第六条规定，商业银行应加强合规文化建设，并将合规文化建设融入企业文化建设全过程。合规是商业银行所有员工的共同责任，并应从商业银行高层做起。董事会和高级管理层应确定合规的基调，确立全员主动合规、合规创造价值等合规理念，在全行推行诚信与正直的职业操守和价值观念，提高全体员工的合规意识，促进商业银行自身合规与外部监管的有效互动。

2016 年原保监会发布的《保险公司合规管理办法》第四条规定，保险公司应当倡导和培育良好的合规文化，努力培育公司全体保险从业人员的合规意识，并将合规文化建设作为公司文化建设的一个重要组成部分。保险公司董事会和高级管理人员应当在公司倡导诚实守信的道德准则和价值观念，推行主动合规、合规创造价值等合规理念，促进保险公司内部合规管理与外部监管的有效互动。

2017 年证监会发布的《证券公司和证券投资基金管理公司合规管理办法》第四条规定，证券基金经营机构应当树立全员合规、合规从管理层做起、合规创造价值、合规是公司生存基础的理念，倡导和推进合规文化建设，培育全体工作人员合规意识，提升合规管理人员职业荣誉感和专业化、职业化水平。

《中央企业合规管理指引（试行）》第二十七条规定，积极培育合规文化，通过制定发放合规手册、签订合规承诺书等方式，强化全员安全、质量、诚信和廉洁等意识，树立依法合规、守法诚信的价值观，筑牢合规经营的思想基础。

《企业境外经营合规管理指引》第四条规定，企业应以倡导合规经营价值观为导向，明确合规管理工作内容，健全合规管理架构，制定合规管理制度，完善合规运行机制，加强合规风险识别、评估与处置，开展合规评审与改进，培育合规文化，形成重视合规经营的企业氛围。

一、合规创造管理价值

（一）合规助力提升企业管理

合规管理帮助梳理和审查企业内部规章制度，对其存在的问题进行修改、补充，使之合法合规，并根据需要制定新的规章制度，明确各部门管理边界与协调合作机制，消除职责重叠、交叉和推诿，填补管理真空，形成管理合力。

多年以来，我国企业尤其是国有企业按照我国有关全面风险管理、内控体系、内部审计体系、法律风险管理、纪检监察等方面法律法规的要求，建立了各自的组织、制度和管理体系。企业风险管理的协同性原则，推动合规管理与法律风险防范、监察、审计、内控、风险管理等工作相统筹、相衔接，以此整合各相关部门的体系和资源，健全和完善企业管理，推动企业整体管理水平和管理能力的提高。

合规管理通过依法合规、诚实经营等合规理念和价值观的宣传、合规培训、检查监督、管理评估、考核评价、违规调查和问责等，变“要我合规”为“我要合规”，提高各部门与员工守法合规的自觉性。

因此，合规管理能够帮助企业提升管理能力和管理效率，节约管理成本。

（二）合规助力企业实现内控目标

企业内部控制的五大目标分别是，保证企业经营管理合法合规，保证企业资产安全，保证企业财务报告及相关信息真实完整，提高企业经营效率和效果，最终促进企业实现发展战略。

保障企业合法合规经营，是企业内部控制的首要目标。企业合规管理通过建立健全合规管理体系，助力企业内控落地，完善内控架构，推动实现企业内控的首要目标，保障企业经营管理的合法合规性。

（三）合规管理助力企业提升形象

企业合规管理保障企业诚信合规经营，防范腐败、欺诈、串通等不当行为，强化环保、安全、质量、诚信和廉洁等合规理念，树立依法合规、诚信经营的价值观，不断提高员工的合规意识和行为自觉，推进企业合规文化建设，创造企业良好信誉和形象，促进企业稳健、安全、持续经营。

西门子在 2006 年至 2008 年接受德国政府和美国政府的双重反腐败调查，[①] 为此，西门子遭受重罚并付出了巨大代价。2007 年至 2008 年，西门子吸取教训，在公司内部首次制定并推出合规计划，并在之后加强诚信合规体系建设，包括建立多层级合规组织，制定强制性规章制度，引入全面控制，加强合规培训，建设合规管理队伍（合规官），将合规管理融入业务流程。这使得西门子成为合规管理的典范和楷模，为其挽回了损失并重塑良好企业形象。

（四）企业合规就是依法治企

企业合规管理就是依法治企，即依法治理、依法合规经营、依法规范管理，这是建设法治企业的主要内容。

二、合规创造经济价值

（一）合规是企业参与国际市场竞争的基本条件与核心竞争力

诚信是合规产生与发展的源泉，诚信合规是企业发展的基石。欧美跨国企业集团以及我国大型中央企业集团都将诚信合规确定为企业的核心价值观。

诚信合规管理在欧美企业日益得到加强，并被上升到国际商业行为准则的

---

① 参见中国新闻网系列报道：《西门子全球行贿案震惊世界 有关部门为何沉默》，http：//www. chinanews. com. cn/cj/plgd/news/2008/12 －18/1493422. shtml；《西门子巨额行贿案美国和解 同意支付 8 亿美元罚款》，http：//www. chinanews. com. cn/it/jdxw/news/2008/12 －15/1487762. shtml。

高度。合规管理已被纳入全球信用管理体系，成为企业参与国际市场竞争的基本条件与核心竞争力。我国有些企业疏于诚信合规管理常被欧美国家和跨国企业集团所诟病，并被用来为我国企业的国际竞争和经营设置障碍。我国企业要角逐国际市场竞争，参与"一带一路"倡议，建立健全合规管理体系，开展适当、充分、有效的合规管理，已刻不容缓。

（二）合规给企业带来更多业务和商业机会

合规管理助力企业树立诚信合规形象，增强商业伙伴对企业诚信经营的认知度、安全感和认同感，势必给企业带来更多的业务和商业机会，并维护企业与商业伙伴之间合作与交易的稳定性和持续性。

（三）合规助力企业防范风险，降低风险

合规助力企业防范风险。《合规管理体系 指南》（GB/T 35770－2017）在引言中明确指出，组织通过建立有效的合规管理体系，来防范合规风险。组织在对其所面临的合规风险进行识别、分析和评价的基础之上，建立并改进合规管理流程，从而达到对风险进行有效的应对和管控。

合规助力企业降低风险、减少财产损失。一些企业集团，因严重违法违规而受到严厉处罚，遭受数十亿的损失。合规已成为企业的生存基础，而做好合规管理，能帮助企业降低风险，减少财产损失。

（四）合规帮助企业提高风险处置效率，降低风险处置成本

合规风险管理通过合规风险评估，编制合规风险清单，开展合规风险日常监测和预警，建立合规风险的快速反应和应对机制，实施后续整改与持续改进。合规帮助企业提高合规风险应对处置效率，控制合规风险并防止合规风险的影响和损失的扩大。

（五）合规帮助企业减轻甚至豁免行政处罚

《合规管理体系 指南》引言中指出，建立有效的合规管理体系并不能杜绝不合规的发生，但是能够降低不合规发生的风险。在很多国家或地区，当发生不合规时，组织和组织的管理者以组织已经建立并实施了有效的合规管理体系

作为减轻甚至豁免行政、刑事或者民事责任的抗辩，这种抗辩有可能被行政执法机关或司法机关所接受。这对于我国企业无论是在国内还是在境外发展都尤为重要。

（六）合规帮助企业与员工的个人违规行为相隔离，降低企业违规风险

企业建立有效的合规管理体系，从组织、制度、流程上有效预防企业违法违规。企业开展有效的合规宣传与培训，培养企业员工“人人合规”理念。如果发生员工违规，企业合规管理体系能够帮助甄别员工违规行为是企业行为还是个人行为，使得企业与员工的个人违规行为相隔离，从而降低企业违规风险。

三、合规创造社会价值

合规能够助力环境保护与公共卫生安全。各类重大环境污染事件、各类食品安全事件等危害公共卫生、破坏环境资源保护的违法犯罪行为，危及国计民生、社会公共安全以及人们（尤其是下一代）的身心健康，造成重大社会危害和经济损失，具有严重的社会危害性。环保、安全和卫生是企业合规的重要领域，要求企业在这些领域诚信合规，严格遵纪守法，助力防范危害社会的违法犯罪行为。

合规也能助力精神文明建设。如前所述，合规是我国精神文明建设的重要组成部分，合规可以助力我国的精神文明建设。

第3章
城市轨道交通行业合规管理的架构

第一节　合规治理结构

城市轨道交通企业在合规管理体系建设中的一个重要工作内容就是搭建完善的合规管理架构，协调管理职能和资源配置，强化合规职责及其组织领导。只有在企业的部门、角色、职能、定位等方面均满足合规管理工作的要求，部门间汇报路径与协作机制顺畅的前提下，企业的合规管理工作才能顺利开展。

首先，建立完善的合规管理组织架构是开展合规管理工作的基本前提。合规管理工作的顺利开展应是自上而下地建立贯穿企业全部机构、人员、流程的管理组织架构。企业全部机构和全体成员都或多或少地承载着合规职责。只有构建起科学的组织架构，才能更好地明确不同层级部门的管理职责和汇报路径。

其次，完善的合规管理组织架构是合规管理工作顺利开展的必要保障。合规管理作为企业的重要内控机制，必然涉及不同部门的协同运作。只有建立完善的合规管理组织架构，才能使合规、风控、审计、法务、业务等部门充分发挥优势，形成管理合力，将合规管理的各项工作落地。

最后，完善的合规管理组织架构更是建立长效合规机制的内在需要。企业的全面合规管理体系建设并非一蹴而就，而是需要在相当长的一段时期内不断地进行巩固和完善。这样一个体系的建立，需要以合规理念的树立、合规机构的设置、合规角色和责任的明确为基础和依托，来保障合规管理工作的稳步推进和长期保持，以及业务经营的稳健运行。

企业合规治理结构可以分为三个层级，即决策层、管理层和执行层。其中，决策层主要包括企业党委、董事会、监事会、合规委员会；管理层主要包括总经理、合规负责人；执行层主要包括合规管理部门及企业各个业务部门。三个层级都在企业合规管理体系的建立和有效实施中扮演着重要角色，都应当着力推进合规文化的建立，都应当充分了解企业合规管理体系的内容和运行方式，也都应当以自身的言行支持合规、践行合规。

一、企业决策层的合规管理责任

企业的决策层主要包括企业党委、董事会、监事会，以及董事会中设立的合规委员会。决策层作为企业合规管理体系的最高负责机构，应当对企业的合规管理体系负最终责任。决策层应以保证企业的合规经营为目的，通过原则性的顶层设计解决合规管理工作中的权力配置问题并进行重大事项决策。决策层应当充分了解企业合规体系的设立和运行，并对合规体系进行有效的监控。

在有效的合规管理体系中，决策层应当发挥如下作用：首先，充分掌握企业的合规风险。了解风险是防范、化解风险的前提。企业的决策层必须保证能够及时获得有关企业合规风险的第一手信息，同时，还要对同行业对标企业的风险充分掌握。其次，审查、批准合规管理体系的关键内容。决策层负责对合规管理体系的重要部分进行审批，如重大合规制度、风险管理措施、合规委员会的权责等。再次，领导、支持首席合规官。首席合规官需要从决策层获得充分的授权，以有效开展工作，同时，还要赋予首席合规官就企业合规问题直接向决策层进行汇报的路径。复次，对企业合规管理体系进行反馈。决策层应当对企业合规管理体系的有效性进行评估，对企业发现重大合规风险时的反应能力进行评估、对首席合规官的合规汇报进行反馈。最后，对管理层的合规管理工作进行监督问责。管理层对合规管理的有效性承担直接责任，其管理效果必须与决策层的预期相一致。

以下分别分析党委、董事会、监事会的合规管理责任，对于合规委员会的合规管理责任，在本章第二节中进行分析。

（一）党委

在我国，城市轨道交通企业一般为国有企业，党委在国有企业日常经营决策环节发挥着重要的作用，搭建城市轨道交通企业的合规管理架构，就必须要充分考虑并合理设置党委的合规管理责任。

2022 年 9 月，国务院国资委颁布《中央企业合规管理办法》（以下简称“央企合规管理办法”），其中首次提出并明确了党委在企业合规管理中的地位及作用。第七条规定，中央企业党委（党组）发挥把方向、管大局、促落实的领导作用，推动合规要求在本企业得到严格遵循和落实，不断提升依法合规经营管理水平。中央企业应当严格遵守党内法规制度，企业党建工作机构在党委（党组）领导下，按照有关规定履行相应职责，推动相关党内法规制度有效贯彻落实。

上述关于党委（党组）在企业合规管理体系中地位和职责的规定还较为原则，在城市轨道交通企业建立合规管理体系的实践中，还需进一步探索如何更加准确地界定党委（党组）的职责，以充分有效地发挥其在合规管理体系中的作用。

（二）董事会

董事会是股东会的执行机关，对股东负有忠实、勤勉和注意义务，前者是指董事要以股东利益最大化为行动的出发点，努力避免利益冲突；后者主要指董事要勤勉尽责、审慎经营并进行良好的商业判断。落实到合规方面，董事的职责意味着其应当尽最大努力确保企业以合法、合规的方式运营。这也是董事会在合规管理中的责任来源。

另外，合规管理的重要条件就是最高层的重视，英文通常表述为“Tone From the Top”（“最高层的声音”）。如果缺乏最高层的明确指引，企业和员工就会缺乏对合规的正确认识。因此，董事会作为企业的决策层，对于发出合规的“正确声音”尤为重要。

根据《中央企业合规管理指引（试行）》第五条规定，董事会的合规管理职责主要包括：

1. 批准企业合规管理战略规划、基本制度和年度报告；
2. 推动完善合规管理体系；
3. 决定合规管理负责人的任免；
4. 决定合规管理牵头部门的设置和职能；

5. 研究决定合规管理有关重大事项；

6. 按照权限决定有关违规人员的处理事项。

根据央企合规管理办法第八条规定，中央企业董事会充分发挥定战略、作决策、防风险职能，主要履行管理职责：

1. 审议批准合规管理基本制度、体系建设方案和年度报告等。

2. 研究决定合规管理重大事项。

3. 推动完善合规管理体系并对其有效性进行评价。

4. 决定合规管理部门设置及职责。

（三）监事会

监事会是企业的内部监督机构，主要作用是防止董事会、管理层滥用职权损害企业和股东的利益。监事会的合规管理职能并不突出，主要是监督董事会和高级管理层合规管理职责的履行情况。

根据《中央企业合规管理指引（试行）》第六条规定，监事会的合规管理职责主要包括：

1. 监督董事会的决策与流程是否合规；

2. 监督董事和高级管理人员合规管理职责履行情况；

3. 对引发重大合规风险负有主要责任的董事、高级管理人员提出罢免建议；

4. 向董事会提出撤换公司合规管理负责人的建议。

值得关注的是，央企合规管理办法中并未规定监事会的合规管理职责，这可能也是呼应 2021 年 12 月《公司法（修订草案）》中关于监事会调整的相关规定，即公司可以不设监事会。关于监事会合规管理职责的相关规定，下一步可以进一步跟进并关注。

二、企业管理层的合规管理责任

企业的管理层主要包括总经理、合规负责人。其中，合规负责人可以是首席合规官，也可以由总法律顾问兼任。根据企业对合规工作的重视程度，企业可能任命最高管理层中的一员为合规管理部门的总负责人。管理层应当分配充足的资源，建立、制定、实施、评价、维护和改进合规管理体系。

管理层主要包括以CEO/总经理为首的企业高级管理团队和首席合规官/合规负责人。管理层在合规管理体系架构中起到承上启下的作用：决策层主要负责重大事项决策，通过监督来控制合规管理体系；执行层则具体从事相应决策；中间环节的组织架构搭建、战略规划制定、合规制度批准、合规决策意见，以及领导牵头部门工作等责任均由管理层承担。同时，管理层还就合规管理工作向决策层负责，受决策层监督。

根据《中央企业合规管理指引（试行）》第七条规定，经理层的合规管理职责主要包括：

1. 根据董事会决定，建立健全合规管理组织架构；

2. 批准合规管理具体制度规定；

3. 批准合规管理计划，采取措施确保合规制度得到有效执行；

4. 明确合规管理流程，确保合规要求融入业务领域；

5. 及时制止并纠正不合规的经营行为，按照权限对违规人员进行责任追究或提出处理建议；

6. 经董事会授权的其他事项。

根据央企合规管理办法第九条规定，中央企业经理层发挥谋经营、抓落实、强管理作用，主要履行以下职责：

1. 拟订合规管理体系建设方案，经董事会批准后组织实施。

2. 拟订合规管理基本制度，批准年度计划等，组织制定合规管理具体制度。

3. 组织应对重大合规风险事件。

4. 指导监督各部门和所属单位合规管理工作。

以上是对经理层的合规管理责任的分析，对于合规负责人的合规管理责任，在本章第二节中进行分析。

三、企业执行层的合规管理责任

企业的执行层主要包括合规管理部门和各业务部门。这些部门应当及时识别归口管理领域的合规要求，改进合规管理措施，执行合规管理制度和流程，收集合规风险信息，落实相关工作要求。

根据《中央企业合规管理指引（试行）》第十一条第一款规定，业务部门负责本领域的日常合规管理工作，按照合规要求完善业务管理制度和流程，主动开展合规风险识别和隐患排查，发布合规预警，组织合规审查，及时向合规管理牵头部门通报风险事项，妥善应对合规风险事件，做好本领域合规培训和商业伙伴合规调查等工作，组织或配合进行违规问题调查并及时整改。

根据央企合规管理办法第十三条规定，中央企业业务及职能部门承担合规管理主体责任，主要履行以下职责：

1. 建立健全本部门业务合规管理制度和流程，开展合规风险识别评估，编制风险清单和应对预案。

2. 定期梳理重点岗位合规风险，将合规要求纳入岗位职责。

3. 负责本部门经营管理行为的合规审查。

4. 及时报告合规风险，组织或者配合开展应对处置。

5. 组织或者配合开展违规问题调查和整改。

中央企业应当在业务及职能部门设置合规管理员，由业务骨干担任，接受合规管理部门业务指导和培训。

关于企业的哪些部门是业务部门，有关企业合规管理的国际标准、指南以及我国国家标准、办法和指引并无明文规定。国务院国资委《中央企业全面风险管理指引》第六条将一般企业划分为战略、规划、产品研发、投融资、市场运营、财务、内部审计、法律事务、人力资源、采购、加工制造、销售、物流、质量、安全生产、环境保护等各部门。

从职能和管理对象上来看，企业包括业务部门和职能管理部门，具体划分如下：业务部门包括技术和产品研发、市场运营、采购、加工制造、销售、物流等部门；职能管理部门包括战略、规划、投融资、财务、风控、内控、内部审计、法律事务、人力资源、质量、环安卫等部门。

关于合规管理，人们通常认为，合规管理只是合规管理部门的职责，业务部门只是协助、配合、支持合规管理部门的合规管理工作。业务部门总是处于被合规的地位。这是一个重大误解。有关企业合规管理的国际标准、指南以及我国国家标准、办法和指引都对业务管理部门的合规管理职责作出了明确界定。列示如下：

1. 合规要求覆盖各业务领域、各部门及全体员工。《中央企业合规管理指引（试行）》第四条第（一）项、证监会《证券公司和证券投资基金管理公司合规管理办法》第三条都要求，坚持将合规要求覆盖各业务领域、各部门、各级子企业和分支机构、全体员工，贯穿决策、执行、监督全流程。

2. 业务部门履行合规管理的第一道防线职责，对本领域经营活动的合规性负直接和首要责任。原银监会《商业银行合规风险管理指引》第二十条第一款规定，商业银行各业务条线和分支机构的负责人应对本条线和本经营活动的合规性负首要责任。原保监会《保险公司合规管理办法》第二十一条第一款规定，保险公司各部门和分支机构履行合规管理的第一道防线职责，对其职责范围内的合规管理负有直接和第一位的责任。证监会《证券公司和证券投资基金管理公司合规管理办法》第十条第一款、第二款规定，证券基金经营机构各部门、各分支机构和各层级子公司负责人负责落实本单位的合规管理目标，对本单位合规运营承担责任。证券基金经营机构全体工作人员应当遵守与其执业行为有关的法律、法规和准则，主动识别、控制其执业行为的合规风险，并对其执业行为的合规性承担责任。

3. 业务部门负责本领域日常合规管理工作，主动开展本领域的合规管理，包括按照合规要求完善业务管理制度和流程、合规风险管理、组织合规审查、合规报告、合规培训、商业伙伴合规调查、违规管理等。原银监会《商业银行合规风险管理指引》第二十条第三款规定，各业务条线和分支机构合规管理部门应根据合规管理程序主动识别和管理合规风险，按照合规风险的报告路线和报告要求及时报告。《中央企业合规管理指引（试行）》第十一条第一款规定，业务部门负责本领域的日常合规管理工作，按照合规要求完善业务管理制度和流程，主动开展合规风险识别和隐患排查，发布合规预警，组织合规审查，及时向合规管理牵头部门通报风险事项，妥善应对合规风险事件，做好本领域合规培训和商业伙伴合规调查等工作，组织或配合进行违规问题调查并及时整改。《企业境外经营合规管理指引》第十二条规定，境外经营相关业务部门应主动进行日常合规管理工作，识别业务范围内的合规要求，制定并落实业务管理制度和风险防范措施，组织或配合合规管理部门进行合规审查和风险评估，组织或监督违规调查及整改工作。

4. 接受合规管理评估，对本部门进行自我合规管理评估。《中央企业合规管理指引（试行）》第二十二条要求中央企业开展合规管理评估，定期对合规管理体系的有效性进行分析，对重大或反复出现的合规风险和违规问题，深入查找根源，完善相关制度，堵塞管理漏洞，强化过程管控，持续改进提升。

业务部门应当进行自我合规管理评估，接受合规管理部门的全面性合规管理评估与专项合规管理评估，并接受内部审计部门的合规审计。

5. 接受合规考核评价，对本部门员工进行合规考核评价。《中央企业合规管理指引（试行）》第二十三条规定，加强合规考核评价，把合规经营管理情况纳入对各部门和所属企业负责人的年度综合考核，细化评价指标。对所属单位和员工合规职责履行情况进行评价，并将结果作为员工考核、干部任用、评先选优等工作的重要依据。

原保监会《保险公司合规管理办法》第三十一条规定，保险公司应当建立有效的合规考核和问责制度，将合规管理作为公司年度考核的重要指标，对各部门、分支机构及其人员的合规职责履行情况进行考核和评价，并追究违法违规事件责任人员的责任。

业务部门及其负责人应当接受合规管理部门的合规管理考核，并对本部门员工合规职责的履行情况进行考核评价。

6. 配备合规管理人员。业务部门开展本部门的合规管理，应当根据实际需要配备专职或者兼职的合规管理人员。例如，我国证监会《证券公司和证券投资基金管理公司合规管理办法》第二十三条规定，要求证券基金经营机构各业务部门、各分支机构应当配备符合该办法第二十二条规定的合规管理人员。

7. 支持和配合合规管理部门的工作。我国证监会《证券公司和证券投资基金管理公司合规管理办法》第二十六条第三款规定，证券基金经营机构的董事、监事、高级管理人员和下属各单位应当支持和配合合规负责人、合规部门及本单位合规管理人员的工作，不得以任何理由限制、阻挠合规负责人、合规部门和合规管理人员履行职责。

以上是对业务部门的合规管理责任的分析，对于合规管理部门的合规管理责任，在本章第二节中进行分析。

第二节 合规管理机构

一、合规委员会

（一）合规委员会的设立与职责

对设立合规委员会及其合规管理职责作出规定的主要有以下有关企业合规管理的国际标准、指南以及我国的国家标准、办法和指引。从这些规定来看，合规委员会一般是企业董事会下设的机构，负责按照董事会的授权，指导、监督和评价企业合规管理工作，听取、核准合规管理计划与合规报告，统筹领导合规风险应对，向董事会或高级管理层提出合规管理的意见和建议。

巴塞尔银行监管委员会《合规与银行内部合规部门》规定，董事会可以将其职责委托给董事会下设的委员会，如推行诚信与正直的价值观念、制定合规政策并监督其实施，听取合规部门的年度合规报告与重大违规报告、听取违规调查报告等。

《合规管理体系 指南》第 4. 3. 2 条规定，许多组织由专人（如：合规官）负责日常的合规管理，有些组织由跨职能的合规委员会协调整个组织的合规工作。

原银监会《商业银行合规风险管理指引》第十条第（三）项规定，董事会可以授权董事会下设的风险管理委员会、审计委员会或专门设立的合规管理委员会对商业银行合规风险管理进行日常监督。第十一条规定，董事会下设的委员会应通过与合规负责人单独面谈和其他有效途径，了解合规政策的实施情况和存在的问题，及时向董事会或高级管理层提出相应的意见和建议，监督合规政策的有效实施。

原保监会《保险公司合规管理办法》第八条规定，董事会可以授权专业委员会履行以下合规职责：（1）审核公司年度合规报告；（2）听取合规负责人和合规管理部门有关合规事项的报告；（3）监督公司合规管理，了解合规政策的实施情况和存在的问题，并向董事会提出意见和建议；（4）公司章程规定或者董事会确定的其他合规职责。

《中央企业合规管理指引（试行）》第八条规定，中央企业设立合规委员会，与企业法治建设领导小组或风险控制委员会等合署，承担合规管理的组织领导和统筹协调工作，定期召开会议，研究决定合规管理重大事项或提出意见建议，指导、监督和评价合规管理工作。第十九条规定，对于重大合规风险事件，合规委员会统筹领导，合规管理负责人牵头，相关部门协同配合，最大限度化解风险、降低损失。

《企业境外经营合规管理指引》第十一条规定，企业可结合实际设立合规委员会，作为企业合规管理体系的最高负责机构。合规委员会一般应履行以下合规职责：（1）确认合规管理战略，明确合规管理目标；（2）建立和完善企业合规管理体系，审批合规管理制度、程序和重大合规风险管理方案；（3）听取合规管理工作汇报，指导、监督、评价合规管理工作。

（二）是否设立独立的合规委员会

有关企业合规管理的国际标准、指南以及我国的国家标准、办法和指引中，只有《企业境外经营合规管理指引》第十一条规定企业可以结合实际设立合规委员会。《中央企业合规管理指引（试行）》第八条明确规定，中央企业设立合规委员会，但应与企业法治建设领导小组或风险控制委员会等合署。其他标准、办法和指引只提及企业董事会可以将部门合规管理职责授权下设的专业委员会，可以是风险管理委员会、审计委员会或者合规委员会。

根据上述规定，可以明确的是合规委员会是董事会下设的一级合规管理组织，行使董事会授予的合规管理职权。企业可以设立独立的合规委员会，合规委员会也可以与其他专业委员会合署，或者直接由其他专业委员会监管。合规委员会的主要职责是研究决定合规管理重大事项或提出意见建议，统筹协调、指导、监督和评价企业合规管理工作；听取与核准合规管理计划与合规报告；向董事会提出合规管理的意见和建议。

（三）合规委员会的组成

有关企业合规管理的国际标准、指南以及我国的国家标准、办法和指引并未对合规委员会的组成及人数作出规定。结合跨国企业集团以及我国企业合规管理实践，设立合规委员会应当考虑以下因素：(1) 合规委员会是董事会的下设机构，行使董事会授予的职权，也因此与企业合规管理部门及其他业务部门的职责相区别；(2) 合规委员会的职权与合规管理职能相关，主要是统筹协调、指导、监督和评价合规管理工作，具有领导、监督、评价职能；(3) 合规委员会作出决定，宜执行少数服从多数原则，其成员以单数为宜。

基于以上因素，组建合规委员会应注意以下几点：(1) 大型企业合规委员会以五人至七人组成为宜；(2) 合规委员会至少包括以下人员：董事长或者一名董事，一名监事，合规负责人（由总法律顾问兼任），内控、审计负责人，国有企业纪检监察负责人等；(3) 合规委员会不宜包括业务部门负责人，因为业务部门应是合规委员会合规管理的对象。

二、合规负责人

（一）合规负责人

1. 关于“合规负责人”称谓

我国国家标准《合规管理体系 指南》只对合规团队作出了规定，而未提及合规负责人。我国原银监会《商业银行合规风险管理指引》、原保监会《保险公司合规管理办法》、证监会《证券公司和证券投资基金管理公司合规管理办法》、《企业境外经营合规管理指引》都要求设立合规负责人，并对合规负责人的职责进行了规定。《中央企业合规管理指引（试行）》第九条规定，中央企业相关负责人或总法律顾问担任合规管理负责人。

企业合规负责人在欧美企业多称为合规总监。合规总监是美国“Chief Compliance Officer”（CCO）的中文译文，很多学者将之译为“首席合规官”，以与“首席执行官”（Chief Executive Officer，CEO）、“首席财务官”（Chief Financial Officer，CFO）、“首席运营官”（Chief Operational Officer，COO）、“首席行政官”（Chief Administrative Officer，CAO）等相一致。我们认为，将CEO、CFO、CCO的中文译文都戴上“官”帽，这与中国企业管理实务中职务称谓习惯不符，尚值得商榷。考察欧美企业对CEO、CFO、CCO等的运用，“chief officer”应相当于我国《公司法》定义的高级管理人员，即“公司的经理、副经理、财务负责人，上市公司董事会秘书和公司章程规定的其他人员”。我们认为将“Chief Compliance Officer”（CCO）翻译为“合规总监”“合规副总经理”或者“合规副总裁”更为恰当。

2. 关于合规负责人的地位

合规总监属于企业高级管理人员序列是欧美跨国公司的惯例。我国原银监会、原保监会、证监会等也都将商业银行、保险公司、证券公司和证券投资基金管理公司的合规负责人或合规总监作为企业的高级管理人员加以规定。《中央企业合规管理指引（试行）》第九条规定，中央企业相关负责人或总法律顾问担任合规管理负责人，也应属于企业高级管理人员序列。

3. 关于合规负责人的任职条件

跨国公司合规总监一般由总法律顾问或者经验丰富、资历深厚的高级法律顾问担任，以确保合规总监的资质、能力和独立性。我国证监会《证券公司和证券投资基金管理公司合规管理办法》对合规负责人的任职要求如下，且应当经中国证监会相关派出机构认可后方可任职：

（1）通晓相关法律法规和准则，诚实守信，熟悉证券、基金业务，具有胜任合规管理工作需要的专业知识和技能；

（2）从事证券、基金工作 10 年以上，通过中国证券业协会或中国证券投资基金业协会组织的合规管理人员胜任能力考试；或者从事证券、基金工作 5 年以上，并且通过法律职业资格考试；或者在证券监管机构、证券基金业自律组织任职 5 年以上；

（3）最近 3 年未被金融监管机构实施行政处罚或采取重大行政监管措施。

有关企业合规管理的其他国际标准、指南以及我国国家标准、办法、指引并未对合规负责人的任职要求作出规定。我们认为，合规负责人作为合规管理的总负责人，除了应当具备企业高级管理人员的任职要求外，还应当具备专职合规管理员的基本资质要求。具体详见下文。

（二）专职合规管理员

合规部的专职合规管理人员，跨国公司多称之为“compliance officers”。关于专职合规管理人员的岗位名称及设置，我国人力资源和社会保障部及我国相关政府部门规章并无规定。有些学者提议将专职合规管理人员统称为“企业合规官”，同样值得商榷。我国也有诸多企业，如各大银行与保险公司等，在企业内设置“合规管理岗”，将合规管理人员称之为“合规管理员”。我国证券业协会《证券公司合规管理实施指引》将其称为“合规专员”。因此，我们认为，企业合规部门岗位和职责层级可以设置为：合规总监；合规主管；合规经理；合规管理员或合规专员；合规助理等。

（三）专职合规管理人员配备

关于企业专职合规管理人员的配备，并无定论。大型跨国企业集团，如西门子的专职合规管理人员超过了600人，戴姆勒集团的专职合规管理人员也超过了160人。我国《商业银行合规风险管理指引》《保险公司合规管理办法》《证券公司和证券投资基金管理公司合规管理办法》都规定，企业应当根据业务规模、人员数量、合规风险水平等因素配备足够的合规人员，坚持按需定岗定编，满足合规管理需要。我国证券业协会《证券公司合规管理实施指引》第二十七条第一款规定，证券公司总部合规部门中具备3年以上证券、金融、法律、会计、信息技术等有关领域工作经历的合规管理人员数量占公司总部工作人员比例应当不低于1.5%，且不得少于5人。《中央企业合规管理指引（试行）》第二十五条要求中央企业建立专业化、高素质的合规管理队伍，根据业务规模、合规风险水平等因素配备合规管理人员。

（四）合规管理人员资质要求

我国原保监会《保险公司合规管理办法》第十九条第一款要求合规人员应当具有与其履行职责相适应的资质和经验，具有法律、保险、财会、金融等方面的专业知识，并熟练掌握法律法规、监管规定、行业自律规则和公司内部管理制度。

我国国家标准《合规管理体系 指南》要求合规管理员诚信和信守合规并具有有效的沟通和影响技能、推动其建议和指导被接受的能力和坚定立场以及其他相关能力。

综合有关企业合规管理的国际标准、指南以及我国国家标准、办法和指引，对合规管理员的要求总结梳理如下：（1）诚信和信守合规；（2）拥有与其履行职责相适应的资质和经验；（3）具有与企业业务相关的专业知识；（4）熟练掌握法律法规、监管规定、行业自律规则和公司内部规章制度；（5）有效的沟通和影响技能、说服能力和坚定立场；（6）与职责相匹配的专业技能和个人素质，尤其是在把握合规法律、规则和准则的最新发展方面的技能；（7）通过胜任能力考试。

（五）合规负责人与合规管理人员的独立性要求

企业合规管理的重要原则之一是独立性原则，要求合规负责人与合规管理人员独立开展合规管理工作，不受其他部门或者人员干涉。由于企业合规管理与法务之间的相容性且不存在职责冲突，欧美跨国公司的合规总监大多由总法律顾问兼任。除此之外，欧美跨国公司以及我国有关部门规章都要求合规总监不得兼任与合规管理职责相冲突的职务，不得兼任业务部门负责人，不得兼管企业的业务、财务、资金运用和内部审计部门等可能与合规管理存在职责冲突的部门。

对于专职合规管理人员，跨国公司以及有关企业合规管理的国际标准、指南以及我国国家标准、办法和指引也都要求维护其独立性。

1. 合规负责人的独立性

合规负责人是企业高级管理人员，企业应采取保证合规负责人独立性的各项措施，在合规负责人的职位安排上，应避免其合规职责与其所承担的任何其他职责之间产生可能的利益冲突。合规负责人不得分管业务线条，不得兼管财务、资金运用和内部审计部门等可能与合规管理存在职责冲突的部门（总经理兼任合规管理人的除外）。

企业应保证合规负责人独立与董事会、合规委员会沟通，有权根据履职需要参加或者列席董事会会议、经营决策会议等重要会议，保障合规负责人履行职责所需充分的知情权和独立的调查权。各部门、各层级管理人员应支持配合合规负责人的工作，不得以任何理由限制、阻挠其履行职责。

企业合规管理部门由合规负责人领导，企业合规管理部门的合规管理人员由合规负责人考核，任命合规负责人或者其离任，应向监管部门报告。

2. 合规管理部门与合规管理人员的独立性

合规管理部门在企业应当拥有独立的、正式的地位，企业应采取保证合规管理部门与合规管理人员独立性的各项措施，确保合规管理部门与合规管理人员具备独立采取措施的权限。

合规管理部门与内部审计部门相互独立，合规管理部门与合规管理人员不得承担与合规管理相冲突的其他职责。企业应向合规管理部门与合规管理人员提供履行合规管理职责所需充分适当的资源，保障合规管理部门与合规管理人员履行职责所需充分的知情权和独立的调查权。各部门、各层级管理人员应支持配合合规管理部门与合规管理人员的工作，不得以任何理由限制、阻挠其履行职责。企业应采取措施切实保障合规管理部门与合规管理人员不因履行职责而遭受不公正的对待。

合规管理部门及合规管理人员对合规负责人负责，由合规负责人考核，企业应保证合规管理部门向合规委员会、经理层随时、直接汇报的权利。

三、合规管理部门

（一）合规管理部门的设立

有关企业合规管理的国际标准、指南以及我国的国家标准、办法和指引对合规管理部门的称谓包括“合规部”“合规团队”“合规部门”“合规管理部门”“合规管理牵头部门”等。在本部分中统称合规管理部门。

巴塞尔银行监管委员会《合规与银行内部合规部门》、我国国家标准《合规管理体系 指南》以及我国原银监会、原保监会和证监会的办法和指引，都要求企业保证合规部门的独立性，并向合规部门提供充分的合规管理资源。

《企业境外经营合规管理指引》第十一条规定，企业可结合实际设置专职的合规管理部门，或者由具有合规管理职能的相关部门承担合规管理职责。《中央企业合规管理指引（试行）》第十条规定，法律事务机构或其他相关机构为合规管理牵头部门，并未要求中央企业设立专门的合规管理部门。但是，该指引第四条第（四）项也规定，合规管理牵头部门独立履行职责，不受其他部门和人员的干涉。

（二）合规管理部门的职责

关于企业合规部的职责，有关企业合规管理的国际标准、指南以及我国国家标准、办法和指引都作了相关规定。

我国国家标准《合规管理体系 指南》第 4.3.4 条规定，合规团队宜与管理层合作，负责以下事宜：在相关资源的支持下识别合规义务，并将那些合规义务转化为可执行的方针、程序和过程；将合规义务融入现有的方针、程序和过程；为员工提供或组织持续培训，以确保所有相关员工得到定期培训；促进合规职责列入职务描述和员工绩效管理过程；设定适当的合规报告和文化体系；制定和实施信息管理过程，如通过热线、举报系统和其他机制进行的投诉和/或反馈；建立合规绩效指标，监督和测量合规绩效；分析绩效以识别需要采取的纠正措施；识别合规风险，并管理与第三方有关的合规风险，如供应商、代理商、分销商、咨询顾问和承包商；确保按计划定期对合规管理体系进行评审；确保合规管理体系的建立、实施和维护得到适当的专业建议；使员工可以得到与合规相关的程序和参考资料的资源；对合规相关事宜向组织提供客观建议。

我国原保监会《保险公司合规管理办法》（我国原银监会《商业银行合规风险管理指引》的规定与之大致相同）规定，合规部负责协助合规负责人制订、修订合规管理计划，撰写合规年度报告；协助合规负责人制定、修订合规政策，组织协调各部门制定、修订合规管理规章制度；组织实施合规风险管理；组织实施合规审查内部规章制度和业务流程、重要的业务行为、财务行为、资金运用行为和机构管理行为、新产品、新业务；合规检查及报告；合规考核与问责；独立调查，可外聘专业人员或者机构协助工作；开展合规培训；协助高级管理人员培育合规文化；与监管机构的沟通协调。

《中央企业合规管理指引（试行）》规定，合规管理牵头部门负责研究起草合规管理计划、合规报告；研究起草基本制度和具体制度规定；组织开展合规风险管理；重大事项合规审查；合规检查；组织合规考核；职责范围内的违规管理；合规培训，支持业务部门开展合规培训；指导所属单位合规管理工作。

从上述标准、指引关于合规管理部门的规定可以总结出以下几点：（1）合规管理部门的主要工作是管理性工作，包括合规管理工作的组织、指导、协调、监督、支持等；（2）合规管理部门的主要工作是程序性工作，如合规风险评估、合规管理评估、考核与评价等；（3）合规管理部门的工作也包括一些实务性工作，如起草合规管理计划、合规报告，起草合规管理基本制度和具体制度，参与企业重大事项合规审查，违规事件的调查等。

（三）《中央企业合规管理指引（试行）》中合规管理部门的合规管理职责分析

《中央企业合规管理指引（试行）》中将合规管理部门称为“合规管理牵头部门”，并对其合规管理职责进行了规定，以下进行简要分析，以期对城市轨道交通企业的合规管理部门设置提供参考。

1. 中央企业合规管理牵头部门为管理性部门

《中央企业合规管理指引（试行）》的规定，夯实了我国中央企业合规管理牵头部门作为管理性部门的地位和职责，即组织、协调和监督合规管理工作，为其他部门提供合规支持，指导下属单位合规管理等。

2. 中央企业合规管理牵头部门的合规管理职责

《中央企业合规管理指引（试行）》第十条、第二十八条关于合规管理牵头部门的合规管理职责可以分解如下：

（1）研究起草合规管理计划、年度合规报告、合规管理基本制度和具体制度规定；

（2）组织合规风险识别和预警，合规检查与考核；

（3）组织或协助业务部门、人事部门的合规培训；

（4）参与合规审查，包括重大事项，制度流程；

（5）报告较大、重大合规风险事件；

（6）指导企业所属单位合规管理工作；

（7）督促违规整改和持续改进，合规检查与考核以及对制度和流程及进行合规性评价时发现的违规问题；

（8）违规管理，受理职责范围内的违规举报，组织或参与对违规事件的调查，并提出处理建议。

3. 关于合规审查

《中央企业合规管理指引（试行）》第二十条要求中央企业建立健全合规审查机制，将合规审查作为规章制度制定、重大事项决策、重要合同签订、重大项目运营等经营管理行为的必经程序，及时对不合规的内容提出修改建议，未经合规审查不得实施。但该条规定中并未明确合规审查的负责部门。

合规审查包括全面性合规审查、专业性合规审查、法律审查和重大事项合规审查。企业合规审查应包括以下四个层级：

（1）各部门（业务部门与职能管理部门）的全面合规审查；

（2）相关业务部门的专业合规审查；

（3）法务部门的法律审查；

（4）合规管理部门的重大事项合规审查。

4. 关于合规管理评估

《中央企业合规管理指引（试行）》第二十二条要求中央企业开展合规管理评估，定期对合规管理体系的有效性进行分析，对重大或反复出现的合规风险和违规问题，深入查找根源，完善相关制度，堵塞管理漏洞，强化过程管控，持续改进提升。但该条规定中并未明确合规管理评估的负责部门。

合规管理评估包括全面性合规管理评估（对企业合规管理体系的适当性、充分性和有效性进行评估）与专项合规管理评估（对企业某一部门或者某一业务领域合规管理的适当性、充分性和有效性进行评估）。企业的合规管理评估应包括以下三个层级：

（1）各部门（业务部门与职能管理部门）进行自我专项合规管理评估；

（2）合规管理部门开展全面性合规管理评估与专项合规管理评估；

（3）企业内部审计部门对企业合规管理体系的适当性和有效性开展独立审查和评价（合规审计）。

5. 关于合规考核与评价

《中央企业合规管理指引（试行）》第二十三条要求加强合规考核评价，把合规经营管理情况纳入对各部门和所属企业负责人的年度综合考核，细化评价指标。对所属单位和员工合规职责履行情况进行评价，并将结果作为员工考核、干部任用、评先选优等工作的重要依据。但该条规定中并未明确合规考核评价的负责部门。

按照《中央企业合规管理指引（试行）》第十条第（三）项的规定，对各部门和所属企业负责人的年度综合考核应由合规管理牵头部门组织。因此，企业的合规考核与评价应包括以下三个层级：

（1）各部门（业务部门与职能管理部门）对本部门员工进行合规考核与评价；

（2）合规负责人、合规管理部门组织对各部门和所属企业负责人进行年度综合合规考核与评价；

（3）合规委员会对合规负责人、合规管理部门的合规考核与评价。

6. 关于合规管理信息化建设

《中央企业合规管理指引（试行）》第二十四条要求强化合规管理信息化建设，通过信息化手段优化管理流程，记录和保存相关信息。运用大数据等工具，加强对经营管理行为依法合规情况的实时在线监控和风险分析，实现信息集成与共享。但该条规定中并未明确合规管理信息化建设的负责部门。

根据企业信息管理系统的实际情况，参与企业合规管理信息化建设应包括以下部门：IT 部门；风控、内控、运营管理部门；法务部门；合规管理牵头部门。我们认为，合规管理牵头部门应当组织与推动合规管理信息化建设，作为合规管理信息化建设的牵头部门。

7. 关于受理职责范围内的违规举报，组织或参与对违规事件的调查并提出处理建议

在我国国有企业，党员干部、党员员工的违纪行为，以及管理人员的职务犯罪和职务违法行为，其违规举报受理、违规调查和问责由纪检监察部门统一归口管理。合规管理牵头部门受理违规举报、组织或参与对违规事件的调查并提出处理建议（违规管理）的职责范围的确定，应当考虑以下因素：

（1）国有企业的违规管理，可以由纪检监察部门统一归口管理，而在合规管理牵头部门不设违规管理职责；

（2）合规管理牵头部门的违规管理职责，由企业董事会根据合规委员会的建议确定，但不应包括由纪检监察部门统一归口管理的职责范围；

（3）合规管理牵头部门可以根据纪检监察部门的要求，对违规事件的调查和处理提供专业性支持；

（4）可以在合规管理牵头部门增设违规举报渠道（热线电话、电子邮件、

举报信箱等)，但其收到的违规举报以及违规线索应转交纪检监察部门并由纪检监察部门做线索分类处置。

8. 职责扩展

基于以上分析、有关企业合规管理的国际标准、指南以及我国的国家标准、办法和指引，结合中央企业合规管理实践案例，我们认为，中央企业合规管理牵头部门的合规管理职责可以做以下适当的扩展。城市轨道交通企业可以根据自身的实际情况以及合规管理的需要，报经企业董事会或经理层批准，适当扩展本企业合规管理牵头部门的职责。

（1）研究起草合规管理计划、年度合规报告、合规管理基本制度和具体制度规定、企业合规方针；

（2）组织合规风险识别和预警，合规检查与考核，全面合规管理评估与专项合规管理评估，对各部门、所属单位负责人的合规管理考核，合规管理信息化建设；

（3）组织或协助业务部门、人事部门的合规培训，合规宣传；

（4）参与合规审查，包括重大事项，制度流程；

（5）报告较大、重大合规风险事件，职责范围内违规调查的结果；

（6）指导企业所属单位合规管理工作；

（7）督促违规整改和持续改进，合规检查与考核以及对制度和流程及进行合规性评价时发现的违规问题；

（8）违规管理，受理职责范围内的违规举报，组织或参与对违规事件的调查，并提出处理建议。

第 4 章 城市轨道交通行业合规管理的制度建设

第一节　合规管理制度建设概述

企业合规管理制度是城市轨道交通企业与员工在生产经营活动中需要共同遵守的行为指引、规范和规定的总称，是企业合规管理的核心内容。企业合规管理制度可以通过两个标准进行分类：一是从层级上看，可以分为合规行为准则（Code of Conduct）、合规管理制度、合规业务指南/手册、合规管理工作流程等；二是从针对内容上看，可以分为反商业贿赂、反垄断、安全环保、产品质量、劳动用工、财务税收、知识产权、商业伙伴管理等。前者可以称为合规管理制度的框架，后者可以称为合规管理制度的内容。

一、合规管理制度制定的原则

合规管理制度相当于企业的“内部立法”，因此，应当秉持一定的原则或“立法精神”。具体而言，企业在建立合规管理制度时应牢牢抓住落实监管要求的底线，以经营风险为导向，制定切合实际、适度合理的制度，并保证易于员工获取和理解。

（一）严格落实监管要求

企业制定合规管理制度的基本要求就是高度重视外部监管制度要求。事实上，合规管理制度的重要作用之一，就是将强制性监管要求内化为企业的行为规范，避免企业因为违规受到惩罚。因此，企业在制定合规管理制度时，首先要确定需要依照的外部监管制度，其次要将监管制度要求进行内化。

（二）经营风险作为导向

针对企业经营风险开展合规制度建设是另一重要原则，也是建立有效合规管理制度的根本保证。企业应当充分识别重点风险领域，并有针对性地制定制度，根据风险发生的可能性和影响的大小调整制度的层级和形式。特别是在建立合规管理制度的初始阶段，应避免全面铺开、大而全的方式，防止失去管控重点。例如，对于重大风险，应当设置更加严格的审批流程或设置提升审批级别的“触发点”。对于日常经营中产生、合规风险不高但多发的领域，可以有针对性地制定业务指南，为员工操作提供指引。

（三）针对企业经营实际

“实事求是”是企业合规制度制定的重要原则。企业应当在宏观上充分了解经营所在国家和地区的政治、经济、文化、制度，中观上熟悉企业所在行业、市场、细分领域的客户需求，微观上立足企业的组织架构、经营规模、主营业务和发展方向。根据企业自身实际，识别合规义务、合规风险的重点领域，明确管控要求，最终体现在合规制度当中。

（四）管控有效与适度合理

合规管理制度，一是要精要管用，不能脱离实用有效的要求。在制定制度的过程中，要对相关业务的流程和风险环节高度熟悉，同时要充分听取业务经办部门的意见。二是要与公司的业务规模相适应。合规制度是为企业创造价值而非徒增成本、阻碍业务开展。因此，合规制度在数量和要求上要适当。同时，还要考虑制度的实际执行效果，避免提出脱离实际难以实现的要求。例如，在制度中规定对合作伙伴的过高要求或对员工过于苛刻的管理措施。这样的后果就是制度遭到或明或暗的抵制而无法得到执行。

（五）易于获取且通俗易懂

制度要得到遵守，首先要保证员工的充分了解。制度制定完成后，要采取适当方式，充分向员工公开、披露，保证员工能够迅速、充分了解到相关内容。特别是生产类企业，一线员工较少接触到企业办公系统，就不能仅在公司OA 系统中公开制度，而是要下发到车间班组。同时，制度要清晰明确、简洁易懂，保证员工能够充分理解。

二、企业合规制度与流程的层级

关于企业合规制度与流程，我国国家标准《合规管理体系 指南》并未作详细规定。《中央企业合规管理指引（试行）》第十七条作了原则性的规定，即建立健全合规管理制度，制定全员普遍遵守的合规行为规范，针对重点领域制定专项合规管理制度，并根据法律法规变化和监管动态，及时将外部有关合规要求转化为内部规章制度。《企业境外经营合规管理指引》将企业合规制度与流程划分为三个层级，即合规行为准则、合规管理办法与合规操作流程。这也是欧美跨国企业集团广泛采用的结构。因此，企业合规制度与流程可以分为如下几个层级。

（一）合规管理基本制度

根据《中央企业合规管理指引（试行）》第十七条、《企业境外经营合规管理指引》第十三条以及证监会《证券公司和证券投资基金管理公司合规管理办法》第十二条，企业首先应制定全员普遍遵守的合规行为规范，作为企业最重要、最基本的合规制度以及其他合规制度的基础和依据，适用于所有部门和员工。合规管理的基本制度应当明确合规管理的目标、基本原则、机构设置及其职责，违法违规行为及合规风险隐患的报告、处理和责任追究等内容。

（二）合规管理具体制度

根据《中央企业合规管理指引（试行）》第二章规定，合规管理牵头部门负责研究起草合规管理具体制度，由企业经理层批准。企业合规管理具体制度应包括合规管理组织制度、合规管理运行制度以及合规管理保障制度。

（三）重点领域专项合规管理制度

《中央企业合规管理指引（试行）》第十七条要求中央企业针对重点领域

制定专项合规管理制度。其第十三条规定的重点合规领域包括市场交易、安全环保、产品质量、劳动用工、财务税收、知识产权、商业伙伴以及其他需要重点关注的领域。除上述领域外，企业重点合规领域还应包括网络安全与信息保护、国际贸易管制等领域。

《企业境外经营合规管理指引》第十四条要求企业境外经营应在合规行为准则的基础上，针对特定主题或特定风险领域制定具体的合规管理办法。该条规定的合规管理办法，内容局限于诚信合规，属于欧美企业集团《行为准则》规定的具体行为指引。从建立全面合规管理体系角度来看，应属于重点领域专项合规管理制度。

（四）合规管理流程

《企业境外经营合规管理指引》第十五条对合规操作流程作了规定，企业可结合境外经营实际，就合规行为准则和管理办法制定相应的合规操作流程，进一步细化标准和要求。也可将具体的标准和要求融入现有的业务流程当中，便于员工理解和落实，确保各项经营行为合规。

《中央企业合规管理指引（试行）》第二章也规定经理层的合规管理职责之一是，明确合规管理流程，确保合规要求融入业务领域。业务部门负责本领域的日常合规管理工作，按照合规要求完善业务管理制度和流程。

第二节　合规行为准则

一、合规行为准则的内容

关于企业合规管理的基本制度，以诚信合规管理为主流的欧美跨国企业集团以及经合组织（OECD）《内控、道德与合规，最佳实践指南》、世界银行集团《诚信合规指南》等国际组织的指南，普遍采用企业行为准则这一合规制度形式，来规范企业全员普遍遵守的合规管理基本制度。其基本内容趋同，一方面规定企业集团的合规管理的基本制度，另一方面也规定具体的诚信合规管理办法。欧美跨国企业集团在行为准则中规定的合规管理基本制度主要包括企业愿景和使命、企业核心价值观、企业合规方针与领导承诺等。欧美跨国企业集团的行为准则模式，主要是基于诚信合规的理论和理念，内容也局限于诚信合规。

《企业境外经营合规管理指引》第十三条对企业境外经营合规管理的行为准则做了专门规定，即合规行为准则是最重要、最基本的合规制度，是其他合规制度的基础和依据，适用于所有境外经营相关部门和员工，以及代表企业从事境外经营活动的第三方。合规行为准则应规定境外经营活动中必须遵守的基本原则和标准，包括但不限于企业核心价值观、合规目标、合规的内涵、行为准则的适用范围和地位、企业及员工适用的合规行事标准、违规的应对方式和后果等。这一制度形式借鉴了欧美跨国企业集团的合规管理基本制度模式。

二、合规行为准则的作用

合规行为准则是企业合规管理制度架构中的首要内容，它奠定了企业合规管理的整体基调，也是企业对外树立合规形象的重要媒介。合规行为准则整合了一系列行为指引，用以为公司雇员和任何代表公司行事主体的行为提供规范。

从内容上看，企业的行为准则通常包括公司的价值观、公司与员工关系、产品质量、商务活动与市场竞争、政府与社区关系、公司财产与财务诚信等内容。目前跨国公司较为流行的趋势是在行为准则中加入政治捐赠、数据保护等内容。但无论如何，行为准则都应当聚焦在企业最主要的潜在风险和最核心的合规要求，这一点需要根据企业的行业特点等具体判断。

从形式上看，鉴于行为准则在企业合规管理制度架构中的重要地位，行为准则通常由企业最高领导人，如董事会主席或CEO签发，在公司官网“社会责任”板块公示，并在员工入职时发放纸质版。在行为准则的前言中，企业最高领导人通常会通过公开信的形式，简要介绍公司的合规政策、合规目标和愿景，并代表企业作出道德与合规承诺。同时，企业通常还会在手册中设置员工承诺书，要求全体员工签署并承诺遵守行为准则。此外，企业通常会在手册中注明合规的举报渠道，如人员、电话、邮箱等，便于员工对违规事项进行举报。

为提高实用性，行为准则贵在简明扼要、提纲挈领，行为准则无须更无法覆盖所有的合规内容，亦不旨在为员工提供各种情况下的合规指南。行为准则也通常会注明这一局限性，并要求员工在无法确定行为合规性的时候向相关部门或人员咨询，或提供相关部门的联系方式（通常为合规管理部门、人力资源部门或法律部等）。企业还可以在行为指引的最后提供关键词检索表，便于员工使用，让员工在遇到类似合规问题的时候乐于参阅指引。当然，也有一些优秀的做法是在行为准则中通过简要的问答形式，为员工行为提供形象的指引。

企业通常关心的问题是，如何能使行为准则真正地发挥作用，真正成为内部合规的指引，而非停留在纸面上。正如有的法律顾问所说，多数的企业都有非常好的“纸面规定”，但是没有将这些制度在实践中应用，这样他们总是会遇到麻烦。在实践中，推荐的做法是将指引在企业内部广为印发，并在公司官网上发布，保证全体员工都能够顺利获取；如果行为准则有对第三方合作伙伴的要求，则要保证合作伙伴也能够顺利获取。对于跨国公司而言，还应根据业务覆盖的国家和地区以及雇员情况，印发多语种的版本。企业也可以考虑在电子版中搭配短视频，提高行为准则的可读性。最为重要的是企业要真正执行行为准则的要求。如果准则就相关行为确定了原则和处分要求，那么这些要求必须被严格执行，让企业全员形成对制度的敬畏。

第三节　合规管理制度

一、合规管理办法

行为准则仅仅是企业合规制度架构的第一步，企业还需要根据实际需求制定更加详尽的合规管理政策、制度和流程。这些政策、制度和流程通常是对主要合规风险，特别是监管风险的回应。因此，合规制度的重要任务就是将外部监管的要求内化为企业的内部规定。

我们建议，企业首先应当制定纲领性的合规管理办法，对企业合规的总体原则和要求、机构职责划分、合规管理重点、合规管理运行机制、合规管理保障机制等进行规定。同时，多数企业也会依照监管要求，在各个细分领域制定合规管理办法，如反腐败/商业贿赂、反垄断、数据保护、反洗钱、出口管制等领域的管理办法。

企业可能会有这样的疑问，我们的合规管理办法是否充足？按照我们的经验，集团类企业的总部在仅承担管理职能的情况下，制度就会有100项左右；而生产型企业则会制定更加详细的管理制度，数百项也是司空见惯。研究表明，制度过多或过少都会导致企业违规行为的增加。如果合规制度过少，则必然导致合规风险无法被全面覆盖；而过多的管理制度不仅会给企业的经营带来沉重的负担，还会导致员工的抵触。此外，制度要得到实施，必须确保相关的罚则得到有效的实施。制度越多，则企业花费在监督和执纪问责上的精力就越多，可能导致管控疏漏，制度无法得到真正的贯彻。

合规制度应当确立清晰且能够实现的目标。如果设立的目标过于苛刻而无法达成，员工会更倾向于忽视制度要求。同样，如果制度的要求过低，则员工会失去进取的积极性。较为合理的做法是设立易于达到的目标作为底线，并鼓励员工追求更高的目标。同时，企业必须保证制度的目标不低于法律、法规和外部监管机构对企业的要求。

优秀的合规制度应当将上至CEO下至基层员工的权责进行清晰划定。每项制度都应当确定明确的要求对象，并明确相关对象可能承担的责任。如果权责划定不清晰，则容易造成互相推诿，无视制度；而权责清晰的制度则能够做到事事有人管、人人都管事。

二、重点领域合规管理制度

（一）重点领域合规管理制度

《中央企业合规管理指引（试行）》第十七条要求中央企业针对重点领域制定专项合规管理制度。按照该指引第十三条的规定，中央企业重点领域合规管理制度应当包括：

1. 市场交易合规管理制度：严格履行决策批准程序，建立健全自律诚信体系，突出反商业贿赂、反垄断、反不正当竞争合规，规范资产交易、招投标等活动。

2. 安全环保合规管理制度：严格执行国家安全生产、环境保护法律法规，完善企业生产规范和安全环保制度，加强监督检查，及时发现并整改违规问题。

3. 产品质量合规管理制度：完善质量体系，加强过程控制，严把各环节质量关，提供优质产品和服务。

4. 劳动用工合规管理制度：严格遵守劳动法律法规，健全完善劳动合同管理制度，规范对聘用人员的合规尽职调查，规范劳动合同签订、履行、变更和解除等。

5. 财务税收合规管理制度：健全完善财务内部控制体系，严格执行财务事项操作和审批流程，严守财经纪律，强化依法纳税意识，严格遵守税收法律政策。

6. 知识产权合规管理制度：及时申请注册知识产权成果，规范实施许可和转让，加强对商业秘密和商标的保护，依法规范使用他人知识产权，防止侵权行为。

7. 商业伙伴合规管理制度：对重要商业伙伴开展合规调查，通过签订合规协议、要求作出合规承诺等方式促进商业伙伴行为合规。

8. 其他需要重点关注的领域合规管理制度：如网络安全与信息保护合规管理制度、国际贸易管制合规管理制度、诚信合规管理办法等。

（二）诚信合规管理办法

《企业境外经营合规管理指引》第十四条要求企业境外经营应在合规行为准则的基础上，针对特定主题或特定风险领域制定具体的合规管理办法，包括但不限于礼品及招待、赞助及捐赠、利益冲突管理、举报管理和内部调查、人力资源管理、税务管理、商业伙伴合规管理等内容。企业还应针对特定行业或地区的合规要求，结合企业自身的特点和发展需要，制定相应的合规风险管理办法。例如，金融业及有关行业的反洗钱及反恐怖融资政策，银行、通信、医疗等行业的数据和隐私保护政策等。

该条规定的合规管理办法，内容局限于诚信合规，类似于欧美跨国企业集团《行为准则》规定的具体诚信合规准则。从合规管理制度角度来看，应属于诚信领域的专项合规管理制度。

世界银行集团《诚信合规指南》包括11个方面的内容，即：（1）禁止不当行为；（2）领导与员工职责；（3）合规计划与合规风险评估；（4）诚信合规内部政策；（5）商业伙伴政策；（6）内部控制；（7）培训与沟通；（8）激励；（9）报告；（10）不当行为的补救；（11）集体行动。

美国李尔公司的《商业行为与道德规范》包含的具体诚信合规准则为：法律法规，报告关切和反报复，利益冲突，礼品与招待和政治捐献，内幕交易，竞争和反垄断，出口和禁止交易，机密和专有信息，公司资产的保护和合理使用，准确的业务和财务记录，环境、健康和安全，可持续性，多样性，平等机会和尊重，规范的豁免，合规计划监控，承诺做正确的事。

（三）合规管理具体制度

1. 合规组织制度

合规组织制度在于规定企业负责合规管理的组织及其职责。有关企业合规管理的国际标准、指南以及我国国家标准、办法和指引规定的合规组织，包括董事会、监事会、经理层、合规委员会、合规管理负责人、合规管理牵头部门、管理层、业务部门、员工以及监察、审计、法律、内控、风险管理、安全生产、质量环保等相关部门。

2. 合规管理运行方面的合规管理具体制度

合规风险管理制度：包括合规风险评估、应对整改、监测预警、监督检查、沟通协调、持续改进、指标体系、评估模型等，以及合规风险管理的组织、职责分工与协调合作及合规风险管理计划与报告等。

合规审查制度：包括合规审查的组织、对象和范围、依据的合规规范、职责权限、计划和程序、合规审查意见及其处置、线上合规审查等。

违规管理制度、奖惩办法：包括违规举报办法、违规调查程序、违规处置办法、合规奖惩办法、反打击报复办法以及纪检监察与合规管理的分工协作等。

合规管理评估制度：包括合规评审的组织及职责分工、评审计划、评审对象和范围、评审报告和评审整改等。

3. 合规管理保障方面的合规管理具体制度

合规考核评价制度：包括合规考核评价的指标、计划、组织、程序、结果处置等。

合规管理信息化制度：包括合规管理信息化的管理模块、输入和输出流程、日常监测、信息安全和保护等。

合规宣传与培训制度：包括合规宣传与培训的目标、组织、计划、实施、考核等。

合规管理计划与合规报告制度：包括合规管理计划、报告的责任部门和报告对象，需要制定和提交合规计划与合规报告的情形，合规计划与合规报告的形式，合规计划与报告的受理、审批和处置等。

第四节　合规管理流程

一、合规管理流程制定概述

《企业境外经营合规管理指引》第十五条对合规操作流程作了规定，企业可结合境外经营实际，就合规行为准则和管理办法制定相应的合规操作流程，进一步细化标准和要求。也可将具体的标准和要求融入到现有的业务流程当中，便于员工理解和落实，确保各项经营行为合规。

《中央企业合规管理指引（试行）》第二章也规定经理层的合规管理职责之一是，明确合规管理流程，确保合规要求融入业务领域。业务部门负责本领域的日常合规管理工作，按照合规要求完善业务管理制度和流程。

我们理解，这里的业务领域包括企业管理矩阵中的横向职能管理领域，如规划、财务、风控、内控运营管理、人力资源、法务、行政、信息管理等，以及纵向业务领域，如产品、生产、质量、采购、销售、物流、环保安全卫生等。因此，业务管理制度和流程应包括如下几个方面：

（一）职能管理领域的制度和流程

企业合规管理部门应当直接参与制定和修改的职能部门管理规章包括但不限于：执行上市公司监管合规规范的管理制度，公司治理规章，授权体制，印章管理办法，对外投融资、担保管理办法，并购重组管理办法，境外投资并购管理办法，关联交易和利益冲突管理办法，员工手册及有关员工管理的其他规章制度，知识产权管理办法，合同管理办法，信息技术管理制度，合规审计流程等。

（二）业务流程

不同行业的企业（如传统制造企业、金融企业、互联网企业、贸易企业等），其业务部门的设置也存在差异。传统制造企业的业务部门一般包括采购部、市场部、销售部、产品部、生产部、质量部、物流部、研发部门、环安卫部门等。

企业各业务部门的业务流程，具有很强的专业性和技术特性。但是，企业各业务领域涉及不同合规规范（如行业监管、招投标管理、反垄断与公平竞争、消费者权益保护、产品规范与标准、网络安全等专业领域的法律、法规、标准和规范等）的适用、执行和遵守，政府监管日益加强，企业面临的合规风险日益突出。企业合规管理部门参与企业业务流程的制定和修改的必要性也日益凸显。

业务合规流程是企业合规管理与业务管理高度协调融合的产物。业务合规流程须根植于企业业务及其管理，与相关业务管理制度和流程充分协调，有机衔接，科学融合。正因如此，业务合规流程可以采取单行制度形式；也可以将合规管理要点和程序直接纳入业务管理制度和流程之中，成为业务管理制度和流程的一部分。

二、合规制度和流程的制定

（一）新设企业合规制度和流程的制定

企业新设，一切规章制度和流程都有待制定，也是企业建立合规管理体系、制定企业合规制度和流程的最佳时机。

新设企业制定企业合规制度和流程，首先应取得企业领导（治理机构）的强力支持，获得领导的合规承诺，确立企业合规方针。设置企业合规总监（公司高级管理人员之一），以牵头启动、组织、协调、推动企业合规管理，包括其他合规组织的建设。收集、整理适用于企业的外部合规规范以及业内违规案例，识别合规义务（包括合规要求与合规承诺），用以指导企业合规管理的开展。参加合规管理培训，学习同行业企业合规管理最佳实践案例。与规划、风控、内控、法务、人力资源、行政、纪检监察等部门沟通，听取其意见，取得其支持。制定企业合规管理基本制度，确立企业合规的核心价值观、基本原则、组织机构及职责、合规管理体系建设等，用以指导以后的合规管理工作。梳理企业经营重点领域，逐步制定重点领域专项合规管理制度。制定企业合规管理具体制度，参与企业各职能部门规章制度和管理流程的起草、修改，对其进行全覆盖审查，融入合规要求与合规承诺。

（二）单一结构老牌企业合规制度和流程的制定

此处所述单一结构老牌企业是指已经成立多年和公司架构较为单一（没有太多子公司）的企业。在单一结构老牌企业启动和开展合规管理，制定合规管理制度和流程，组织和管理相对容易一些。

单一结构老牌企业制定合规管理制度和流程，首先应取得企业领导（治理机构）的强力支持，获得领导的合规承诺，确立企业合规方针。设置企业合规总监（系公司高级管理人员之一），设立企业合规管理部，以牵头启动、组织、协调、推动企业合规管理，包括其他合规组织的建设。参加合规管理培训，学习同行业企业合规管理最佳实践案例。收集、整理适用于企业的外部合规规范以及业内违规案例，收集、整理企业内部合规规范，识别合规义务（包括合规要求与合规承诺）。与规划、风控、内控、法务、人力资源、行政、纪检监察等部门沟通，听取其意见，取得其支持。开展合规风险管理，建立企业合规风险清单，制定企业合规风险管理具体指引，通过企业信息管理系统，建立企业合规风险日常监测和预警机制。制定企业合规管理基本制度，确立企业合规的核心价值观、基本原则、组织机构及职责、合规管理体系建设等，用以指导以后的合规管理工作。梳理企业经营重点领域，逐步制定重点领域专项合规管理制度。参与企业各职能部门新的规章制度和管理流程的制定，对其进行全覆盖审查，融入企业合规要求与合规承诺。运用内部合规规范偏差分析法，依据合规规范以及企业合规风险清单，对企业现有规章制度和流程进行分析比较，甄别其存在的合规偏差与不足，然后根据企业适用的合规规范，对企业现有规章制度和流程进行修改、补充和再造，融入合规要求与合规承诺，实现企业现有规章制度和流程的合规。

单一结构老牌企业的合规管理也涉及各个职能部门和业务部门，甚至不同的业务线条或产品事业部。如果合规风险管理、重点领域专项合规管理制度的制定、职能和业务部门业务流程的修改和补充齐头并进，人员、资金和其他资源投入过于集中，容易造成混乱，影响合规管理目标的达成。

可以尝试从面到点、从点到面的工作方法：第一步：面。先在企业设立合规组织、制定总体合规管理指南。第二步：点。在某一两个职能部门和/或业务部门进行合规管理制度修改和补充试点（包括设立合规管理项目小组，在该部门开展合规风险管理，甄别现有规章制度和流程的偏差和不足，制定该部门专项合规管理制度，对该部门现有规章制度进行修改、补充并融入合规要求），积累经验，培养合规管理人才，培育合规意识与合规理念。第三步：面。将试点范围逐步扩展到其他部门，最后实现所有部门全覆盖。

（三）企业集团合规制度和流程的制定

企业集团有总部与各子公司（全资子公司、控股子公司和参股非控股子公司），存在各种业务线条和业务模式，可能地处不同国家和不同省市，制定合规管理制度更加复杂。但是，就制定合规管理制度和流程而言，同样可以尝试从面到点、从点到面的工作方法。

第一步：面。先在企业总部设立合规组织、制定总体合规管理指南。

第二步：点。在总部某一两个职能部门和/或业务部门进行合规管理制度修改和补充试点（包括设立合规管理项目小组，在该部门开展合规风险管理，甄别现有规章制度和流程的偏差和不足，制定该部门专项合规管理制度，对该部门现有规章制度进行修改、补充并融入合规要求），积累经验，培养合规管理人才，培育合规意识与合规理念。在某一两个子公司进行合规管理制度修改和补充试点。在该子公司内部，同样可以尝试从面到点、从点到面的工作方法。

第三步：面。将试点范围逐步扩展到总部其他部门，最后实现总部所有部门全覆盖。将试点范围逐步扩展到其他子公司，最后实现企业集团总部和所有子公司全覆盖。

第 5 章 城市轨道交通行业合规管理的运行保障机制

第一节 合规宣传与培训

企业合规宣传培训的目标，是确保所有员工有能力以与组织合规文化和对合规的承诺一致的方式履行角色职责，加强全体员工对企业合规的基本认识，帮助员工理解和掌握自己的合规义务，提高员工的合规意识及遵纪守法的自觉性，是实现全员合规的基础。企业合规培训的有效性也是企业合规管理评估的重要内容。

合规宣传与培训是企业合规管理体系的构成要素之一，是企业文化建设的重要途径和内容，是企业合规管理体系的基本构成要素，是企业合规管理运行的重要机制。

一、合规培训对象

梳理有关企业合规管理的国际标准、指引以及我国国家标准、指引和办法的规定，合规培训的对象及内容包括：

（一）治理机构成员

治理机构成员包括企业董事会成员、监事会成员和高级管理人员。治理机构是企业的决策机构，需要倡导诚实守信的道德准则和企业价值观，制定合规方针与合规目标，作出合规管理承诺，为合规管理提供明确坚定的支持并分配所需资源，推动合规管理体系的建设和运行，做诚信合规的表率。因此，治理机构成员应带头参加与其职责相关的合规培训，学习主要合规规范，掌握合规管理的基本知识，具备履行合规义务的能力。

《企业境外经营合规管理指引》第十六条要求决策层和高级管理层带头接受合规培训。我国国家标准《合规管理体系 指南》第6.2.2条规定，治理机构、管理层都应具备履行合规义务的能力，并应通过包括教育、培训后工作经历等多种方式获得与提高合规管理技能。

（二）合规管理人员

合规管理人员包括企业合规负责人、合规管理部门的合规管理人员以及各部门的专职和兼职合规管理人员。《中央企业合规管理指引（试行）》第二十五条要求企业建立专业化、高素质的合规管理队伍，根据业务规模、合规风险水平等因素配备合规管理人员，持续加强业务培训，提升队伍能力水平。我国原银监会《商业银行合规风险管理指引》第十九条，原保监会《保险公司合规管理办法》第十八条、第十九条都规定，商业银行与保险公司应为合规管理部门配备有效履行合规管理职能的资源。合规管理人员应具备与履行职责相匹配的资质、经验、专业技能和个人素质，熟练掌握法律法规、监管规定、行业自律规则和公司内部管理制度。企业应定期为合规管理人员提供系统的专业技能培训，提高合规管理人员的专业技能。

合规管理人员不但应当自己接受合规培训，还应努力具备对其他员工进行合规培训的能力。因此，对于合规管理人员，应开展“培训培训老师”（“train the trainers”）的项目。

（三）管理层

管理层是企业各部门、分支机构的负责人，各部门、分公司所属分部、科、室的负责人，各车间及其班组负责人等。企业各部门及其分支机构，包括企业横向职能管理部门（如规划、运营管理、财务、人事、内控、审计、行政等）、业务部门（包括研发、生产、采购、销售、物流、质量、环安卫等）以及各分公司、项目组、营业部等。企业各部门及其分支机构负责本领域的日常合规管理工作，是履行合规管理的第一道防线，对企业合规负首要责任。

各管理层负责本部门的日常合规管理工作，组织、指导、监督本部门员工诚信合规守法。各管理层既是合规管理的践行者，又是本部门合规管理的组织者、领导者和责任人。因此，各管理层除了本部门业务知识以外，还应具有合规管理人员其他三个方面的知识和能力，包括基本的法律知识与能力、管理学知识与能力以及经济学知识与能力。

各管理层都应具备履行合规义务的能力，并应通过包括教育、培训后工作经历等多种方式获得与提高合规管理技能（我国国家标准《合规管理体系 指南》第 6.2.2 条），参加和支持合规培训活动（该指南第 4.3.5 条）。

（四）员工

按照我国国家标准《合规管理体系 指南》第 4.3.6 条、第 6.2.2 条及《企业境外合规管理指引》第十六条的规定，所有员工都应具备履行合规义务的能力，都应按照合规管理体系要求接受和参与培训，了解并掌握企业的合规管理制度和风险防控要求。

企业员工是合规责任的具体实施者，是企业合规的最基本单元。员工合规，关系到企业合规管理的成败。因此，需要定期强制性地为员工安排灵活多样的合规培训，培育员工诚信合规意识，让员工理解和执行合规义务，促进人人合规的企业文化建设。

对于高风险领域、关键岗位员工，亚太经合组织《高效率公司合规项目基本要素》《中央企业合规管理指引（试行）》《企业境外经营合规管理指引》要求对他们进行有针对性的、专题的法律和道德合规培训，加大培训力度，使他们熟悉并严格遵守业务涉及的各项规定。对于海外人员，《中央企业合规管理指引（试行）》第十五条第（三）项还要求将合规培训作为其任职、上岗的必备条件，确保遵守我国和所在国法律法规等相关规定。

（五）业务伙伴

世界银行集团《诚信合规指南》第七条以及亚太经合组织《高效率公司合规项目基本要素》要求对业务伙伴提供合规培训，促使业务伙伴与企业作出对等的合规承诺。对业务伙伴的合规培训，主要涉及诚信合规内容，包括反腐败、反欺诈、反洗钱、反串谋等内容。

二、合规培训内容

（一）具有合规管理职责的人员

合规管理是企业重要的、特殊的、专业的管理职能，要求各合规组织拥有合规管理职责的人员（包括治理机构各成员、合规负责人、合规管理人员、各职能管理部门的管理层、各业务部门的管理层，以及各分公司、项目组、营业部的管理层）具有四个方面的知识和能力。

1. 法律知识与能力

各合规组织拥有合规管理职责的人员需要领导、决策、支持、监督、实施合规管理工作，需要了解、掌握企业以及本部门适用的合规规范的基本知识。

合规管理是合规管理人员专职的、专业性很强的工作。合规管理人员需要持续加强业务培训，全面学习、理解和运用合规规范，掌握专业合规管理技能，尤其是在正确把握法律、规则和准则的最新发展及其对企业经营的影响等方面的技能培训（我国原银监会《商业银行合规风险管理指引》第十九条）。合规规范包括外部合规规范（如适用的国际条约、法律法规、行业监管规定、自律性规则、国家标准、商业惯例、道德规范等）和内部合规规范（包括内部规章制度、企业自律性承诺等）。

2. 管理学知识与能力

合规管理是企业重要的管理职能。开展合规管理，应在组织、指导、监督和支持合规管理工作，在业务流程、项目管理、管理评估、考核评价等方面具备基本的管理学知识和能力。

3. 经济学知识与能力

合规管理，尤其是合规风险管理、合规管理评估、合规考核与评价等需要运用经济学模型与技术方法。开展合规管理，应积极参加学习，掌握相关的经济学知识，具有运用经济学知识和技术方法开展合规管理的能力。

4. 基本业务知识

合规管理需要把合规要求融入业务流程，开展合规风险管理，进行合规管理评估、合规管理考核与评价等，应对各部门的基本业务内容、业务模式、业务流程等有基本的了解。

（二）员工

1. 对企业员工进行合规培训的内容

对企业员工进行合规培训的主要内容应包括：（1）企业的合规方针，领导的合规承诺，企业的核心价值观；（2）与员工岗位职责相关的合规规范与合规义务；（3）与员工岗位职责相关的管理制度与流程等。

2. 企业员工合规培训内容的确定

按照我国国家标准《合规管理体系 指南》第 6. 2. 2 条，对员工的教育和培训宜：（1）针对与员工角色和职责相关的义务和合规风险量身定制；（2）适宜时，以对员工知识和能力缺口的评估为基础；（3）与组织的培训计划一致，并纳入年度培训计划；（4）实用并易于员工理解；（5）与员工的日常工作相关，并且以相关行业、组织或部门的情况作为案例；（6）按要求更新。

三、合规组织的合规培训职责

企业的治理机构应积极支持合规管理体系建设，支持持续进行合规培训。

企业的合规负责人应全面负责公司的合规管理工作，领导合规管理部门，其中包括领导、组织企业合规培训和交流工作。

企业的合规管理部门的合规管理职责之一，就是组织或协助业务部门、人事部门开展合规培训，并提供合规专业知识培训。

企业的各部门管理层应支持合规培训，做好本领域合规培训工作。

企业的各业务部门是合规的责任主体与合规风险的第一道防线。合规培训，也是业务部门义不容辞的责任。

四、合规培训的程序和方式

（一）合规培训程序

我国国家标准《合规管理体系 指南》第 6. 2. 1 条对合规培训的程序作了

简要规定。结合其他有关合规管理的国际组织标准、指南以及我国国家标准、办法和指引的规定，合规培训的程序主要如下：

1. 制订合规培训计划

合规培训计划应是企业合规计划与培训计划的一部分，应当纳入企业年度合规计划与年度培训计划。

2. 评估员工合规培训需求

企业应在适宜时采取措施（包括与员工面对面地沟通），对培训对象的知识和能力缺口进行评估，了解培训对象的合规培训需求。

3. 确定培训项目和内容

根据员工合规培训需求，针对与员工角色和职责相关的义务和合规风险，量身定制合规培训项目与培训内容。

合规培训项目内容应当实用并易于员工理解，应当与员工的日常工作相关，并且以相关行业、企业本身或部门的情况作为案例。

4. 提供合规培训

培训方式应足够灵活，涉及各种技能，以满足组织和员工的不同需求。

5. 对培训的有效性进行评估

培训结束时，对培训的有效性进行评估，包括对培训对象进行培训考核。

合规培训的组织与效果是合规管理考核评价的重要指标与内容（我国国家标准《合规管理体系 指南》第 8. 1. 6 条）。

6. 合规培训的记录与保存

合规培训时，应制作并妥善保存培训记录，包括培训项目名称、培训时间、培训内容简介、培训对象姓名单位和职务、培训老师姓名、职务介绍、培训考核情况、培训效果评估情况。培训对象名册应由培训对象逐一签署。

7. 合规培训报告

合规管理部门应基于合规培训记录，向决策层和高级管理层汇报合规培训的组织情况与合规培训效果的评估结果（《企业境外经营合规管理指引》第十七条）。

8. 再培训

根据我国国家标准《合规管理体系 指南》第 6. 2. 2 条，在下列情形下应考虑合规再培训：（1）员工角色或职责改变；（2）企业内部方针、程序和过程改变；(3) 企业组织结构改变；(4) 企业合规义务（尤其是法律或相关方）要求改变；(5) 企业活动、产品或服务改变；(6) 从监视、审核、评审、投诉和不合规（包括利益相关方反馈）产生的问题。

(二) 合规培训方式

合规培训与合规活动的形式可以多种多样，不拘一格。很多企业集团已经采取线下培训、网络培训与合规活动相结合的方式，取得了很好的效果，值得借鉴。

线下培训即由合规培训老师面对面地进行培训授课。可以在企业总部集中培训，到相关业务部门和子公司提供现场培训，也可以参加咨询机构组织的合规培训或研讨会等。可以是普及培训、合规管理人员专职培训、入职培训、业务部门专项合规培训等。线下培训需要与企业人力资源部门充分协作，进行培训考核，制作培训记录。

网络培训即设置网络培训课程，通过企业内网和企业合规管理信息系统，自动推送到各培训对象，培训对象接受线上合规培训，进行线上培训考核，制作线上合规培训记录。

五、合规宣传

(一) 有关合规规范对合规宣传的规定

有关合规管理的国际组织标准、指引以及我国国家标准、指引和办法对合规宣传的规定甚少，主要包括：

我国国家标准《合规管理体系 指南》第6.3.2.2 条规定，企业最高管理者的关键职责之一是宣传组织对合规的承诺并建立合规意识，以便激励员工接受合规管理体系。

世界银行集团《诚信合规指南》第七条也要求，采取切实合理的步骤，定期宣传合规计划，同时根据不同的需求、情况、职位和职责，为公司各级职员（尤其是从事高风险活动的职员）提供有效培训并予以记录，适当时也可为业务伙伴提供培训。公司管理层须在年度报告中对合规计划进行说明，或公开披露、宣传合规计划的相关知识。

（二）合规宣传的内容及方式

合规宣传是企业宣传的一部分，属于合规意识形态领域，目的在于建立全员合规意识，培育企业合规文化。企业合规宣传的内容主要包括：将诚信合规列入企业的核心价值观，宣传合规方针、领导承诺、员工合规义务、合规目标以及合规计划等。

合规宣传宜采取灵活多样的合规宣传方式，如：(1) 在企业宣传墙、员工电脑屏保上宣传企业合规方针与领导承诺；(2) 发放合规手册、合规操作指引等；(3) 在员工大会上进行合规宣示，在部门例会、晨会上宣示、宣传合规；(4) 员工签署合规承诺书；(5) 开展合规宣传周、活动日活动；(6) 有奖问卷调查、现场案例宣讲、专题座谈等。

（三）合规宣传与培训协作

有关企业合规管理的国际组织标准、指南以及我国国家标准、办法和指引规定，企业合规管理部门的合规管理职责之一是，组织或协助业务部门、人事部门开展合规培训，并提供合规专业知识培训。例如，我国国家标准《合规管理体系 指南》第6.2.2条要求对员工的培训和宣传与组织的培训计划一致，并纳入年度培训计划。我国原保监会《保险公司合规管理办法》第三十二条规定，合规管理部与业务部门、人事部门、宣传部门和相关培训部门建立协作机制，制订合规培训计划，定期组织开展合规培训工作。

第二节　合规计划与汇报

一、企业合规计划

（一）制订企业合规管理计划

1. 有关合规规范的规定

有关企业合规管理的国际标准、指南以及我国国家标准、办法和指引大多要求企业制订合规管理计划。

如巴塞尔银行监管委员会《合规与银行内部合规部门》第十八条规定，高级管理层在合规部门的协助下，制订每年至少一次管理银行面临的主要合规风险问题的计划。

《合规管理体系 指南》第 6. 5. 1 条规定，组织的合规管理体系宜包括所必需的文件化信息，例如年度合规计划。第 7. 1 条规定，组织宜控制计划变更，并重新评审计划外变更的后果，必要时采取措施缓解任何不利影响。

原银监会《商业银行合规风险管理指引》第十八条第（二）项规定，合规管理部门的基本职责包括制定并执行风险为本的合规管理计划，包括特定政策和程序的实施与评价、合规风险评估、合规性测试、合规培训与教育等。

原保监会《保险公司合规管理办法》第十三条第（二）项规定，保险公司合规负责人负责制订公司年度合规管理计划，并报总经理审核。第十六条第一款第（一）项规定，合规管理部门协助合规负责人制订、修订公司的合规政策和年度合规管理计划，并推动其贯彻落实。第十条第一款第（三）项规定，总经理应每年至少组织一次对公司合规风险的识别和评估，并审核公司年度合规管理计划。

《中央企业合规管理指引（试行）》第七条、第十条规定，合规管理牵头部门负责研究起草合规管理计划、基本制度和具体制度规定。经理层负责批准合规管理计划，采取措施确保合规制度得到有效执行。

《企业境外经营合规管理指引》第十一条规定，合规管理部门负责制定企业的合规管理制度和年度合规管理计划，并负责推动其贯彻落实。

2. 合规管理计划的制订和批准

从上述有关企业合规管理的国际标准、指南以及我国国家标准、办法和指引的规定来看，合规管理计划一般由合规负责人领导合规管理部门起草，由企业高级管理人员（我国《公司法》称经理层）或者董事会批准后执行。

（二）合规管理计划的种类与内容

企业合规管理计划主要包括年度合规管理计划与专项合规管理计划。

1. 年度合规管理计划

上述第（一）部分所列合规计划多为年度合规管理计划。年度合规管理计划是企业年度合规管理的总体安排，首先应制定年度合规目标。按照我国国家标准《合规管理体系 指南》第5.2条，合规目标宜：（1）与合规方针一致；（2）可以测量（如可行）；（3）考虑适用的合规要求；（4）予以监视；（5）充分沟通；（6）适当时，更新和/或修订。合规目标宜确定需要做什么、需要什么资源、由谁负责、何时完成以及结果如何评价。

年度合规管理计划应基于合规管理体系的各构成要素，逐项分别制订计划，主要包括：（1）年度合规组织建设计划；（2）合规管理队伍培养与建设计划；（3）合规风险管理的重点及计划；（4）合规制度与流程制定、修改与补充安排；（5）合规管理评估计划；（6）合规管理绩效指标及考核评价计划；（7）合规宣传培训计划；（8）合规管理信息系统建设计划；（9）合规文化建设计划；（10）企业集团对子公司的合规管理计划与安排等。

2. 专项合规管理计划

专项合规管理计划包括：（1）年度专项合规计划，主要是针对某一合规管理领域的专门合规管理安排，如企业某一业务领域专项合规风险管理计划等；（2）临时专项合规计划，即发生重大合规风险或者按照上级合规组织的指令，由合规管理部门就某一重大合规风险或者业务领域，制订临时合规计划并开展合规管理。

（三）合规管理计划的调整

有些有关企业合规管理的国际标准、指引以及我国国家标准、指引和办法还规定了企业合规计划的调整机制。如世界银行集团《诚信合规指南》第三条规定，高管人员应采用系统的方法监督合规计划，定期检查合规计划在预防、发现、调查和应对各种不当行为方面的适用性、充分性和有效性；同时也应考虑合规领域的相关变化，以及国际和行业标准的演变。如发现合规计划存在缺陷，公司应采取合理措施避免此类缺陷进一步发生，这些措施包括对合规计划做出必要的修改。我国国家标准《合规管理体系 指南》第7.1条规定，组织宜控制计划变更，并重新评审计划外变更的后果，必要时采取措施缓解任何不利影响。

二、企业合规汇报

（一）年度合规报告

巴塞尔银行监管委员会《合规与银行内部合规部门》第十八条要求高级管理层在合规部门的协助下，每年至少一次就银行的合规风险管理向董事会或董事会下设的委员会报告，该报告应能够有助于董事会成员就银行是否有效管理合规风险问题作出有依据的判断。

原银监会《商业银行合规风险管理指引》第十三条第（六）项规定，高级管理层每年向董事会提交合规风险管理报告，报告应提供充分依据并有助于董事会成员判断高级管理层管理合规风险的有效性。

原保监会《保险公司合规管理办法》规定，合规管理部门负责撰写年度合规报告，交由合规负责人审核，报总经理审批后，由总经理报董事会或者董事会授权的专业委员会审核批准。

《中央企业合规管理指引（试行）》规定，合规负责人组织合规管理牵头部门起草年度合规报告，并报企业董事会审批。

关于年度合规报告的内容，我国国家标准《合规管理体系 指南》、我国原保监会《保险公司合规管理办法》、我国证监会《证券公司和证券投资基金管理公司合规管理办法》都作了相关规定。企业可以根据自身实际情况，确定本企业年度合规报告应报告的内容。

1. 《合规管理体系 指南》

我国国家标准《合规管理体系 指南》第 8.1.8 条提出了合规报告宜包括的内容：（1）组织按要求向任何监管机构通报的任何事项；（2）合规义务变化及其对组织的影响，以及为了履行新义务，拟采用的措施方案；（3）对合规绩效的测量，包括不合规和持续改进；（4）可能的不合规数量和详细内容和随后对他们的分析；（5）采取的纠正措施；（6）合规管理体系有效性、业绩和趋势的信息；（7）与监管部门的接触和关系进展；（8）审核和监视活动的结果。

2. 原保监会《保险公司合规管理办法》

原保监会《保险公司合规管理办法》第三十七条第二款规定，公司年度合规报告应当包括以下内容：（1）合规管理状况概述；（2）合规政策的制订、评估和修订；（3）合规负责人和合规管理部门的情况；（4）重要业务活动的合规情况；（5）合规评估和监测机制的运行；（6）存在的主要合规风险及应对措施；（7）重大违规事件及其处理；（8）合规培训情况；（9）合规管理存在的问题和改进措施；（10）其他。

3. 证监会《证券公司和证券投资基金管理公司合规管理办法》

证监会《证券公司和证券投资基金管理公司合规管理办法》第三十条规定，年度合规报告应包括下列内容：（1）证券基金经营机构和各层级子公司合规管理的基本情况；（2）合规负责人履行职责情况；（3）违法违规行为、合规风险隐患的发现及整改情况；（4）合规管理有效性的评估及整改情况；（5）中国证监会及其派出机构要求或证券基金经营机构认为需要报告的其他内容。

（二）合规监管报告

合规监管报告是企业按合规规范向监管部门提交的合规报告，包括：

1. 中央企业向国资委的合规报告

《中央企业合规管理指引（试行）》第二十八条规定，中央企业建立合规报告制度，重大合规风险事件应当向国资委和有关部门报告。合规管理牵头部门于每年年底全面总结合规管理工作情况，起草年度报告，经董事会审议通过后及时报送国资委。

2. 保险公司向保监会的合规报告

原保监会《保险公司合规管理办法》第三十七条第一款规定，保险公司应当于每年 4 月 30 日前向中国保监会提交公司上一年度的年度合规报告。保险公司董事会对合规报告的真实性、准确性、完整性负责。

3. 证券基金经营机构向证监会的合规报告

证监会《证券公司和证券投资基金管理公司合规管理办法》第十五条第二款规定，合规负责人发现证券基金经营机构存在违法违规行为或合规风险隐患的，应当依照公司章程规定及时向董事会、经营管理主要负责人报告，提出处理意见，并督促整改。合规负责人应当同时督促公司及时向中国证监会相关派出机构报告；公司未及时报告的，应当直接向中国证监会相关派出机构报告；有关行为违反行业规范和自律规则的，还应当向有关自律组织报告。

第十九条规定，证券公司合规负责人应当经中国证监会相关派出机构认可后方可任职。合规负责人任期届满前，证券基金经营机构解聘的，应当有正当理由，并在有关董事会会议召开 10 个工作日前将解聘理由书面报告中国证监会相关派出机构。

第二十条规定，合规负责人不能履行职务或缺位时，应当由证券基金经营机构董事长或经营管理主要负责人代行其职务，并自决定之日起 3 个工作日内向中国证监会相关派出机构书面报告，代行职务的时间不得超过 6 个月。合规负责人提出辞职的，应当提前 1 个月向公司董事会提出申请，并向中国证监会相关派出机构报告。在辞职申请获得批准之前，合规负责人不得自行停止履行职责。

第三十条规定，证券基金经营机构应当在报送年度报告的同时向中国证监会相关派出机构报送年度合规报告。证券基金经营机构的董事、高级管理人员应当对年度合规报告签署确认意见，保证报告的内容真实、准确、完整；对报告内容有异议的，应当注明意见和理由。

（三）专项合规报告

专项合规报告包括：

1. 针对专门业务领域的合规报告，如企业营销领域合规报告、劳动人事领域合规报告等。

2. 针对专门合规管理体系构成要素的合规报告，如合规组织建设报告、合规管理队伍建设报告、合规风险管理报告、合规审查报告、合规审计报告、合规宣传与培训报告、合规管理评估报告、合规考核评价报告等。

3. 重大合规风险报告。有关企业合规管理的国际标准、指引以及我国国家标准、指引和办法都要求合规管理部门、业务部门发现重大合规风险后，及时向企业管理层和董事会报告。

三、企业合规管理计划与合规汇报制度

有关企业合规管理的国际组织标准、指南以及我国国家标准、办法和指引对合规管理计划的起草、提交、审批、变更等作出了规定。我们认为，企业有

必要制定合规管理计划的制度，明确规定合规管理计划的起草部门、路线、合规管理计划的内容、合规管理计划的变更程序和规范要求等。

我国原保监会《保险公司合规管理办法》第二十八条要求，保险公司应当明确合规风险报告的路线，规定报告路线涉及的每个人员和机构的职责，明确报告人的报告内容、方式和频率以及接受报告人直接处理或者向上报告的规范要求。

我国国家标准《合规管理体系 指南》第4.3.3条（治理机构和最高管理者的角色和职责）规定，治理机构和最高管理者宜确保建立高效及时的报告系统。第8.1.7条对内部合规报告制度提出了指导性规定，要求内部报告制度的安排宜确保：（1）设定适当的报告准则和义务；（2）确立定期报告时间表；（3）建立便于对新出现的不合规进行特别报告的异常报告系统；（4）建立合适的系统和过程确保信息的准确性和完整性；（5）向组织的恰当职能部门或区域提供准确和完整的信息，以采取预防、纠正和补救的措施；（6）要对向治理机构提交报告的准确性签字确认，包括合规团队的签字。

除非法律另有规定，组织宜选择适合自己情况的内部合规报告的版式、内容和时间。对合规的报告宜融入组织的常规报告中。只宜为重大不合规和新出现的问题单独编写报告。

第三节　合规考核与评价

城市轨道交通企业合规管理考核与评价是指对企业各部门及其管理人员和员工的合规管理绩效进行考核与评价，是企业合规管理体系的重要构成要素，也是合规管理保障的重要措施之一。

有关企业合规管理的国际组织标准、指南以及我国国家标准、办法和指引规定的“评价”包括合规管理体系评价、合规制度与流程的合规性评价、合规风险管理评价、合规审计评价、合规管理绩效评价等。本节将考核与评价连用，仅仅是指对合规管理绩效的考核评价，也可以简称为企业合规管理考评。

一、关于合规管理考核与评价的合规规范

有关企业合规管理的国际组织标准、指南以及我国国家标准、办法和指引对企业合规管理考核与评价的规定不尽相同，具体列示如下。城市轨道交通企业可以根据自身实际情况需要，对本企业的考核评价作出具体规定。

（一）《合规管理体系 指南》

我国国家标准《合规管理体系 指南》规定，企业最高管理者宜对照合规关键绩效措施或结果接受考核。

该标准还对绩效评价的内容和程序作了具体规定，在下文中将详细介绍。我们认为，该标准要求企业高级管理人员应当接受董事会的合规管理考核与评价。该规定适用于采纳该标准的所有企业。

（二）《中央企业合规管理指引（试行）》

按照《中央企业合规管理指引（试行）》，中央企业应加强对管理人员、各部门及下属公司负责人、各部门及下属公司员工的合规管理考核与评价。

该指引第十条第（三）项规定，合规管理牵头部门的主要职责包括组织开展合规检查与考核，对制度和流程进行合规性评价，督促违规整改和持续改进。

第十五条第（一）项规定，加强对管理人员的合规管理，促进管理人员切实提高合规意识，带头依法依规开展经营管理活动，认真履行承担的合规管理职责，强化考核与监督问责。

第二十三条规定，加强合规考核评价，把合规经营管理情况纳入对各部门和所属企业负责人的年度综合考核，细化评价指标。对所属单位和员工合规职责履行情况进行评价，并将结果作为员工考核、干部任用、评先选优等工作的重要依据。

（三）原银监会《商业银行合规风险管理指引》

我国原银监会《商业银行合规风险管理指引》第十五条规定，商业银行应建立对管理人员合规绩效的考核制度。商业银行的绩效考核应体现倡导合规和

惩处违规的价值观念。

（四）原保监会《保险公司合规管理办法》

我国原保监会《保险公司合规管理办法》第三十一条规定，保险公司应当建立有效的合规考核和问责制度，将合规管理作为公司年度考核的重要指标，对各部门、分支机构及其人员的合规职责履行情况进行考核和评价，并追究违法违规事件责任人员的责任。

（五）证监会《证券公司和证券投资基金管理公司合规管理办法》

1. 证券基金经营机构董事会对合规负责人的考核办法

该办法第七条规定，证券基金经营机构董事会履行的合规管理职责包括决定聘任、解聘、考核合规负责人，决定其薪酬待遇。第二十七条第二款规定，证券基金经营机构董事会对合规负责人进行年度考核时，应当就其履行职责情况及考核意见书面征求中国证监会相关派出机构的意见，中国证监会相关派出机构可以根据掌握的情况建议董事会调整考核结果。

2. 合规负责人对合规管理部门与合规管理人员的考核办法

该办法第二十七条规定，合规部门及专职合规管理人员由合规负责人考核。对兼职合规管理人员进行考核时，合规负责人所占权重应当超过50%。

二、合规管理考核与评价的原则及程序

（一）合规管理考核与评价的客观独立性原则

客观性原则和独立性原则是企业合规管理的两项重要基本原则，应当在企业合规管理考核评价中得到充分运用。《中央企业合规管理指引（试行）》第四条第（四）项将客观独立性原则确立为中央企业合规管理的基本原则，要求严格依照法律法规等规定对企业和员工行为进行客观评价和处理。合规管理牵头部门独立履行职责，不受其他部门和人员的干涉。

我国证监会《证券公司和证券投资基金管理公司合规管理办法》第二十七条第一款也规定，证券基金经营机构应当制定合规负责人、合规部门及专职合

规管理人员的考核管理制度，不得采取其他部门评价、以业务部门的经营业绩为依据等不利于合规独立性的考核方式。

（二）合规管理考核与评价的程序

根据我国国家标准《合规管理体系 指南》第 6.3 条和第 8.1 条以及其他相关合规规范的规定，企业合规管理绩效考核与评价的程序包括：

1. 建立合规管理绩效指标

企业应制定一系列量化的、可测量的合规管理绩效指标，帮助企业对合规目标的实现进行评价。合规管理绩效指标举例如下：

（1）活动类指标包括：经过有效培训的员工比例；监管部门来访的频率；反馈机制的使用（包括用户对那些机制价值的评论）；对于每项不合规，采取何种类型的纠正措施。

（2）反应类指标包括：根据类型、区域和频率报告已识别的问题和不合规；不合规的后果，包括对经济补偿、罚款和其他处罚、补救成本、声誉或员工时间成本影响的估价；报告和采取纠正措施所花费的时间。

（3）预测类指标包括：一定时期的不合规的风险（以目标的潜在损失/收益包括收入、健康和安全、声誉等测量）；不合规趋势（基于过去趋势预测合规率）。

2. 收集合规管理绩效信息

（1）合规绩效信息的来源

合规绩效信息来源包括：员工，如通过举报工具、热线电话、反馈、意见箱；客户，如通过投诉处理系统；供应商；监管部门；过程控制日志和活动记录（包括电子版和纸质版）。

（2）合规绩效信息的内容

合规绩效信息的内容包括：合规问题；不合规和合规疑虑；新出现的合规问题；持续的监管和/或组织的变更；对合规有效性和合规绩效的评论；优秀合规实践案例。

（3）收集合规绩效信息的方法

合规绩效信息收集的方法包括：出现或确认不合规时的特别报告：通过热线电话、投诉和其他反馈（包括举报）所收集的信息；非正式讨论、研讨会和分组座谈会；抽样和诚信试验，如神秘购物；感知调查的结果；直接观察、正式访谈、工厂巡视和检查；审核和评审；利益相关方质询、培训需要和培训过程中的反馈（尤其是员工的反馈）。

3. 合规管理绩效分析和评价

一旦收集了合规绩效，则需要对它进行分类、分析和精确评估以识别根本原因和需采取的适当措施。分析时，宜考虑系统性和反复发生的问题，并进行改正或改进，因为这些可能给组织带来重大并更加难以识别的合规风险。

4. 考核评价报告

分析和评价后，应及时编制合规考核评价报告。考核评价报告应包括：（1）考核依据，包括相关的合规义务、合规管理制度和流程、绩效指标等；（2）考核主体；（3）考核对象；（4）考核期限；（5）考核评价方法和流程；（6）考核评价结果；（7）揭示重大不合规和新出现的合规问题，提出应对整改建议；（8）报告优秀的合规管理实践案例，提出激励措施建议。

5. 考核评价沟通

考核评价沟通是合规考核和评价的重要途径和方式。考核评价结果应与考核评价对象进行充分沟通，听取其意见，允许其申辩。企业合规管理考核评价的总体情况和结果，还应在企业内公开进行沟通，让全体员工知晓企业合规管理运行的状况、需要应对整改的问题等。

6. 考核评价结果的执行

（1）将合规管理考核评价结果，作为员工考核、干部任用、评先选优等工作的重要依据。

（2）倡导和奖励合规管理优秀的部门和员工。

（3）违规问责，即追究违法违规事件责任人员的责任。

（4）违规整改，持续改进。

三、合规管理考核与评价的分类

从不同角度，可以对合规管理考核与评价进行分类。

1. 从考核评价的频率和时间来看，可以分为定期考核评价（如年度考核与评价）与临时考核评价。

2. 从考核评价的范围来看，可以分为全面合规管理考核评价与专规管理考核评价（对某一领域、某一部门或某一类人员合规管理的考核评价）。

3. 从考核对象来看，可以分为对合规组织（包括合规管理部门、职能部门、业务部门等）的合规管理考核评价、对管理人员（包括高级管理人员、合规负责人、部门负责人等）的合规管理考核评价以及对员工的合规管理考核评价。

4. 从考核主体来看，可以分为董事会主持的合规管理考核评价、合规委员会主持的合规管理考核评价、合规管理部门组织的合规管理考核评价以及职能部门和业务部门内部的合规管理考核评价等。

5. 从公司结构来看，可以分为本公司内部合规管理考核评价、母公司对下属公司的合规管理考核评价等。

四、合规管理考核与评价的内容

关于合规管理考核评价的内容，只有《企业境外经营合规管理指引》作了原则性的规定。根据该指引第十八条规定，合规管理考核内容包括但不限于按时参加合规培训、严格执行合规管理制度、积极支持和配合合规管理机构工作、及时汇报合规风险等。从合规管理考核评价的对象来看，结合我们合规管理实践案例的经验，合规管理考核评价的内容包括：

1. 对高级管理人员的考核评价

对高级管理人员的合规管理考核，包括对本公司高级合规人员、合规管理负责人、子公司高级管理人员的考核，宜包括：（1）执行企业董事会关于合规管理决定情况；（2）企业合规管理的有效性；（3）经营管理和执业行为的合规性；（4）合规意识、带头依法开展经营管理活动及认真履行承担的合规管理职责情况；（5）企业年度合规管理计划执行情况；（6）将合规管理流程融入业务流程情况；（7）重大合规风险的应对整改情况；（8）违规问责情况等。

2. 对合规部门的合规管理考核评价

对合规管理部门（包括子公司合规管理部门）的合规管理考核评价内容，宜包括：（1）本公司合规管理体系的建设及运行情况；（2）合规部门合规管理职责的履行情况；（3）合规管理人员的合规意识与合规管理知识及能力情况；（4）年度合规计划的执行情况；（5）及时汇报重大合规风险，以及重大合规风险的应对整改情况；（6）对各部门、下属公司的合规管理指导、支持和管控情况。

3. 对业务部门、分支机构及其负责人的合规管理考核

对业务部门及其负责人的合规管理考核内容，宜包括：（1）合规管理体系在本部门的运行情况；（2）本部门合规管理职责的履行情况；（3）负责人的合规意识、带头依法开展经营管理活动及认真履行承担的合规管理职责情况；（4）对合规管理的支持与配合情况；（5）本部门执行合规管理制度情况；（6）不合规事件及其整改情况。

4. 对业务部门员工的考核

对业务部门员工的合规管理考核，宜包括：（1）员工的合规意识；（2）参加合规培训情况；（3）遵守和履行合规管理制度情况；（4）对合规管理的支持与配合情况；（5）不合规事件及整改情况；（6）配合违规调查情况。

5. 对子公司的合规管理考核

对子公司的合规管理考核，宜包括：（1）合规管理有效性；（2）经营管理和执业行为合规性。

五、合规管理考核与评价的机制

（一）建立合规管理考核评价机制，是有关合规规范的要求

《中央企业合规管理指引（试行）》第二十三条要求中央企业加强合规考核评价，把合规经营管理情况纳入对各部门和所属企业负责人的年度综合考核，细化评价指标。要求对所属单位和员工合规职责履行情况进行评价，并将结果作为员工考核、干部任用、评先选优等工作的重要依据。

《企业境外经营合规管理指引》第十八条规定，企业境外经营相关部门和境外分支机构可以制定单独的合规绩效考核机制，也可将合规考核标准融入总体的绩效管理体系中。

原银监会《商业银行合规风险管理指引》第十五条要求商业银行应建立对管理人员合规绩效的考核制度。商业银行的绩效考核应体现倡导合规和惩处违规的价值观念。

原保监会《保险公司合规管理办法》第三十一条规定，保险公司应当建立

有效的合规考核和问责制度。

证监会《证券公司和证券投资基金管理公司合规管理办法》第二十七条第一款规定，证券基金经营机构应当制定合规负责人、合规部门及专职合规管理人员的考核管理制度。

（二）合规管理考核评价机制的内容

根据我国国家标准《合规管理体系 指南》第 8 条的规定，企业合规管理考核评价机制的内容主要包括：(1) 考核评价指标的设定机制；(2) 合规管理体系监视机制，对持续监视计划、过程、时间表、资源和要收集的信息等做出规定；(3) 收集合规考核评价信息的方法和程序；(4) 考核评价报告规定；(5) 考核评价沟通机制；(6) 考核评价结果的处理机制。

六、合规管理考核与评价的问题探讨

（一）考核主体与对象

有关合规管理的国际组织标准、指南以及我国国家标准、办法和指引对考核对象（被考核人）都有明确的规定，但是对考核主体（考核人）的规定甚少。我们根据对上述标准、指南、办法和指引的理解，结合我们开展合规管理服务的经验，对企业合规管理考核评价的双方进行了梳理，并提出相关建议。

高级管理人员的考核主体为董事会、合规负责人，建议增加合规委员会。

管理人员的考核主体建议为合规负责人与合规管理部门。

合规负责人的考核主体为董事会、合规委员会。

合规管理部门的考核主体为合规负责人，建议增加合规委员会。

专职合规管理人员的考核主体为合规负责人。

兼职合规管理人员的考核主体为合规负责人，建议增加合规管理部门、业务部门。

业务部门、分支机构及其负责人的考核主体为合规负责人，建议增加合规管理部门。

员工的考核主体为合规管理部门，建议增加业务部门。

子公司合规负责人的考核主体为合规负责人，建议增加合规管理部门。

下属单位合规管理部门的考核主体为集团合规负责人，建议增加集团合规管理部门。

（二）合规管理考核评价与其他管理考核的衔接融合

合规管理考核评价是企业管理考核的形式和内容之一，应当与企业其他管理考核相衔接、相融合。

1. 与人力资源部门的员工绩效考核相融合

我国国家标准《合规管理体系 指南》第4.3.5条要求企业管理层将合规绩效纳入员工绩效考核（如：关键绩效指标、目标和晋升准则）。

《中央企业合规管理指引（试行）》第二十三条、《企业境外经营合规管理指引》要求将合规经营管理情况纳入对各部门和所属企业负责人的年度综合考核，合规管理考核结果作为员工考核的重要依据，与员工薪酬挂钩。

对管理人员、员工以及合规管理人员的合规管理绩效考核，应在考核指标设定、考核评价、沟通、奖惩等方面，纳入企业人力资源部门主导的企业管理考核范畴。设定合规管理绩效考核指标时，合规管理负责人以及合规管理部门沟通协商，确定合规管理绩效考核指标所占权重。我国证监会《证券公司和证券投资基金管理公司合规管理办法》第二十七条第一款要求对兼职合规管理人员进行考核时，合规负责人所占权重应当超过50%，并要求不得采取其他部门评价、以业务部门的经营业绩为依据等不利于合规独立性的考核方式。

2. 与评先选优相融合

《中央企业合规管理指引（试行）》第二十三条要求将合规管理考核结果与评先选优挂钩，并作为评先选优工作的重要依据。

3. 与干部任用相融合

《中央企业合规管理指引（试行）》第二十三条要求将把合规经营管理情况纳入对各部门和所属企业负责人的年度综合考核，合规管理考核结果作为干部任用的重要依据。

《企业境外经营合规管理指引》要求合规考核结果应作为企业绩效考核的重要依据，与职务任免、职务晋升等挂钩。

第四节　合规审查

企业合规审查是指对企业经营管理活动（合规审查对象）的合规性进行审核检查，实施违规整改，持续改进，保障企业经营管理的合规性。合规审查是企业合规管理的重要内容。

一、关于合规审查的合规规范

对合规审查进行规定的有关企业合规管理的国际标准、指南以及我国国家标准、办法和指引有：

（一）原银监会《商业银行合规风险管理指引》

我国原银监会《商业银行合规风险管理指引》首先提出合规审查制度，第十八条第（三）项规定，合规管理部门应当审核评价商业银行各项政策、程序和操作指南的合规性，组织、协调和督促各业务条线和内部控制部门对各项政策、程序和操作指南进行梳理和修订，确保各项政策、程序和操作指南符合法律、规则和准则的要求。

第十八条第（六）项规定，合规管理部门应当积极主动地识别和评估与商业银行经营活动相关的合规风险，包括为新产品和新业务的开发提供必要的合规性审核和测试，识别和评估新业务方式的拓展、新客户关系的建立以及客户关系的性质发生重大变化等所产生的合规风险。

（二）原保监会《保险公司合规管理办法》

原保监会《保险公司合规管理办法》第十六条、第二十九条要求，合规管理部门的合规审查事项包括：（1）重要的内部规章制度和业务规程；（2）重要的业务行为、财务行为、资金运用行为和机构管理行为；（3）为公司新产品和新业务的开发提供合规支持，识别、评估合规风险。

第二十一条规定，保险公司各部门和分支机构履行合规管理的第一道防线职责，对其职责范围内的合规管理负有直接和第一位的责任。保险公司各部门和分支机构应当主动进行日常的合规管控，定期进行合规自查，并向合规管理部门或者合规岗位提供合规风险信息或者风险点，支持并配合合规管理部门或者合规岗位的合规风险监测和评估。

（三）证监会《证券公司和证券投资基金管理公司合规管理办法》

证监会《证券公司和证券投资基金管理公司合规管理办法》第十一条第一款规定，合规负责人应对本公司及其工作人员的经营管理和执业行为进行合规审查、监督和检查。

第十三条第一款规定，合规负责人应当对证券基金经营机构内部规章制度、重大决策、新产品和新业务方案等进行合规审查，并出具书面合规审查意见。

第二十四条第一款规定，证券基金经营机构应将各层级子公司的合规管理纳入统一体系，对子公司的合规管理制度进行审查，对子公司经营管理行为的合规性进行监督和检查。

（四）《中央企业合规管理指引（试行）》

《中央企业合规管理指引（试行）》将合规审查作为合规管理的重要内容加以规定，要求中央企业建立健全合规审查机制。

第二十条规定，将合规审查作为规章制度制定、重大事项决策、重要合同签订、重大项目运营等经营管理行为的必经程序，及时对不合规的内容提出修改建议，未经合规审查不得实施。

第十四条规定，要求加强制度环节的合规管理，强化对规章制度制定、改革方案等重要文件的合规审查，确保符合法律法规、监管规定等要求。

第十条第（三）项规定，法律事务机构或其他相关机构作为合规管理牵头部门，组织、协调和监督合规管理工作，为其他部门提供合规支持，参与企业重大事项合规审查，组织开展合规检查与考核，对制度和流程进行合规性评价，督促违规整改和持续改进。

第十一条第一款规定，业务部门负责本领域的日常合规管理工作，按照合规要求完善业务管理制度和流程，组织合规审查。

（五）《企业境外经营合规管理指引》

《企业境外经营合规管理指引》第十一条规定，合规管理部门的合规职责之一是审查评价企业规章制度和业务流程的合规性，组织、协调和监督各业务部门对规章制度和业务流程进行梳理和修订。

第十二条第一款规定，境外经营相关业务部门的日常合规管理工作包括组织或配合合规管理部门进行合规审查和风险评估，组织或监督违规调查及整改工作。

二、合规审查依据

合规审查依据，即企业开展合规审查所依据的合规规范。对我国企业应当适用的合规规范进行梳理和总结，列示如下：

外部合规规范包括适用的国际条约、国际规则（如联合国贸易术语解释通则）及国际组织的决定；企业国外经营所在国家和地区的法律、法规、监管规则、标准、司法判例、商业惯例和道德规范等；国内法律、法规、部门规章（包括司法解释）、规范性文件、行业监管规则、标准、行政许可和授权；行业准则；强制性标准；法院判决和行政决定；商业惯例；道德规范。

内部合规规范包括企业与第三方之间的合同与协议；企业所在行业的自律性规则；企业选择适用的非强制性国家标准、行业标准和企业标准；企业自愿性对外承诺，如环境承诺、促销承诺等；企业章程、股东决议、董事会决议、管理层决议；企业内部规章制度。

每一企业因自身经营地域、所属行业、企业所有权性质等的不同，其所适用的合规规范的范围也存在差异。企业合规审查的首要任务，首先是掌握适用于本企业的所有合规规范，建立完整的合规规范库，并对合规规范规定的、企业应当遵守的合规义务进行识别；其次是持续关注合规规范的最新发展，正确理解合规规范的规定，准确把握新的合规规范对企业的影响，确保持续合规；最后是开展合规培训，让合规管理人员懂得运用合规规范进行合规审查，并让企业全体员工懂法知规。

关于如何获取合规规范，我国国家标准《合规管理体系 指南》第 3.5.2 条列举了下列方法：（1）列入相关监管部门收件人名单；（2）成为专业团体的会员；(3) 订阅相关信息服务；(4) 参加行业论坛和研讨会；(5) 监视监管部门网站；(6) 与监管部门会晤；(7) 与法律顾问洽商；(8) 监督合规义务来源（如监管声明和法院判决）。

三、合规审查对象和范围

根据我国有关合规管理的办法、指引的规定，合规审查的对象和范围如下：

（一）全面合规审查

全面合规审查是企业合规审查的基本要求和内容，是合规管理全面性原则的重要体现，要求对企业经营管理的各个方面是否符合合规规范进行全面审查，防控合规风险，保障企业依法合规经营。

值得提及的是，企业所有内部规章制度既是合规审查依据，也是重要的合规审查对象。对企业内部规章制度进行审查，除审查其是否符合外部合规规范外，还须审查其是否符合企业内部更高效力层次的内部规章制度，以及与公司内部其他规章制度是否协调一致与融合，避免相互矛盾和相互重叠。

（二）重点领域合规审查

《中央企业合规管理指引（试行）》第十三条概括了中央企业合规管理（包括合规审查）的重点领域，包括市场交易、安全环保、产品质量、劳动用工、财务税收、知识产权、商业伙伴等。

（三）热点领域合规审查

除上述重点领域外，目前企业合规管理（包括合规审查）的热点领域还包括反垄断与公平竞争、广告、消费者权益保护、反腐败、反欺诈、关联交易、网络安全与信息保护、出口管制等。在这些领域，政府监管比较严格，企业合规风险比较突出。

不同企业，基于所在行业、业务模式、所有权性质、行业监管情况等的不同，其重点领域、热点领域的合规审查对象和范围也会存在差别。例如，跨国企业在华投资的外商投资企业更加侧重于上述热点领域的合规审查；金融、保险、医疗行业等，更侧重于行业监管规则的合规性审查；上市公司对是否遵守证监会监管规则的合规审查尤为重视。

每一企业须根据其所在行业、业务模式、所有权性质、行业监管情况等的不同，通过合规风险识别、分析和评价，发现和确定本企业合规审查的重点领域和热点领域，在全面合规审查的基础上，突出对重点领域、热点领域的合规审查。

（四）重大事项合规审查

我国原银监会、原保监会、证监会、国资委都要求合规管理部门对重大合规事项进行合规审查，但对重大合规事件的定义和范围并不一致。企业可以根据本身的规模、业务模式、可利用资源、合规风险现状等，确定合规管理部门的合规审查范围，包括可以考虑将合规管理部门合规审查范围扩大到热点领域。

根据相关指引、办法等规定，合规管理部门的重大事项合规审查对象包括内部规章制度和业务流程（包括各项政策、程序和操作指南）的合规性；重要的业务行为、财务行为、资金运用行为和管理行为；新产品和新业务开发的合规性；重大事项，包括规章制度制定，重大事项决策，重要合同签订，重大项目运营，海外投资项目等。

（五）专业性合规审查

专业性合规审查是对合规审查对象的专业性内容（如财务、人事、技术、质量、安全环保、IT 等）的合规性进行审查。

四、合规审查部门

人们一般认为，合规审查是企业合规负责人与企业合规管理部门专属的职责和义务，这是一种误解。与此相反，业务部门才是全面合规审查的责任主体，并应对本领域经营管理活动的合规性负责。根据我国原银监会、原保监会、证监会、国资委有关企业合规管理的办法和指引，企业合规审查的职责分配可做如下总结：

（一）各部门：全面合规审查

企业各部门（包括各业务部门和各职能管理部门）作为企业合规风险管理的第一道防线以及第一责任主体，应当在本部门领域和职责范围内开展全面合规审查，突出重点领域合规审查与热点领域合规审查，确保本部门经营管理活动的合规性。这是我国原银监会、原保监会、证监会、国资委对各业务部门和各职能管理部门的合规管理要求。

（二）合规管理部门：重大事项合规审查

如上文所述，合规管理部门对企业的重大事项的合规性进行审查，包括重要的业务行为、财务行为、资金运用行为和管理行为，新产品和新业务开发，规章制度制定，改革方案等重要文件，重大事项决策，重要合同签订，重大项目运营，海外投资项目等。

（三）法务部：法律审查

企业法务部从成立伊始，就一直在进行法律审查。法律审查是合规审查的重要组成部分与核心内容，但法律审查不等同于合规审查。有关企业合规管理的国际标准、指南以及我国国家标准、办法和指引，没有对合规审查与法律审查的联系和区别作出规定，但从企业法务管理与合规管理的实践经验来看，合规审查与法律审查存在以下联系和区别：

1. 合规审查强调全面审查，范围要广于且包括法律审查，是合规管理全面性原则的反映和要求。

2. 从合规审查依据来看，合规审查涉及适用于企业的所有合规规范；法律审查仅涉及相关法律实务所适用的合规规范，一般不包括行业监管规则、技术标准、商业习惯和道德规范等。

3. 法律审查在于审查法律实务涉及的当事人的权利、义务和法律风险等，侧重在处理企业法律实务（如合同、法律文件的起草、审查和修改，知识产权管理，重大项目法律服务，诉讼和仲裁等）的过程中适用合规规范并同时进行法律审查；合规审查是企业合规组织的专门合规管理活动，主要审查企业经营管理活动的合规性。

4. 从合规审查对象来看，合规审查要求对企业经营管理的各个方面的合规性进行全面审查、重大事项合规性审查、重要领域合规性审查以及热点领域合规性审查；法律审查的对象主要是企业法律实务所及范围，如公司治理法律事务、合同法律事务、知识产权法律事务、劳动人事法律事务、重大项目法律事务、诉讼和仲裁法律事务等。

合规审查要求审查人员谙熟企业管理和业务，法律审查需要运用法律专业知识并能在法律专业领域对合规审查提供专业性支持，两者相辅相成，协调统一，共同做好企业合规审查工作。

法律审查是合规审查最重要、最核心的部分，两者也经常存在重叠、交叉的地方。法务合规管理部门将企业法务与企业合规管理合二为一，更能解决这一问题。分别设立合规管理部门与法务部的企业，则需要妥善协调处理，厘清职责边界，避免人员、职责重叠和重复劳动。

（四）其他相关部门

按照《中央企业合规管理指引（试行）》第十一条第二款的规定，监察、审计、法律、内控、风险管理、安全生产、质量环保等相关部门，在职权范围内履行合规管理职责。这里的合规管理职责也包括合规审查，包括：审计部门负责合规审计（本质上也属于合规审查）；法律部门负责法律审查；内控部门负责内控审查；安全生产部门负责安全生产检查；质量部门负责质量检查；环保部门负责环保检查。

五、合规审查程序

合规审查程序类似于法律审查程序。分述如下：

（一）各部门自查

如前所述，业务部门（包括职能部门，如财务、内控、人事等部门）作为企业合规风险管理的第一道防线以及企业合规风险管理的主体，有责任对其负责的合规审查对象作全面合规审查。

业务部门自我合规审查，一般由负责合规审查对象的业务经理提起，报业务部门专职或者兼职合规管理员进行。

（二）其他部门专业性合规审查

对于需要其他相关部门（如财务、人事、技术、质量、其他相关业务部门等）作专业性合规审查的事项，业务部门应提请专业性合规审查。

（三）法律审查

业务部门完成内部合规审查、相关业务部门专业性合规审查后，按企业内部程序将合规审查对象提交法务部门进行法律审查。企业法务部门与合规管理部合二为一的，法律审查与合规审查也可以合二为一。企业法务部门与合规管理部分别设立的，应先由法务部门作法律审查。

（四）合规管理部门最终合规审查

对于需要合规管理部门作合规审查的重大事项和热点领域等，宜将合规管理部门的合规审查（尤其是法律审查）前移至项目启动阶段（如企业重大决策会议，尽职调查，重大项目的意向书、备忘录、框架协议、保密协议的谈判与签署等），使合规管理部门的合规审查贯穿项目始终。

除合规审查前移至项目启动和/或进行阶段的合规审查事项外，合规管理部门的合规审查应置于最后环节，以确保合规审查对象事先得到业务部门自身的审查、相关部门的专业性审查和法律审查，发挥合规管理部门第二道防线的作用。

合规管理部门开展合规审查，应包括以下步骤：（1）确保完全理解合规审查对象的目的和内容。必要时，应与提起合规审查的部门以及其他相关部门作充分沟通协商。（2）确定审查依据（适用的合规规范），查询合规风险成案。（3）确定合规审查负责人员，进行合规审查。必要时，还应聘请外部中介机构（如律师事务所、会计师事务所、劳动人事咨询机构等）参与和支持。（4）制作合规审查意见。要求对合规审查对象进行修改的，应提出修改建议，并指导合规审查申请部门进行修改。经修改的合规审查对象，须按原程序重新提起合规审查。（5）制作合规审查记录，将相关资料存档。合规管理部门进行合规审查，应当将出具的合规审查意见、提供的合规咨询意见、签署的公司文件、合规检查工作底稿等与履行职责有关的文件、资料存档备查，并对履行职责的情况作出记录。

合规审查是合规管理部门的重要职责，是合规管理部门开展合规培训的重要途径和实战演练，也是将合规要求融入业务部门规章和业务流程的有利途径。需要明确的是，合规审查的对象和内容，只限于合规审查对象是否符合合规规范，而不包括合规审查对象的专业内容（如业务、财务、法务、技术、商务、技术、安全环保、IT 等）。合规审查对象的专业内容，系业务部门和其他相关部门的专业审查范畴。

（五）合规审查工具

企业合规管理信息系统（OA 系统），是企业合规审查的重要工具。合规审查的各部门，应通过 OA 系统进行合规审查，实现合规审查的网络化、无纸化、远程化及高效率。

（六）合规管理部门合规审查的独立性

独立性原则是企业合规管理的重要原则之一。合规管理部门合规审查的独立性，是企业合规管理独立性原则的重要内容和体现，要求合规管理部门和合规管理人员独立履行合规审查职责，不受其他部门和人员的干涉；也要求各业务部门积极配合，不得以任何方式或借口加以干涉或阻挠，并应当确保所提供信息真实、准确、完整。

第五节　合规违规举报、调查与问责

企业合规违规管理，在跨国企业集团的合规管理中常称为违规举报、调查与处置，在《中央企业合规管理指引（试行）》以及《企业境外经营合规管理指引》中称为违规举报、调查与问责。企业合规违规管理与问责有利于引导员工自觉合规，促进员工相互约束和监督，及时预警和识别合规风险，促进企业合规文化建设。

合规违规管理与问责是企业合规管理体系的基本构成要素之一，有关企业合规管理的国际标准、指南以及我国国家标准、办法和指引对合规违规管理作出以下规定：鼓励坦诚的违规举报，并为违规举报提供举报热线等便利的途径；对被发现和举报的违规行为，进行调查；对经过调查核实的违规行为，严格惩处和问责；对举报违规行为的人予以保护，严禁打击报复。这些规定还要求企业制定合规违规举报、调查、惩处问责和反打击报复的制度，建立相关机制。

一、合规违规管理的原则

（一）客观独立原则

客观性原则和独立性原则是企业合规管理的两项重要基本原则，也是企业合规违规管理的基本原则。

我国原保监会《保险公司合规管理办法》、我国证监会《证券公司和证券投资基金管理公司合规管理办法》，都要求保障合规负责人、合规管理部门和合规岗位的独立调查权。

按照《中央企业合规管理指引（试行）》第四条第（四）项的规定，企业应当严格依照法律法规等规定对企业和员工行为进行客观评价和处理。合规管理牵头部门独立履行职责，不受其他部门和人员的干涉。

（二）以事实为依据，以法律为准绳

以事实为依据，以法律为准绳是企业合规违规管理的基本原则之一。《中国共产党纪律处分条例》第四条第（三）项规定，对党组织和党员违犯党纪的行为，应当以事实为依据，以党章、其他党内法规和国家法律法规为准绳，准确认定违纪性质，区别不同情况，恰当予以处理。

我国《监察法》第五条规定，国家监察工作严格遵照宪法和法律，以事实为根据，以法律为准绳；在适用法律上一律平等，保障当事人的合法权益；权责对等，严格监督；惩戒与教育相结合，宽严相济。

2016 年 8 月 2 日《国务院办公厅关于建立国有企业违规经营投资责任追究制度的意见》、2018 年 7 月 13 日国务院国资委《中央企业违规经营投资责任追究实施办法（试行）》规定的基本原则包括：（1）“依法合规、违规必究”、“坚持依法依规问责”，要求“以国家法律法规为准绳，严格执行企业内部管理规定，对违反规定、未履行或未正确履行职责造成国有资产损失以及其他严重

不良后果的国有企业经营管理有关人员，严格界定违规经营投资责任，严肃追究问责，实行重大决策终身责任追究制度”。（2）“客观公正、责罚适当”、“坚持客观公正定责”，要求在充分调查核实和责任认定的基础上，既考虑量的标准也考虑质的不同，实事求是地确定资产损失程度和责任追究范围，恰当公正地处理相关责任人。

二、合规组织的合规违规管理职责

关于合规组织的合规违规管理职责，国有企业和其他企业之间存在差别。

（一）我国国有企业

《中央企业合规管理指引（试行）》第二十一条要求中央企业强化违规问责，完善违规行为处罚机制，明晰违规责任范围，细化惩处标准。畅通举报渠道，针对反映的问题和线索，及时开展调查，严肃追究违规人员责任。

该指引第二十九条规定，地方国有资产监督管理机构可以参照本指引，积极推进所出资企业合规管理工作。因此，如果地方国有企业集团开展合规管理，其合规违规管理也应参照指引的规定执行。

虽然原银监会《商业银行合规风险管理指引》、原保监会《保险公司合规管理办法》、证监会《证券公司和证券投资基金管理公司合规管理办法》以及《企业境外经营合规管理指引》等对商业银行、保险公司、证券公司、证券投资基金管理公司、企业境外分子机构的违规管理有专门的规定，但下列企业仍应执行我国法律法规（包括党内法律）关于国有企业违规管理的规定：（1）国有企业性质的商业银行、保险公司、证券公司和证券投资基金管理公司；（2）国有企业委派到非国有企业的党员和管理人员；（3）国有企业委派到境外分子公司的党员和管理人员。

关于中央企业的合规违规管理与问责的归口管理部门，从法律角度来说，应该包括以下四个方面：

1. 违规经营投资责任追究职能部门或机构

国务院国资委《中央企业违规经营投资责任追究实施办法（试行）》第五十条规定，中央企业应当明确相应的职能部门或机构，负责组织开展责任追究工作，并做好与企业纪检监察机构的协同配合。

2. 纪检监察部门

《中国共产党纪律处分条例》第六条规定，本条例适用于违犯党纪应当受到党纪责任追究的党组织和党员。

按照《监察法》第一条的规定，为了深化国家监察体制改革，加强对所有行使公权力的公职人员的监督，实现国家监察全面覆盖，深入开展反腐败工作，推进国家治理体系和治理能力现代化，根据宪法，制定本法。第十五条第（三）项规定，监察机关对下列公职人员和有关人员进行监察：……（三）国有企业管理人员。

因此，我国国有企业纪检监察全面覆盖的范围包括国有企业的党员干部、党员员工以及管理人员。

3. 合规管理牵头部门

按照《中央企业合规管理指引（试行）》第十条第（五）项的规定，中央企业合规管理牵头部门受理职责范围内的违规举报，组织或参与对违规事件的调查，并提出处理建议。因此，合规管理牵头部门的违规管理职责限于纪检监察部门违规管理范围以外的违规举报受理、组织或参与对违规事件的调查并提出处理意见。

此外，该指引第七条第（五）项规定，经理层（高级管理人员）的职责包括及时制止并纠正不合规的经营行为，按照权限对违规人员进行责任追究或提出处理建议。第五条第（六）项规定，董事会的职责包括按照权限决定有关违规人员的处理事项。但是，《中央企业合规管理指引（试行）》对经理层和董事会在违规管理方面的职责并未作出详细规定。

4. 业务部门

按照《中央企业合规管理指引（试行）》第十一条的规定，中央企业业务部门负责本领域的日常合规管理工作……组织或配合进行违规问题调查并及时整改。

（二）非国有企业和非国有境外分子公司

按照有关企业合规管理的国际标准、指南以及我国国家标准、办法和指引的有关规定，非国有企业和境外分子公司的合规组织在企业合规违规管理方面的职责梳理总结如下：

1. 董事会与合规委员会

（1）听取和接收有关重大违规情况（例如，可能会导致法律制裁或监管处罚、重大财务损失或声誉损失等）的报告；

（2）听取和接收有关高级管理人员违规行为的报告；

（3）听取和接收企业年度合规报告中有关重大违规事件及其处理情况。

合规委员会是企业董事会的下属机构，按照董事会的授权行使董事会的部分权利。

2. 高级管理人员

（1）与治理机构一道，确立并维护问责机制，包括违规事件的报告机制；

（2）创造一个鼓励举报违规行为并且举报人员不会受到报复的环境；

（3）追究违规人员的违规责任，并及时制止和采取适当的纠正措施；

（4）及时向董事会或董事会下设的委员会、监事会报告重大违规情况；

（5）接收、听取合规部门的违规调查报告。

3. 合规负责人与合规管理部门

（1）受理违规举报；

（2）针对举报信息制订调查方案并开展调查，在合规调查结束后就调查情况和结论制作报告并呈报给合规委员会；

（3）及时向高级管理人员、合规委员会或者董事报告违规行为（尤其是企业和高级管理人员的重大违规行为），并提出处置意见；

（4）督促和监督违规整改，跟踪、监督违规处置的执行。

4. 业务部门

（1）配合、协助合规管理部门开展的违规调查；

（2）实施违规整改。

三、合规违规举报

（一）鼓励举报

有关企业合规管理的国际标准、指引以及我国国家标准、指引和办法都鼓励员工和第三方（如供应商、经销商、服务提供者、工程承包商等）坦诚的违规举报，要求企业须建立违规举报制度，对举报者提供保护。

巴塞尔银行监管委员会《合规与银行内部合规部门》第九十三条（检举/热线），要求银行对于受到上级指示或压力却不愿违反合规计划的个人，或有意检举公司内部违规行为的个人，为其提供沟通渠道（包括秘密渠道）及保护。

《合规管理体系 指南》第 4.3.4 条 f）款要求企业制定和实施信息管理过程，如通过热线、举报系统和其他机制进行的投诉和/或反馈。

我国原银监会《商业银行合规风险管理指引》第十七条规定，商业银行应建立诚信举报制度，鼓励员工举报违法、违反职业操守或可疑行为，并充分保护举报人。

《企业境外经营合规管理指引》第二十条规定合规信息举报与调查，企业应根据自身特点和实际情况建立和完善合规信息举报体系。员工、客户和第三方均有权进行举报和投诉，企业应充分保护举报人。

（二）举报渠道

如前所述，我国国有企业由纪检监察部门统一受理违规举报。我国国有企业设置了违规举报热线电话，明确了接受违规举报的部门、人员、电话、电子邮件。有些国有企业还设置了举报信箱，方便员工等投递举报信件。

跨国企业集团大多为违规举报提供了多种渠道，包括：（1）设立违规举报热线电话，有些甚至委托第三方咨询机构专门负责接听举报电话并提供不同语种的接听服务；（2）提供接受违规举报的电子邮件和信箱地址：（3）公开接收违规举报的部门、人员、电话、电子邮件等。

我国非国有性质的企业可以参照上述方式设置举报渠道。

（三）举报方式

大多举报者都选择匿名举报，提供的线索有限。这主要是出于保护自己的需要，但给企业后续调查带来困难。我国国有企业纪检监察鼓励实名举报，鼓励提供线索与证据，达到了良好的效果。

（四）反打击报复

担心打击报复是员工不愿举报或者不愿实名举报的主要原因。因此，企业鼓励合规违规举报，需要对举报者提供有力保护，严厉惩处报复行为。有关企业合规管理的国际标准、指南以及我国国家标准、办法和指引在鼓励员工进行违规举报的同时，都要求企业充分保护举报人。

反打击报复的基本措施包括：（1）对举报人严格保密；（2）对实施打击报复的被举报人给予严厉惩处；（3）将反打击报复作为企业违规管理制度的重要组成部分加以规定，使之制度化；（4）在合规宣传与培训中宣传和鼓励违规举报，并阐明公司保护举报人、严惩打击报复行为的政策和决心，在精神思想和舆论上给打击报复者以严厉警示。

四、合规违规调查

任何部门或个人收到合规违规举报以后，企业应当展开违规调查，做到有报必查，这是企业合规违规管理的基本要求。

（一）我国国有企业的合规违规调查

派驻国有企业的纪检监察机构合署办公，负责违规调查。纪检监察部门开展违规调查包括：谈话、讯问、询问、留置、查询、冻结、搜查、调取、查封、扣押、勘验检查等措施以及交有关机关采取技术调查、通缉、限制出境等措施。

《中央企业合规管理指引（试行）》第十条第（五）项规定，合规管理牵头部门受理职责范围内的违规举报，组织或参与对违规事件的调查，并提出处理建议。因此，我国国有企业宜：

1. 研究和考虑增加合规管理牵头部门受理违规举报的职能，在合规管理牵头部门设置举报渠道，包括公开合规管理牵头部门受理违规举报的电话、人员、电子邮件并设置举报信箱等。

需要注意的是，合规管理部门收到违规举报及线索后，应当将举报信息和违规线索交由纪检监察部门做统一的分类和线索处置。

2. 研究和考虑合规管理牵头部门组织和参与对违规事件的调查范围。从合规规范角度来说，合规管理牵头部门的违规管理范围可以包括：（1）国有企业以企业为主体的违法行为；（2）非党员的普通员工与国有企业有关的违法、违规行为；（3）党员普通员工非违犯党纪的、与国有企业有关的违法、违规行为；（4）党员管理人员非违犯党纪且不属于职务违法和职务犯罪的、与国有企业有关的一般违法、违规行为；（5）非党员管理人员不属于职务违法和职务犯罪的、与国有企业有关的一般违法、违规行为。

3. 研究合规管理牵头部门组织和参与对违规事件的调查措施。依据我国现有法律、法规的规定，国有企业合规管理牵头部门不具备监察部门的下列调查权利：留置、查询、冻结、搜查、调取、查封、扣押（暂扣、封存）、勘验检查、鉴定，提请有关机关采取技术调查、通缉、限制出境等。

4. 研究合规管理牵头部门与纪检监察协调合作的机制。例如，合规管理牵头部门可以在合规规范的理解和运用方面，向纪检监察部门提供专业支持；纪检监察部门在违规调查方面向合规管理牵头部门提供指导等。

（二）非国有企业和境外分子公司的违规调查

1. 违规调查部门

有关企业合规管理的国际组织标准、指南以及我国国家标准、办法和指引都规定，非国有企业和境外分子公司的违规调查一般由合规管理部门负责。

巴塞尔银行监管委员会《合规与银行内部合规部门》第二十三条和第三十一条规定，合规部门应该能够自主地对银行内部所有可能存在合规风险的部门履行风险管理的职责。合规部门应该有权对可能违反合规政策的事件进行调查，并在适当情况下请求银行内部专业人员（如法律或内部审计人员）的协助或外聘专业人士履行该职责。

原保监会《保险公司合规管理办法》第十七条第（二）项规定，保险公司应当保障合规负责人、合规管理部门和合规岗位享有对违规的人员和事件进行独立调查并可外聘专业人员或者机构协助工作的权利。

证监会《证券公司和证券投资基金管理公司合规管理办法》第二十五条第一款规定，证券基金经营机构应当保障合规负责人和合规管理人员充分履行职责所需的知情权和调查权。

《企业境外经营合规管理指引》第二十条规定，合规管理部门或其他受理举报的监督部门应针对举报信息制定调查方案并开展调查。形成调查结论以后，企业应按照相关管理制度对违规行为进行处理。

2. 违规调查措施

企业合规管理牵头部门的违规调查措施一般包括：（1）外围调查，如通过电话、询问、收集电子邮件和其他文件等，从公司外部的第三方（如供应商、客户、离职员工等）收集违规线索和证据；（2）内部调查，如询问企业员工、检索被举报人电子邮件、查阅被举报人财务报销资料，从公司内部收集违规线索和证据；（3）谈话，即与被举报人面对面谈话，澄清、核实有关证据，允许被举报人声辩等。

违规调查可能涉及专业技术和知识。必要时，还需要企业法务部门、内审部门、财务部门、人力资源部门、技术部门等参与违规调查或提供支持，甚至聘请调查公司或者律师提供专业性调查服务。违规调查应由合规管理部门独立地开展，不受其他部门或者管理层的干涉。

（三）违规调查的合规性

违规调查是一项严肃的合规管理工作。违规调查工作本身，包括违规调查程序、方法、措施等，应当符合各合规规范的规定，真正做到以事实为根据，以法律为准绳。

《监察法》第五条就明确规定，国家监察工作严格遵照宪法和法律，以事实为根据，以法律为准绳；在适用法律上一律平等，保障当事人的合法权益；权责对等，严格监督；惩戒与教育相结合，宽严相济。第十八条第二款规定，监察机关及其工作人员对监督、调查过程中知悉的国家秘密、商业秘密、个人隐私，应当保密。第五十六条规定，监察人员必须模范遵守宪法和法律，忠于职守、秉公执法，清正廉洁、保守秘密；必须具有良好的政治素质，熟悉监察业务，具备运用法律、法规、政策和调查取证等能力，自觉接受监督。

（四）合规违规调查报告

1. 违规调查报告的撰写与提交

（1）我国国有企业由纪检监察部门负责违规调查的违规事件，由纪检监察部向企业党组织和企业治理机构汇报违规调查结果，并提出纪律处分或监察处置建议。

（2）我国国有企业由企业合规管理牵头部门负责违规调查的违规事件，由合规管理牵头部门向合规委员会提交违规调查报告，提出违规问责建议，并由合规委员会审批违规问责措施。对于重大违规事件，还应及时向高级管理人员和治理机构汇报，并由其审批违规问责措施。

（3）非国有企业和企业境外分支机构的违规调查，由合规管理部门向合规委员会提交违规调查报告，提出违规处置建议，并由合规委员会审批违规处置措施。对于重大违规事件，还应及时向高级管理人员和治理机构汇报，并由其审批违规处置措施。

2. 违规调查报告的内容

违规调查报告的内容一般包括：（1）违规信息、线索的来源以及违规线索的分类处置情况；（2）违规调查小组的组成与职责；（3）违规调查内容、计划与方案；（4）违规调查过程、方法，采取强制措施情况；（5）配合调查的单位、人员及其提供的线索、证据；（6）获得证据情况，以及证据所能证明的事实；（7）违规调查结果，以及违规行为违反的合规规范；（8）违规问责（处置）措施建议。

五、合规违规处置与问责

（一）强化违规处置与问责

国务院办公厅《关于建立国有企业违规经营投资责任追究制度的意见》、国务院国资委《中央企业违规经营投资责任追究实施办法（试行）》要求：以国家法律法规为准绳，严格执行企业内部管理规定，对违反规定、未履行或未正确履行职责造成国有资产损失以及其他严重不良后果的国有企业经营管理有关人员，严格界定违规经营投资责任，严肃追究问责，实行重大决策终身责任追究制度。

《中央企业合规管理指引（试行）》第二十一条规定，要求强化违规问责，完善违规行为处罚机制，明晰违规责任范围，细化惩处标准。畅通举报渠道，针对反映的问题和线索，及时开展调查，严肃追究违规人员责任。

原银监会《商业银行合规风险管理指引》第十六条规定，商业银行应建立有效的合规问责制度，严格对违规行为的责任认定与追究，并采取有效的纠正措施，及时改进经营管理流程，适时修订相关政策、程序和操作指南。

《监察法》第六条规定，国家监察工作坚持标本兼治、综合治理，强化监督问责，严厉惩治腐败；深化改革、健全法治，有效制约和监督权力；加强法治教育和道德教育，弘扬中华优秀传统文化，构建不敢腐、不能腐、不想腐的长效机制。

（二）违规处置与问责措施

1. 违规经营投资责任追究

根据国务院办公厅《关于建立国有企业违规经营投资责任追究制度的意见》、国务院国资委《中央企业违规经营投资责任追究实施办法（试行）》的规定，对相关责任人的处理方式包括：（1）组织处理。包括批评教育、责令书面检查、通报批评、诫勉、停职、调离工作岗位、降职、改任非领导职务、责令辞职、免职等。（2）扣减薪酬。扣减和追索绩效年薪或任期激励收入，终止或收回其他中长期激励收益，取消参加中长期激励资格等。（3）禁入限制。五年直至终身不得担任国有企业董事、监事、高级管理人员。（4）纪律处分。由相应的纪检监察机构查处。（5）移送国家监察机关或司法机关处理。依据国家有关法律规定，移送国家监察机关或司法机关查处。

以上处理方式可以单独使用，也可以合并使用。

2. 国有企业纪律处分

根据《中国共产党纪律处分条例》第八条、第十一条、第二十九条、第三十三条的规定，对党员的纪律处分种类包括警告、严重警告、撤销党内职务、留党察看和开除党籍。对于受到纪律处分的党员在党外组织担任职务的，应当建议党外组织依照规定作出相应处理。党组织在纪律审查中发现党员严重违纪涉嫌违法犯罪的，原则上先作出党纪处分决定，并按照规定给予政务处分后，再移送有关国家机关依法处理。党员依法受到刑事责任追究的，党组织应当根据司法机关的生效判决、裁定、决定及其认定的事实、性质和情节，依照纪律处分条例规定给予党纪处分，是公职人员的由监察机关给予相应政务处分。

3. 国有企业监察处置

根据《监察法》第四十五条和第四十六条的规定，监察机关根据监督、调查结果，依法对监察对象作出如下处置：

（1）对有职务违法行为但情节较轻的公职人员，按照管理权限，直接或者委托有关机关、人员，进行谈话提醒、批评教育、责令检查，或者予以诫勉；

（2）对违法的公职人员依照法定程序作出警告、记过、记大过、降级、撤职、开除等政务处分决定；

（3）对不履行或者不正确履行职责负有责任的领导人员，按照管理权限对其直接作出问责决定，或者向有权作出问责决定的机关提出问责建议；

（4）对涉嫌职务犯罪的，监察机关经调查认为犯罪事实清楚，证据确实、充分的，制作起诉意见书，连同案卷材料、证据一并移送人民检察院依法审查、提起公诉；

（5）对监察对象所在单位廉政建设和履行职责存在的问题等提出监察建议。监察机关经调查，对违法取得的财物，依法予以没收、追缴或者责令退赔；对涉嫌犯罪取得的财物，应当随案移送人民检察院。

4. 对纪检监察对象以外违规人员的违规问责

国有企业对纪检监察对象以外违规人员的违规问责，主要依据企业内部规章制度（如奖惩条例、员工手册等），包括警告、降薪、降职、调岗、罚款、解除劳动合同等。

5. 非国有企业、境外分子公司违规处置

非国有企业、境外分子公司对违规人员的违规处置，主要依据企业内部规章制度（如奖惩条例、员工手册等），包括警告、降薪、降职、调岗、罚款、解除劳动合同等。

（三）违规处置问责决定的实施

根据国务院办公厅《关于建立国有企业违规经营投资责任追究制度的意见》规定，根据调查事实，依照管辖规定移送有关部门，按照管理权限和相关程序对相关责任人追究责任。相关责任人对处理决定有异议的，有权提出申诉，但申诉期间不停止原处理决定的执行。责任追究调查情况及处理结果在一定范围内公开。

第6章 城市轨道交通行业合规管理的风险识别、评估与处置

第一节　合规风险识别、评估、处置的流程与方法

识别评估合规风险，是企业建立合规管理体系的核心工作内容和工作基础，企业合规管理体系的建设目标是有效管理企业合规风险，而合规风险识别评估的工作质量就决定了合规管理体系建设的整体水平。

一、合规风险概述

企业合规风险是城市轨道交通企业主要风险之一，企业合规风险的有效防控是合规管理的目的。企业合规风险管理是企业合规管理的核心内容，也是企业开展合规管理的基础，并贯穿企业合规管理始终。

《中央企业合规管理指引（试行）》第二条第三款规定，本指引所称合规风险，是指中央企业及其员工因不合规行为，引发法律责任、受到相关处罚、造成经济或声誉损失以及其他负面影响的可能性。企业一旦违反合规规范规定的合规义务，就会遭受法律制裁（包括刑事处罚、行政处罚和民事赔偿），承担法律责任（包括刑事责任、行政责任和民事责任）。

企业要识别和确定具体的合规风险，就首先要识别合规义务，合规义务就像企业衡量自身生产经营行为的尺子，有了尺子才能度量出行为过程中可能出现的合规偏差即合规风险。合规义务与合规风险之间属于一一对应的关系，合规风险的存在是一个相对的概念，它是基于合规义务是否履行的不确定性而产生的。合规义务分布在哪儿，合规风险就源于哪儿。

合规义务包括合规要求和合规承诺。在市场经济中，国家监管机构出于维护市场经济健康、有序发展的需要，制定了许多强制性的法律法规等要求，这就是合规要求的内容，是企业生产经营行为必须遵守的，具有强制性。由于市场竞争激烈，企业为了获得股东、顾客、供应商等相关方的信赖，对自身生产经营过程和产品品质做出若干承诺，这就是合规承诺的要求，是企业自己的选择和设定的义务，是企业自愿接受的约束。

合规义务主要是用来规范权力的正确行使，没有权力的地方也就没有必要制定合规义务对行为进行约束和规范，合规义务在哪儿是由是否有权力决定的。因此，权力、合规义务和合规风险存在内在的一致性。根据对不合规案例的统计分析，市场客服与销售权、审核权、人事权、采购权、放行权、计量权、财务资金权和拥有关键信息八项权力，密切影响着行为的合规性，也决定着合规风险的分布。这八项权力是企业在生产经营过程中行使的权力，广泛分布于企业各岗位和流程中，并且职位越高和业务流程越核心，被授予的权力也就越多、越重要，不合规的可能性也就越大，合规风险也越多。

二、合规义务的识别

（一）合规义务的来源

如上所述，合规风险是合规义务的不合规发生的可能性和后果，要识别合规风险，首先要识别合规义务。城市轨道交通企业的合规义务来源于适用于城市轨道交通企业的合规规范，包括合规要求及合规承诺。

城市轨道交通企业的合规要求主要包括企业适用的国内、国外法律、法规、部门规章、地方政府规章、规范性文件、司法解释、司法判例；强制性标准；行业监管规则；党规党纪；行政许可和授权；法院判决和行政决定；商业惯例。

城市轨道交通企业的合规承诺主要包括企业与第三方之间的合同与协议；企业所在行业的自律性规则；企业选择适用的非强制性标准；企业自愿对外做出的承诺；企业内部合规规范（如企业章程、股东会决议、董事会决议、规章制度等）；道德规范。

识别合规义务，需要根据合规风险管理的目标领域和范围，收集适用于城市轨道交通企业在该领域的所有合规规范，根据合规要求与合规承诺进行分类，建立合规风险管理合规规范库，并根据行业监管部门的监管重点以及企业经营管理的具体情况，逐条、逐项进行梳理、分析，甄别企业合规管理目标领域所需要遵守的合规义务（就城市轨道交通行业而言，主要是强制性规定和禁止性规定项下的合规义务），制定合规义务清单。

合规义务清单的参考样式如下：

合规义务清单

目标领域	合规义务	合规规范条目	合规规范名称	涉及企业内部部门

（二）合规义务的动态维护

合规要求和合规承诺不是一成不变的，需要企业时常关注并将新的要求或新的承诺纳入企业的合规义务范围内。企业应依据内外环境的变化，经过管理评审不断调整和维护合规义务清单文件。

企业内部和外部面临的问题、相关方的要求等在企业发展过程中会发生变化，企业所面对的市场也会不断发生政策、供求关系、客户偏好等方面的变化。企业要及时应对这些变化，继续赢得市场及监管机构的认可，就要保持多种信息沟通渠道的畅通，及时获得有关合规要求变化的信息或进行新的合规承诺，由此可能增加、减少或者调整合规要求和合规承诺，持续更新合规义务清单的内容，或者形成新的合规义务文件。

合规义务维护的重点是建立好合规义务信息的沟通渠道，以便及时跟踪法律、法规、规范、强制性标准、行业监管规则和其他合规义务的出台和变更，动态维护企业的合规义务清单内容，在上一轮次识别的合规义务清单的基础上注明增加、删除和调整合规义务的情况，描述其对企业的影响，由企业确认是否继续遵循。

三、合规风险的评估

合规风险的评估是根据合规风险分析的结果确定企业可容许风险的过程，包括合规风险识别、合规风险分析、合规风险评价三个步骤。合规风险评估的作用，主要包括认识风险及其对目标的潜在影响；为决策者提供相关信息；增进对风险的理解，以利于风险应对策略的正确选择；识别导致风险产生的主要因素，以及系统和组织的薄弱环节；沟通风险和不确定性；有助于建立优先顺序；帮助确定风险是否可以接受；有助于通过事后调查来进行事故预防；选择风险应对的不同方式；满足监管要求。

（一）合规风险识别

合规风险识别，是指发现、收集、确认、描述、分类、整理合规风险，对其产生原因、影响范围、潜在后果等进行分析归纳，最终生成企业的合规风险清单，从而为下一步的合规风险分析和评价明确对象和范围。合规风险识别是合规风险评估的首要步骤、前提和基础。

合规风险识别应由企业合规负责人牵头，合规管理部门组织，相关业务部门配合实施。合规管理部门联合各业务部门，依据本企业建立和维护的合规义务清单、业务流程制度、岗位职责说明书，以座谈、个别访谈、集体讨论、专家咨询和内部纪检监察、审计、内控测试报告、与其他合规相关的问题信息统计、计算分析等方式进行合规风险识别。

合规风险包括法律风险及法律之外的其他合规风险，业务人员的加入及配合能够提高对非法律合规风险的识别与管理能力。同时，还应与总部到一线各层级的代表人员一同进行合规风险识别，以利于对从总部到一线各层级合规风险的识别与管理。

开展合规风险识别，可以遵循以下步骤：

1. 构建合规风险识别框架

为了保证合规风险识别的全面性、准确性和系统性，企业应构建符合自身经营管理需求的合规风险识别框架，提供相应的识别合规风险的角度。城市轨道交通企业应根据自身的业务经营情况及相应需求，选择相应的角度或不同角度的组合，构建自身的合规风险识别框架。

城市轨道交通企业可以从以下角度识别合规风险：

（1）企业主要经营管理活动：通过对企业主要的经营管理活动（如城市轨道交通规划、建设、运营、资源开发、市场营销、物资采购、对外投资融资、人力资源管理、财务管理、内部控制等）的梳理，发现每一项经营管理活动可能存在的合规风险；

（2）企业组织机构设置：通过对企业各业务管理部门或岗位的业务管理范围和工作职责的梳理，发现各机构内可能存在的合规风险；

（3）利益相关者：通过对企业的利益相关者（如股东、董事、监事、高级管理人员、一般员工、乘客、供应商、债权人、社区、政府等）的梳理，发现与每一利益相关者相关的合规风险；

（4）引发合规风险的原因：通过对合规环境、违规等引发合规风险原因的识别，发现企业存在的合规风险；

（5）合规风险事件发生后承担的责任：通过对刑事、行政、民事等法律责任的梳理，发现不同责任下企业存在的合规风险；

（6）部门法律领域：通过对不同的法律领域（如民法典、公司法、知识产权法律、招投标法律、劳动用工法律、财务税收法律等）的梳理，发现不同法律领域内存在的合规风险；

（7）业务领域：通过对不同的业务领域（如前期报建、建设、采购、运营、销售、策划等）的梳理，发现不同业务领域内存在的合规风险；

（8）以往发生的案例：通过对本企业或本行业发生的案例的梳理，发现企业存在的合规风险。

2. 查找合规风险事件，收集违规案例

合规风险识别，需要根据构建的合规风险识别框架，查找合规风险事件，可以采用的方法包括问卷调查、访谈调研、头脑风暴法、检查表法等；合规管理评估；内部审计；员工举报等。

除此之外，企业还需要关注和收集违规案例及相关司法判例，同类企业、本企业过去识别和发生的合规问题及违规案例。根据收集的合规风险事件和违规案例，编制合规风险事件与违规案例清单，建立企业的合规风险事件与违规案例库。

合规风险事件与违规案例清单的参考样式如下：

合规风险事件与违规案例清单

目标领域	合规义务	合规规范条目	合规规范名称	合规风险事件、违规案例描述	产生原因

3. 编制初步合规风险清单

对于查找出的合规风险事件和违规案例进行归类，确定合规风险，并为每个合规风险设置相应的编号和名称。然后，将这些合规风险事件及合规风险统一列表，并列示每一合规风险事件及合规风险适用的合规规范、可能产生的责任后果、相应的案例、分析意见及其涉及的业务单元和部门、经营管理流程等信息，即可形成初步合规风险清单，作为合规风险分析和评价的基础和用表。

初步合规风险清单划分为三个信息区。第一部分为基础信息区，主要内容为合规风险及引发风险的具体行为（产生原因）与合规风险等级，为便于今后的使用和管理，还可以为每个合规风险设置不同的编码；第二部分为合规规范信息区，主要内容为合规风险涉及的合规规范、案例、责任后果、应对建议等；第三部分为管理信息区，主要内容为合规风险涉及的企业内部部门、外部主体、经营管理活动或流程等。

初步合规风险清单的参考样式如下：

初步合规风险清单

基础信息区					合规规范信息区					管理信息区		
风险代码	风险名称	风险描述	产生原因	风险等级	合规规范	具体规定	责任后果	案例	应对建议	涉及部门	法律主体	业务/管理活动

（二）合规风险分析

合规风险分析是企业对不合规的原因、来源、后果的严重程度、不合规及其后果发生的可能性进行分析和研究，对识别出的合规风险进行定性、定量的分析，从而为合规风险的评价和应对提供支持。

根据合规风险分析的目的、可获得的信息数据和资源，合规风险分析可以有不同的详尽程度，可以是定性的、定量的分析，也可以是这些分析的组合。通常情况下，首先采用定性的分析，以初步评定合规风险等级，揭示主要的合规风险。在可能和适当的情形下，还要进一步进行更具体和定量的合规风险分析：

1. 合规风险发生可能性分析

合规风险发生可能性，是指在企业目前的管理水平下，合规风险发生概率的大小或者发生的频繁程度。对合规风险发生可能性的量化分析，可以从以下五个维度进行，每个维度又可以进一步细化为若干评分标准，以下示例中影响程度分为三个等级，分别赋予 1 分至 5 分，表示发生可能性依次加强，得分越高意味着风险发生的可能性越大。示例如下：

分析维度	得分		
	5	3	1
内部合规规范的完善	很不完善，需要重新制定	较完善，需要修改、补充	完善
合规规范的执行	很难得到执行	执行程度一般	执行非常准确
人员相关合规管理素养	不了解相关合规规范	了解主要合规规范	了解所有相关合规规范
外部监管执行力度	无相关监管规定，监管力度弱	有相关监管规定，违规行为并未及时查处	有严格监管规定，监管部门监管严格到位，对违规行为处罚严厉
违规行为一年内已发生的次数	3 次及 3 次以上	2 次	1 次

2. 合规风险影响程度分析

合规风险影响程度，是指合规风险会对企业的经营管理和业务发展所产生影响的大小。对合规风险影响程度进行分析时，可以考虑以下因素：后果的类型，包括财产类的损失和非财产类的损失（如商誉损失、企业形象损失、知识产权损失）等；后果的严重程度，包括财产损失金额的大小、非财产损失的影响范围、利益相关者的反应等。

对合规风险影响程度的量化分析，可以从以下三个维度进行，每个维度可以进一步细化为若干评分标准，以下示例中影响程度分为三个等级，分别赋予1分至9分，得分越高意味着风险影响程度越大。示例如下：

分析维度	得分			
	9	5	1	0
财产损失大小				无
非财产损失大小	很大	一般	很小	无
影响范围	广（如全国范围甚至有国际影响）	中等（全省或市范围）	较小（本市范围或企业内部）	无

根据对合规风险可能性及其影响程度的分析，编制合规风险分析表。示例如下：

合规风险分析表

基础信息区					发生的可能性				影响程度			
风险代码	风险名称	风险描述	产生原因	风险等级	高5	中3	低1	无0	大9	中5	小1	无0

（三）合规风险评价

合规风险评价，是指根据合规风险分析的结果对合规风险等级与企业能够并愿意接受的合规风险水平进行评估。通过分析评估，设定合规风险的优先等级，帮助企业作出合规风险应对的决策，并在此基础上确定企业实施控制措施的必要性及控制措施的程度水平。合规风险评价的步骤包括：

1. 在合规风险分析的基础上，对合规风险进行不同维度的排序，包括合规风险事件发生可能性的大小、影响程度的大小以及风险水平的高低，以明确各合规风险对企业的影响程度。

2. 在合规风险水平排序的基础上，对合规风险进行分级。

3. 在合规风险排序和分级的基础上，进一步确定需要重点关注和优先应对的合规风险。

根据合规风险分析和评价的结果，编制合规风险评价表。示例如下：

合规风险评价表

基础信息区					合规规范信息区					管理信息区		
重大合规风险												
风险代码	风险名称	风险描述	产生原因	风险等级	合规规范	具体规定	责任后果	案例	应对建议	涉及部门	法律主体	业务/管理活动
中等合规风险												
风险代码	风险名称	风险描述	产生原因	风险等级	合规规范	具体规定	责任后果	案例	应对建议	涉及部门	法律主体	业务/管理活动
较低合规风险												
风险代码	风险名称	风险描述	产生原因	风险等级	合规规范	具体规定	责任后果	案例	应对建议	涉及部门	法律主体	业务/管理活动

四、合规风险的处置

合规风险的处置，是指在完成合规风险评估后，选择并执行一种或多种改变风险的措施，包括改变风险事件发生的可能性或后果，以及针对合规风险采取的相应措施，以消除合规风险或者将合规风险控制在企业可承受的范围。

合规风险处置包括选择评估合规风险应对现状、选择合规风险应对措施、制定合规风险应对具体举措、制订合规风险应对计划等环节。

（一）评估合规风险应对现状

评估合规风险的应对现状，应考虑如下几个方面的因素：

1. 资源配置，即企业内部的相关机构设置、人员、设备和经费配备能否满足合规风险应对需要。

2. 职责权限，即是否明确与合规风险应对相关的职责和权限。

3. 过程监控，即是否要求对持续性业务管理活动进行定期或不定期的监督和控制、证据资料保留、信息沟通和预警。

4. 奖惩机制，即对企业相关人员在合规风险应对工作中的绩效是否设立了奖惩机制。

5. 执行者能力要求，即企业对与合规风险应对相关的内部执行者是否有明确的资质、能力要求。

6. 部门内部合规审查，即是否要求业务部门内部对一般性的合规问题进行审查。

7. 专业合规审查，即是否要求合规管理部门或专业律师对专业性合规问题进行审查或提供相关合规意见。

8. 合规风险意识，即企业相关人员对合规风险的存在、可能造成的后果，以及如何开展合规风险应对等方面是否有必要的认识和理解。

（二）选择合规风险应对措施

按照我国国家标准《风险管理 原则与实施指南》（GB/T 24353－2009），风险应对措施包括决定停止或退出可能导致风险的活动以规避风险；增加风险或承担新的风险以寻求机会；消除具有负面影响的风险源；改变风险事件发生的可能性的大小及其分布的性质；改变风险事件发生的可能后果；转移风险；分担风险；保留风险等。

合规风险是企业或其员工因违规行为遭受法律制裁、监管处罚、重大财产损失或声誉损失以及其他负面影响的可能性。合规风险是现实、具体和纯粹的风险，一旦发生，就会给企业带来法律制裁以及财产或声誉损失。因此，上述风险应对措施并不都适用于合规风险的应对。合规风险的应对措施，只能是规避、消除和降低风险，即决定停止或退出可能导致风险的活动以规避风险；消除具有负面影响的风险源；降低风险事件发生的可能性；消除风险事件发生的可能后果。

（三）制定合规风险应对具体举措

就应对现状进行分析并选择风险应对措施后，应针对每一合规风险制订具体的应对举措和实施计划。企业合规风险的应对举措通常包括以下几种类型：

1. 资源配置类，即设立或调整与合规风险应对相关的机构、人员，补充经费或风险准备金等。

2. 制度、流程类，即制定或完善与合规风险应对相关的制度、流程。

3. 标准、规范类，即针对特定的合规风险，编写标准、规范等文件，供相关人员使用。

4. 技术手段类，即利用技术手段规避、降低或转移某些合规风险。

5. 信息类，即针对某些合规风险事件发布预警信息。

6. 活动类，即开展某些专项活动，规避、降低或转移某些合规风险。

7. 培训类，即开展合规风险培训与宣传，提高相关人员的合规部风险意识与合规风险管理技能。

（四）制订合规风险具体应对计划

在合规风险应对具体举措确定后，需要制订应对的实施计划。合规风险应对具体举措与实施计划应报送企业管理层（如合规委员会）或者其他相关负责机构批准后执行。

应对实施计划应包含如下内容：实施合规风险应对措施的机构、人员安排，明确责任分配和奖惩机制；应对措施涉及的具体业务及管理活动；报告、监督和检查的要求；资源需求和配置方案；实施合规风险应对措施的优先次序和条件；实施时间表。合规风险应对措施与计划示例如下：

合规风险应对措施与计划表

基础信息					应对措施	应对计划						
风险代码	风险名称	风险描述	产生原因	风险等级		负责部门	负责人员	业务/管理活动	资源配置	报告监督	考核	时间表

（五）合规风险管理成果的升华

合规风险管理完成后，根据分析评价结果以及应对整改的必要，除对企业现有规章制度、现有管理流程、现有政策文件、现有合同协议进行修改外，还应当制定企业总体的合规管理指南；制定某专门业务领域的合规管理指南；根据具体合规经验，制定具体合规指引；按合规要求对相关合同协议进行梳理，编制企业合同格式库。

（六）合规风险的监测与预警

合规管理流程完成后，企业还需根据合规风险清单，对识别出的合规风险进行日常监测。合规风险监测，是指运用风险监测方法，对合规风险进行监督和测试，提供风险预警，并对合规风险应对的改进提供基础信息依据。

实施合规风险监测，需要确定监测的目标合规风险，制订监测计划（如监测频率、监测期限等），设计监测指标，组成监测小组并明确职责分工，制作监测报告。

通常将合规风险监测级别分为正常、关注、特别关注、风险预警与风险形成五个级别，并用不同的颜色标示（通常将预警级别标示为橙色，将风险形成标示为红色）。如果合规风险可能会演变为合规风险事件，则需要及时进行合规风险预警。

企业可根据自身的需求和资源状况，选择建立重大合规风险预警制度，即根据对企业内外部合规风险环境变化的监控结果，及时发布合规风险预警信息，并制订相应的应急预案。应急预案要明确应急处理的相关组织机构、处理流程、沟通机制、应急措施和资源的配置保障，确保企业对突发合规风险事件的及时反应，有效控制和处置突发合规风险事件对企业造成的影响。

根据本节关于合规风险识别、评估、处置的流程与方法，本章以下各节将结合城市轨道交通企业的业务经营实际情况，分别对重点领域、重点环节及重点人员的合规管理风险识别、评估与处置进行阐述。

第二节　重点领域的合规管理

一、规划设计领域合规管理的风险识别、评估与处置

目前国内的城市建设发展迅速，特别是沿海城市，原本的城市各类专项规划的编制已很难适应城市经济和发展的速度，而城市的交通规划对于一个城市发展是极为重要的，城市轨道交通作为城市交通系统的主干网络，国内各城市对城市轨道交通的重视程度由此可见。而国家针对城市轨道交通的审批要求非常严格，特别是对城区各类规划的协调匹配问题，往往成为目前各城市申报城市轨道交通的卡点问题。

城市轨道交通作为一项投资巨大、建设复杂、生命周期长的项目，立项规划前期的风险对于城市轨道交通整体效益的发挥有着很大的制约作用。在立项规划前期做好合规风险的识别、分析以及合理的防范，可以有效保障城市轨道交通建设的顺利实施以及运营效益的实现。

在规划设计领域，合规风险较多体现在规划编制阶段、可行性研究阶段、环境影响评价阶段、土地使用审批阶段、勘察设计管理阶段、施工前置手续阶段等。

（一）可研报告编制内容不当的合规风险

1. 合规义务来源

（1）合规规范

《政府投资条例》第九条规定，政府采取直接投资方式、资本金注入方式投资的项目（以下统称政府投资项目），项目单位应当编制项目建议书、可行性研究报告、初步设计，按照政府投资管理权限和规定的程序，报投资主管部门或者其他有关部门审批。

项目单位应当加强政府投资项目的前期工作，保证前期工作的深度达到规定的要求，并对项目建议书、可行性研究报告、初步设计以及依法应当附具的其他文件的真实性负责。

（2）责任后果

可行性研究是确定建设项目前具有决定性意义的工作，是在投资决策之前，对拟建项目进行全面技术经济分析的科学论证，在投资管理中，可行性研究，是指对拟建项目有关的自然、社会、经济、技术等进行调研、分析比较以及预测建成后的社会经济效益。如出具的可研报告内容不当，易导致可研报告不能通过相关评审且可能增加工程施工过程中的技术投入、市民投诉、施工纠纷等风险，进而影响工期、增加建设成本。

2. 合规风险评估

（1）合规风险事件、违规情形描述

城市轨道交通企业规划管理岗位相关工作人员或委托第三方机构在编制可研报告的过程中，没有充分考虑与城市轨道交通建设及经营相关的环境保护、能源节约、社会稳定和职业安全卫生、文物保护、防洪、过海、大宗用地等因素，可能导致项目可研报告审核无法通过的风险。

（2）合规风险产生原因

可行性研究在没有得到普遍认识的时候，一直都被认为是一项浪费人力、财力、物力的工作，更有甚者认为其是完全不需要的一项工作。特别是一些规模较小的企业，没有将其研究工作放到影响企业生存与发展的重要位置来抓，导致企业在开展这项工作时，流于形式，仅把它当作应付有关部门审批或检查的一种手段。

有些企业负责人潜意识里认为该项目是可行的，而先将项目可行的调子一定，然后再由研究人员进行可行性研究。这样一来，无论怎样对比、怎样筛选方案，其结果也都只能是唯一的——可行。

还有的是由于相关的国家政府机关部门在审批建设项目时，需要投资方提供可行性研究报告，筹集资金、向银行贷款时也需要贷款人提供可行性研究报告作为依据，因而一些建设项目为了筹集到更多的建设资金，或为了能够争取到国家相关部门的批准，在项目前期调研阶段，不讲究实际、不从实际出发，而是想方设法、绞尽脑汁地拼凑事实，强行得出拟建项目在技术上可行、在经济上合理的结论。这就使得可行性研究成了为“可行”而研究，也就失去了可行性研究本有的意义和作用。

（3）合规风险等级

可研报告编制内容不当的合规风险等级为高等级。

由于对可研报告编制的不重视，实践中较易产生可研报告编制内容不当的合规风险。如可研报告编制内容不当、未重视项目的可行性，没有对重要内容进行充分的论证研究，在编制可研报告的过程中，没有充分考虑与城市轨道交通建设及经营相关的环境保护、能源节约、文物保护等因素，可能会导致可研报告无法通过相关评审进而影响工期增加建设成本，使得企业遭受较大的经济损失。

3. 合规风险处置

在编制可研报告的过程中，城市轨道交通企业应安排专人负责可行性研究报告的编制工作，在编制过程中充分考虑城市轨道交通建设施工和运营产生的安全风险、环境影响等因素，应当尽可能使城市近期发展与长远发展目标相结合，严格按照城市总体规划确定的发展目标，编制可研报告，以进一步提高建设规划项目的可实施性。

在完成相关的可行性研究报告后，应当及时报政府相关主管部门审核并按照主管部门意见进行修改，以确保最终通过审核。

4. 案例分析

某地铁公司拟建设某市某号线项目可行性研究报告因编制内容不全面导致初审未通过

（1）案件简介

某地铁公司拟规划建设某市某号线项目，成立可研报告编写小组，就该项目编写可行性研究报告。编写小组就该项目有关的自然、社会、经济、技术等进行调研、分析比较并预测建成后的社会经济效益，最终经过上述因素的调研分析比较得出结论：该项目具备可行性。可研报告出具后提交相关部门审核，审核部门以其未对技术投入、市民投诉、施工纠纷等风险因素进行分析论证，且未提供充分的材料及证据支持而未予通过。

（2）争议焦点

编制可研报告应当对哪些方面的风险因素进行充分论证，如论证不全面会产生何种后果？

（3）事件结果

某地铁公司根据相关部门的审核意见进行修改调整，除明确审核部门提出的技术投入、市民投诉、施工纠纷等风险因素对该项目的影响外，亦增加了审核意见中未予提出的文物保护、施工安全等其他方面的影响。同时成立调研小组就可研报告设计的相关风险因素进行调研并收集相关材料，为可研报告提供了充分的材料依据。可研报告最终结论为该项目无论从环境、交通、人文、技术投入、市民投诉、施工纠纷、能源节约等哪一个方面来看，都具备良好的前景。可研报告经调整修改后，顺利通过审核，该项目进入下一阶段。

（4）合规预警

在编制可研报告的过程中，应当安排专人负责编制可行性研究报告所需材料的整理汇集工作，在编制过程中充分考虑各方面影响，如可行性研究对风险把握不全面，论证不充分，市场调研工作不到位，或者使用的数据严重脱离实际或已经过时，对未来市场行情的判断依据缺乏有力市场数据支撑等，均易出现可研报告不能通过相关评审的风险。

（二）施工图设计文件未经审查即施工的合规风险

1. 合规义务来源

（1）合规规范

《城市轨道交通工程项目建设标准》第十二条规定，城市轨道交通工程项目设计，应依次做好总体设计、初步设计和施工图设计工作。对工程复杂的项目，宜作试验段工程，试验段工程必须在总体设计指导下进行。

《建设工程勘察设计管理条例》第四条规定，从事建设工程勘察、设计活动，应当坚持先勘察、后设计、再施工的原则。

第五条规定，县级以上人民政府建设行政主管部门和交通、水利等有关部门应当依照本条例的规定，加强对建设工程勘察、设计活动的监督管理。

建设工程勘察、设计单位必须依法进行建设工程勘察、设计，严格执行工程建设强制性标准，并对建设工程勘察、设计的质量负责。

第二十八条规定，建设单位、施工单位、监理单位不得修改建设工程勘察、设计文件；确需修改建设工程勘察、设计文件的，应当由原建设工程勘察、设计单位修改。经原建设工程勘察、设计单位书面同意，建设单位也可以委托其他具有相应资质的建设工程勘察、设计单位修改。修改单位对修改的勘察、设计文件承担相应责任。

施工单位、监理单位发现建设工程勘察、设计文件不符合工程建设强制性标准、合同约定的质量要求的，应当报告建设单位，建设单位有权要求建设工程勘察、设计单位对建设工程勘察、设计文件进行补充、修改。

建设工程勘察、设计文件内容需要作重大修改的，建设单位应当报经原审批机关批准后，方可修改。

（2）责任后果

实践中，出于加快工程进度的需要，建设单位多有未先勘察、设计而直接进行施工的违规情况，这将可能导致建筑物存在质量问题进而承担相应责任的风险，如出现违反《建设工程勘察设计管理条例》规定的情形，可能会导致罚款、行政处分、承担赔偿责任的风险。

2. 合规风险评估

（1）合规风险事件、违规情形描述

建设单位工程管理部门相关工作人员，在项目建设过程中，施工图设计文件未经审查通过，即擅自交付施工，从而导致建设单位违反相关规定而遭受行政处罚或者因未勘查、设计施工导致出现质量问题，从而承担赔偿责任的后果。

（2）合规风险产生原因

出现施工图设计文件未经审查即施工的情形，多数发生于项目赶工期、赶进度的阶段，建设单位相关工程管理人员出于项目工作考核的压力，或者出于某种利益追求的需要，违背基本建设程序，从而出现上述合规风险。

（3）合规风险等级

施工图设计文件未经审查即施工的合规风险等级为高等级。

由于建设单位未严格执行基本建设程序的情形在项目赶工期阶段发生的可能性较大，较易产生施工图设计文件未经审查即施工的合规风险。如施工图设计文件未经审查通过，即擅自交付施工，可能因违反相关规定遭受行政处罚，如因此导致项目停工可能会造成人力资源成本浪费等财产损失；如未经勘察设计的施工导致工程出现质量问题，建设单位还可能承担因此产生的民事赔偿责任，甚至刑事责任。

3. 合规风险处置

从事建设工程施工活动，必须严格执行基本建设程序，坚持先勘察、后设计、再施工的原则，同时做好内部流程管控工作，建设单位设计管理部门及工程管理部门未完成施工图纸的审查批准程序的，不得擅自将其交付施工。

4. 案例分析

某地铁公司因先施工后设计且设计方案未经审查开工建设导致质量问题而承担民事责任[①]

（1）案件简介

2015 年，某地铁公司委托某勘察公司为勘察单位，某研究院为设计单位，某公司为监理单位，某研究院为施工图审查单位，某总承包公司为总承包单位，对其地铁线路进行建设。后该地铁线路在交付使用过程中，发生地基下沉、轨道倾斜。后各方就地基下沉、轨道倾斜事宜协商未果，某地铁公司提起诉讼，请求相关勘察、设计、施工单位赔偿损失。法院经审理查明，某地铁公司作为建设单位，存在先施工，后委派设计、监理单位的问题，且在设计方案出具后未经审查通过继续施工建设。之后在施工期间，某地铁公司又擅自变更设计，将轨道向左偏移 1 米，导致施工单位无法按照设计单位的施工图纸进行施工。

（2）争议焦点

某地铁公司违规施工的行为是否可以成为其他单位免责或部分免责的

---

① 本书中法院裁判类案例均取自裁判文书网，读者可根据裁判文书号检索查阅。裁判文书号：（2014）皖民四终字第 00018 号。

理由？

（3）裁判结果

法院经审理后认为，某地铁公司存在先施工、后设计，后续设计方案未经审核通过继续施工建设的问题，属于违规施工，且在施工过程中某地铁公司擅自变更设计，将轨道向左偏移 1 米，这是导致涉案工程发生地基下沉、轨道倾斜的主要原因，因此判决驳回某地铁公司的诉讼请求。

（4）合规预警

本案揭示了建设单位未先勘察、设计，且后期设计文件未经审查而直接进行施工的风险。在实践中，出于加快工程进度的需要，建设单位多有未先勘察、设计而直接进行施工的违规情况。这将可能导致地铁轨道或者其他方面易存在质量问题从而使建设单位承担相应责任的风险。因此，作为建设单位应当严格根据“从事建设工程勘察、设计活动，应当坚持先勘察、后设计、再施工的原则”的规定，在进行工程项目建设时，执行基本建设程序，坚持先勘察、后设计、再施工的原则，不能擅自修改建设工程勘察、设计文件。同时，建设单位应当注意加强对施工设计图工作的管理，经主管部门审查合格后方能进行开工建设。

二、工程建设领域合规管理的风险识别、评估与处置

城市轨道交通工程技术复杂且工程协调量大，包含土建工程、机电设备工程、结构及装修工程、动力照明系统、车辆工程、通信系统、供电系统、通风系统、报警系统以及轨道等系统工程多项施工内容，工程建设期间需要各主体、各专业人员之间相互配合，各阶段也不可避免地面临着越来越多的不确定因素。合规风险的不断上升，城市轨道交通企业不可能通过一个制度或一个意见就能完全避免合规风险，更应该注重提高自身的风险防范能力，通过不断完善合规机制促进管理水平持续提升。

同时，城市轨道交通企业工程建设领域也是腐败现象易发、多发的重灾区。近年来，一系列重大案件的曝光，反映了工程建设领域的治理任重道远。这不仅严重干扰市场经济秩序、损害人民群众利益，更成为阻碍城市轨道交通企业发展、影响企业稳定的重要因素。因此，在工程建设领域合规工作中，更

应当注重合规风险的防范与处置。

（一）建设前期未经批准施工的合规风险

1. 合规义务来源

（1）合规规范

《建筑法》第七条第一款规定，建筑工程开工前，建设单位应当按照国家有关规定向工程所在地县级以上人民政府建设行政主管部门申请领取施工许可证；但是，国务院建设行政主管部门确定的限额以下的小型工程除外。

《建筑工程施工许可管理办法》第三条规定，应当申请领取施工许可证的建筑工程未取得施工许可证的，一律不得开工。

任何单位和个人不得将应当申请领取施工许可证的工程项目分解为若干限额以下的工程项目，规避申请领取施工许可证。

《城乡规划法》第四十三条第一款规定，建设单位应当按照规划条件进行建设；确需变更的，必须向城市、县人民政府城乡规划主管部门提出申请。变更内容不符合控制性详细规划的，城乡规划主管部门不得批准。城市、县人民政府城乡规划主管部门应当及时将依法变更后的规划条件通报同级土地主管部门并公示。

《环境保护法》第十九条规定，编制有关开发利用规划，建设对环境有影响的项目，应当依法进行环境影响评价。

未依法进行环境影响评价的开发利用规划，不得组织实施；未依法进行环境影响评价的建设项目，不得开工建设。

第六十一条规定，建设单位未依法提交建设项目环境影响评价文件或者环境影响评价文件未经批准，擅自开工建设的，由负有环境保护监督管理职责的部门责令停止建设，处以罚款，并可以责令恢复原状。

（2）责任后果

因城市轨道交通工程建设的特殊性，在工程开工建设之前往往需要向有关部门提报各种审批，在审批许可通过之后方可进行开工建设。如在未依法报批建设项目的立项审批、未对建设项目提交环境影响报告书或报告表、未取得施工许可证等情形下即开工建设，建设单位除需要重新报批外，还要根据违法情节和危害后果承担罚款并恢复原状的行政责任，建设单位直接负责工程建设的主管人员和其他直接责任人员，也要依法承担行政处分。如因此导致其他严重后果的，建设单位和相关责任人员也面临承担民事责任和刑事责任的风险。

2. 合规风险评估

（1）合规风险事件、违规情形描述

项目公司管理岗位工作人员在施工管理的前置手续阶段，在未进行环境影响评价、未经消防设计审核、未经建设工程规划许可的情形下即开工建设，易遭受相关部门的行政处罚或者导致施工停止，延长工期。

（2）合规风险产生原因

在工程建设前期，工程建设的主要负责人及其他相关工作人员没有意识到工程建设领域开工建设前各项审批的重要性，认为审批仅仅是程序性工作，对于工程建设没有实质性参考意义，为了“交作业”而提前进行施工建设，也存在基于企业对其绩效考核压力或者谋取私利等因素，工程负责人未经批准而要求施工建设，导致出现“未批先建”的合规风险。

（3）合规风险等级

建设前期未经批准施工的合规风险等级为中等级。

在工程建设前期未根据相关规定向有关部门申请核发许可审批，如未申请建设工程规划许可证、规划许可到期怠于及时申请续期、未按照建设工程许可进行建设等情形，除导致行政处罚外，也有可能存在导致施工合同无效的风险，从而导致项目被无限期延长工期，企业增加经济成本，遭受人力、物力等各项损失。

3. 合规风险处置

在进行工程开工建设之前，项目公司各部门应当严格按照相关法律法规的规定及流程，及时完成项目开工建设相应的审批手续，合法合规进行建设，避免出现“未批先建”的情形；同时，要提高对相关期限的敏感度，注意核查相关许可证的有效期，直接负责相关工作的项目人员应当在规定的期限内及时办理延期申请；集团公司在施工过程中也要加强监督管理，做好内部流程管控工作。

4. 案例分析

某地铁未批先建被责令停工

（1）案件简介

某地铁开工，某一施工段的铁路可行性报告及施工许可未获得批复。市轨道交通局认为地铁公司违反了铁路基建程序进行未批先建，于是向省交通厅反映该问题。

（2）争议焦点

地铁公司是否违反了铁路基建程序进行未批先建？

（3）事件结果

省交通运输厅发布《暂停施工的通知》，通知显示某施工段尚未完成设计批复，尚未办理工程质量监督手续，但已开展盾构工作井等工点实质性建设，不符合铁路基本建设程序和《安全生产法》。责令建设单位从即日起暂停施工。同时责令地铁公司督促和组织各参建单位认真学习贯彻安全生产、基本建设程序等管理要求，做好停工期间安全巡查和保护工作。该段项目建设行政监管应按照国家和地方相关规定办理，质量监督和安全生产监管具体事宜另行明确。项目建设单位应抓紧完善项目建设程序，确保项目依法合规建设。

（4）合规预警

本事件揭示了地铁未完成审批手续即开始施工建设导致的合规风险。地铁线路从规划到运营的一般程序为：线网规划—建设规划—预可（规划方案）—工可（工程可行性研究）—总体设计—初步设计—施工图设计—施工—运营，地铁公司在开始施工前应履行各项目的报批手续，避免发生“未批先建”“未验先投”等问题。

（二）项目工程建设过程中关于施工安全的合规风险

1. 合规义务来源

（1）合规规范

安全生产法、建筑法、建设工程安全生产管理条例、生产安全事故报告和调查处理条例、建筑施工企业安全生产管理机构设置及专职安全生产管理人员配备办法、建设工程消防监督管理规定、建设项目职业卫生审查规定、安全生产违法行为行政处罚办法、国务院关于特大安全事故行政责任追究的规定，建筑施工安全检查标准、施工企业安全生产评价标准等法律法规均对工程建设领域的施工安全作出了相关的规定。

（2）责任后果

施工安全是城市轨道交通项目成功建设的前提，在施工过程中发生安全事故，不仅会让若干个家庭陷入不幸，也会给城市轨道交通企业带来严重损失，甚至致使企业停业或关闭。同时有关行政机关（主要是安监部门、住建部门）也会根据人民政府对调查报告的批复，依法对事故相关责任者实施行政处罚，涉嫌犯罪的，由司法机关追究刑事责任。

2. 合规风险评估

（1）合规风险事件、违规情形描述

城市轨道交通企业项目公司相关管理岗位负责人员在工程建设过程中要把握住施工安全的底线管理，对于易发生安全事故的环节管理不到位，如场地内洞口的临边防护不到位，认为施工洞口较为偏远、隐蔽，认为不会有人经过，不会发生危险，从而未对洞口做相应的临边防护；再如工作收尾或者项目结束时疏忽大意导致安全事故，在工作结束或者项目临近结束时，项目管理人员和施工人员放松警惕，不注意安全事故的防范，从而导致安全事故频发。

（2）合规风险产生原因

城市轨道交通建设工程属高风险工程，建设过程中因人员多、工种多、工序交叉作业多、施工机械作业多、常遇到不良地质及恶劣天气等不利因素，工程建设会面临各种困境。而且轨交项目都是在比较繁华、人流比较多的地方进行浅埋暗挖等工作，往往施工空间有限，受周边建筑物地理关系影响较大，不同阶段的地盘管理单位不同，不同阶段使用的主要机械设备有所区别，均导致了其具有较高的施工安全风险。

（3）合规风险等级

城市轨道交通项目工程建设过程中关于施工安全的合规风险等级为高等级。

在城市轨道交通项目的施工建设过程中，施工安全事故的概率持续增加，这是工程建设领域工作面临的一大困境。在施工人员层面，建筑工程施工单位、监理单位、一线管理人员以及现场施工人员对安全施工的重视度不高，安全意识淡薄；在建设施工安全管理制度层面，仍有部分企业存在安全管理制度不健全、安全管理制度执行不力等问题影响施工安全；在应急处理方面，很多企业在发生安全事故时无法及时有效精准地进行应急处理导致事故影响进一步扩大，从而影响项目的竣工和企业的社会评价。

3. 合规风险处置

加强施工现场安全管理是项目建设施工安全合规风险防范的关键。首先，要加强施工现场的组织管理，施工现场安全组织管理是确立施工现场安全管理的领导关系和责任的关键，建设单位要建立安全管理制度，积累安全管理经验和技术分析记录、安全决策及保证信息流动的经验。同时依照安全管理制度，发挥安全管理网络的功能作用，形成施工现场“专群结合，群防群治”的安全检查与控制网络。

其次，对于所有工程的施工组织设计及施工方案，都必须有安全技术措施作支撑；对于爆破、吊装、水下、深坑、支模、拆除等大型特殊工程，都要编制单项安全技术方案，否则不得开工。

再次，工程建设过程中如采用各种新型安全技术、革新技术和科研成果，都要经过试验、鉴定和制定相应安全技术措施确认没有安全风险后方可投入使用。

最后，现场施工管理人员应增强安全管理意识，项目公司要加强对施工人员的安全施工教育及综合素质培训。

建筑施工安全工作是一项烦琐复杂的工程，每一个建筑施工企业都应意识到施工安全管理的重要性，并通过多种途径落实安全管理措施。针对当前建筑施工安全管理工作面临的人员方面安全隐患多、安全管理制度不健全、安全施工技术管理不当以及安全管理信息化水平低等问题，建筑施工企业应结合实际，采取相应的解决措施，从而为建筑施工安全管理工作的规范推进铺路搭桥，提升质效。

4. 案例分析

某地铁工地坍塌事故

（1）案件简介

2021 年 9 月，某轨道交通 × 号线二期工程在搭建地面防尘降噪棚时，部分棚网架发生垮塌，造成人员伤亡。随即，某市政府方面成立事故调查组，某省安委会办公室对事故调查处理工作进行挂牌督办。

（2）争议焦点

经事故调查组认定，某地铁 × 号线二期建设防尘降噪施工棚工程事故是一起施工安全责任事故，事故类型为坍塌事故，事故等级为较大事故。

调查报告披露，该起事故直接原因为网架中部分杆件设计承载力不足，部分与支座相连的竖腹杆承载力标准值不足，施工过程中网架上弦支座未与支承柱有效连接，使网架结构处于不稳定工作状态，网架顶部堆载和多工序交叉施工作业产生的外力扰动加速不稳定结构体系失稳坍塌。间接原因包括违法生产经营、施工现场管理不到位、项目审查把关不严、设计存在缺陷。

调查报告显示，某城轨公司承担防尘降噪施工棚工程施工任务，该城轨公司违法生产经营，将跨度超过 36 米的钢结构工程违法发包给无钢结构资质施工单位；在无施工图纸、无设计单位技术负责人参加的情况下组织进行专项施工方案专家论证；未按规定派遣备案项目经理。防尘降噪施工棚施工承包单位某科技有限公司、施工单位某建筑工程有限公司违法组织生产，前者无资质承揽钢结构工程，违法将钢结构（含网架部分）主体工程转包给后者；后者超资质承揽钢结构工程。设计单位某工程勘察设计有限公司，涉嫌允许其他人以本单位的名义承揽业务，存在设计缺陷等问题。施工图外部审查单位某建设工程审图有限公司，对施工图审查把关不严，有未发现网架设计模型存在缺陷等问题。该地铁 × 号线二期土建工程施工监理单位某工程顾问有限公司对分包单位资质审查把关不严，对危险性较大工程专项施工方案专家论证把关不严，施工现场监督管理不到位，对备案项目经理长期不到岗履职问题失察。

（3）事件结果

根据调查报告，承包单位、施工单位、设计单位、监理单位、城轨公司的 5 名责任人员涉嫌重大责任事故罪，由市应急局按照行政与司法衔接有关规定，移送司法机关立案调查追究刑事责任。17 名有关企业人员被给予行政处罚和党纪政纪处分。对参与专项施工方案审查的 5 名专家，由住建部门按有关规定作出处理。

此外，对于在事故调查过程中发现的有关部门公职人员履职方面存在的问题，由市应急管理局移交市纪委监委追责问责审查调查。对涉事 6 家有关事故单位，由市应急管理局予以罚款，移送住建部门调查处理，或纳入安全生产信用管理实施联合惩戒。

（4）合规预警

本事故揭示了地铁施工建设中因安全生产管理不到位导致的风险。近年来，随着我国经济高速增长和城市化进程快速推进，我国城市轨道交通行业也得以快速发展，在我国 9 种制式城轨交通运营线路中，地铁占比为 78. 90% 。地铁公司应提高安全施工思想认识，明确相关责任主体，健全施工规章制度及流程，完善应急救援体系，避免安全事故的发生。

（三）怠于对建设工程质量实施有效管理的合规风险

1. 合规义务来源

（1）合规规范

《建筑法》第六章及《建设工程质量管理条例》对于建筑工程质量管理作了全面细致的规定。

但是相较于传统基础设施的施工建设，城市轨道交通项目的施工建设由于其项目特性会存在一定的不同点，住建部针对城市轨道交通项目的建设施工单独制定了工程技术规范、基础设施运行维护标准等一系列行业规定和国家标准，包括但不限于《城市轨道交通建设工程验收管理暂行办法》、《盾构法隧道施工及验收规范》（GB 50446－2017）、《城市轨道交通地下工程建设风险管理规范》（GB 50652－2011）、《城市轨道交通建设项目管理规范》（GB 50722－2011）、《消防应急照明与疏散指示系统》（GB 19745－2010）、《城市轨道交通综合监控系统工程施工与质量验收规范》（GB/T 50732－2011）等。

（2）责任后果

城市轨道交通工程系为人民服务，供人民使用的民生工程，工程建设的质量一旦出现问题，轻则致使城市轨道交通企业遭受行政处罚，重则影响国计民生。《民法典》也规定，因施工人的原因致使建设工程质量不符合约定的，发包人有权请求施工人在合理期限内无偿修理或者返工、改建。经过修理或者返工、改建后，造成逾期交付的，施工人应当承担违约责任。因此，在工程建设领域任何的偷工减料、不按要求施工的工程均为不符合工程质量安全标准的不合格工程，会导致出现返修、罚款、停顿整业、限制使用、报废处理等合规风险。

2. 合规风险评估

（1）合规风险事件、违规情形描述

城市轨道交通企业集团公司安全质量管理部门及相关工作人员疏于对工程质量管理导致出现合规风险，如未将涉及工程建设强制性标准和安全性变更的施工图设计文件送原施工图审查机构审查即投入使用；未委托具有相应资质的检测机构对深基坑、复合地基、桩基础、钢结构、结构工程、设备安装、建筑节能、室内环境、建筑智能化等施工质量进行抽样检测；未组织有关单位进行工程施工过程中的阶段性验收；未组织对存在结构安全或者重要使用功能缺陷的工程进行抢修；竣工验收后未对建筑工程质量进行定期检查，未要求施工单位按照规定履行保修责任等。

（2）合规风险产生原因

在施工方面，施工前未对施工队伍人员进行筛选，因施工人员技术素质较低，操作不按规程顺序进行，因专业技术人员的缺乏，无法保障建设施工的规范性；在施工过程中，没有建立健全的质量控制体系，导致工序与工序、工种与工种之间没有严格的交接措施，施工现场成品和半成品乱堆乱放，影响整体工程质量。

在材料选用方面，为了节约投资，尽可能追求利润，选用材料及设备的质量低劣造成的质量风险。

在设计方面，因设计技术人员的整体水平不高，对工程建设的实际情况考虑不充分导致设计出的图纸不尽合理，给工程质量留下隐患。

（3）合规风险等级

怠于对建设工程质量实施有效管理的合规风险等级为高等级。

在工程建设过程中，如工程质量管理部门相关人员对工程质量未进行全面监管，可能出现施工单位在施工中偷工减料，使用不合格的建筑材料、建筑构配件和设备，或者出现不按照工程设计图纸或者施工技术标准施工等情形，导致整体工程不能按时竣工验收或者竣工验收后出现各种质量问题，给城市轨道交通企业造成经济、社会声誉等各方面的损失。

3. 合规风险处置

为了保障工程建设的质量，保障社会人民生命安全、减少财产损失，城市轨道交通企业应当有针对性地采取措施对于工程质量通病进行治理，分期分批，有重点地进行控制，同时组织、协调技术、科研力量公关，抓住重点，以点带面，制订行之有效的治理方案。

对于有问题的质量工程应通过改进设计方案来治理，设计人员应与施工人员进行全面技术交底，改进施工工艺，提高质量。同时对材料、制品及设备购入进行严格把关并按规定进行质量检验和检测，合格后方可使用。

在工程建设过程中，按照相关内部规定及公司职责严格监督工程质量，对于工程进行多次的检测和评定，合格的工程可以继续建设投入使用，对质量不合格工程按照相关规定进行处理，避免工程质量事故的发生。

4. 案例分析

某地铁施工现场地面塌陷事故

（1）案件简介

2019 年 12 月，某地铁 1 号线配套的物业开发地块施工现场发生约 500 平方米塌陷，塌陷最深处为 6 米至 7 米。该事故有两辆私家车被困于塌陷区域，一辆出租车半悬于塌陷区域与路面交界处，多人被困；塌陷区域内水管发生爆裂，周边居民用水受到了波及；该地铁另有 2 号线因该次塌陷事故影响，有 5 个站点处于停运状态。随即，市建设局成立事故调查专家组，邀请国内知名专家参与，全面开展调查工作。

（2）争议焦点

地铁施工现场地面塌陷事故原因。

（3）事件结果

经事故调查专家组查明，地面塌陷事故主要原因为该项目施工过程中的临时格构立柱承重超负荷，导致失稳，造成局部顶板瞬间坍塌。某地铁设计院施工图咨询有限公司负责审查该地铁 1 号线和 2 号线外的配套物业开发项目施工图，经审查合格后仍存在重大问题，造成质量安全事故，受到行政处罚罚款 3 万元。同时，某地铁设计院施工图咨询有限公司被列入市建筑市场黑名单，期限为 6 个月。

（4）合规预警

本事件揭示了因未对建设工程质量实施有效管理而造成的质量不合格的风险。百年大计，质量为本。建筑工程的质量关系到人们日常生活和生命、财产安全，而建筑工程的施工是一个复杂的、多工种协同操作、多项技术交叉综合应用的过程，包括从熟悉与会审图样、编制施工组织设计开始，到施工过程中的商洽管理、质量检验，直至建筑工程竣工验收全过程中的各项技术工作，贯穿于整个施工过程。城市轨道交通企业必须参照规范标准，严格操作、科学管理。用认真的态度控制好每个环节，才能造出更多的优质工程。

本事件虽然是设计单位为直接责任主体，但建设单位因建筑工程质量管理不力造成建筑质量不合格，仍存在对相关损失后果承担部分责任的合规风险。因此，在城市轨道交通项目建设施工过程中应当加强工程质量管理，避免发生潜在的合规风险。

（四）工程建设过程中不当压缩工期进行赶工的合规风险

1. 合规义务来源

（1）合规规范

《建设工程质量管理条例》第十条规定，建设工程发包单位不得迫使承包方以低于成本的价格竞标，不得任意压缩合理工期。

建设单位不得明示或者暗示设计单位或者施工单位违反工程建设强制性标准，降低建设工程质量。

《建设工程安全生产管理条例》第七条规定，建设单位不得对勘察、设计、施工、工程监理等单位提出不符合建设工程安全生产法律、法规和强制性标准规定的要求，不得压缩合同约定的工期。

（2）责任后果

根据《建设工程质量管理条例》的相关规定，建设工程发包单位不得任意压缩合理工期，否则可能被主管部门责令改正，并处罚款。

在工程建设过程中，因片面追求速度，不合理压缩工期可能导致工程品质不高，在施工中导致多次返工，致使整体工程维修工作量增加，加大维护成本，对城市轨道交通工程整体服役期产生重大影响。任意压缩施工工期还易使施工过程简化，施工操作规程难以全面实施，基层工序流程和验收检查不到位，增加施工过程中的安全风险，留下质量安全隐患。建设单位和施工单位在建设工程施工合同中违反工程建设强制性标准压缩合理工期签订的相关合同，存在被认定无效的合规风险从而引发相关诉争。

2. 合规风险评估

（1）合规风险事件、违规情形描述

城市轨道交通企业项目公司相关管理岗位负责人员在工程建设过程中为尽快完成项目，以最少的投资成本获得最大的投资效益而缩短工期从而减少资源投入和资金投入。此外，部分项目管理人员存在将“压缩工期”看作业绩的错误认知，鼓励“压缩工期、赶工期”并以此炫耀所谓的施工效率与奋斗精神。

（2）合规风险产生原因

市场经济条件下，工程建设市场日趋激烈，工期多为建设单位单方要求，无论合理与否，设计、施工单位只能被动接受。因此在城市轨道交通工程建设施工招标时，设计、施工单位为了增加中标可能性，迎合建设单位对工期的预期而无条件地同意或者迎合建设单位对工期的设定。建设单位为了吸引更多的市场资源，提高经济效益，减少建设成本也易出现不合理压缩工期的可能性。

（3）合规风险等级

工程建设过程中不当压缩工期进行赶工的合规风险等级为高等级。

不当压缩工期进行赶工的影响可能会发生在项目工程建设的各阶段，包括前期设计阶段、施工阶段、交付使用阶段等阶段。在前期设计阶段，因设计工作处于建筑全生命周期的前端，如工期要求过紧，易导致设计功能考虑不全面、细节深度不达标、勘察设计质量得不到保证；在施工阶段，任意压缩施工工期易使施工过程简化，施工操作规程难以全面实施，基层工序流程和验收检查不到位，增加施工过程中的安全风险，也可能留下建筑质量安全隐患；在交付使用阶段，因前期设计施工压缩工期导致工程质量下降，易出现质量问题，对项目整体服役期产生重大影响。

3. 合规风险处置

项目工期要在同类标准工期的基础上根据规模、结构特点、专业组成、复杂程度及投资方的准备工作等具体情况而定，不能盲目套用，更不能随意对此指标进行大幅度的压缩。每一个工程施工阶段总工期的压缩程度和具体量，因受到建设全过程所处人文和地理环境、各项前期准备、施工组织管理及技术、装备水平等因素影响，以及结构特点、工程标准、规模、工序复杂程度、专业构成、施工的难易程度等各方面条件的限制，应根据具体情况并在分析、精确计算的基础上进行科学确定。

加大对施工单位不合理压缩工期行为的处罚力度，增加违法成本，促使合同工期确定阶段更为谨慎，提高合同工期确定的科学性和可实施性。倡导科学合理的建设发展理念，使保障合理工期成为行业共同目标。引导建设各方重视推进建筑业高质量发展，充分认识到工期管理对保障工程质量安全、建设品质工程的重要意义。

4. 案例分析

某地铁公司赶工期野蛮施工 3 天挖断 7 条电缆

（1）案件简介

某地铁公司在地铁 10 号线地下连续开挖作业时，3 天挖断 7 条电缆，导致多座大厦停电，影响超过 5000 户。根据市供电局相关负责人提供的数据，2015 年至 2018 年，该地铁野蛮施工在该区共导致电缆破坏 35 处；仅 2018 年上半年，就发生了 11 起地铁施工导致输电电缆受损事件。

（2）争议焦点

地铁公司在有明显电缆指示标识的情况下为何仍然频发挖断电缆事件？

（3）事件结果

据悉，这次事故发生地位于 10 号线某站的核心区域，地铁预计于 2020 年 6 月开通，由于地铁规划路线的调整，该站的施工开工时间要比其他站点晚一年，但要和其他站点同时交工，所以该站施工工期较为紧张。据区供电局负责人介绍："因为工期进度的影响，所以他想打擦边球，在电缆旁多下一个机位以加快工程的进度。"电缆已经在施工地点存放了近一年，供电部门每天也有专门人员到场巡视进行提醒，地铁方应知电缆位置。根据正常流程，在施工前施工方需与供电部门提前沟通报备，在供电部门现场勘察交底后，才能进行施工作业，且施工应该等电缆线路割接完成，在改迁完成前可以在电缆保护区范围外施工，但在保护区范围内施工是不被允许的。本次事故就属于在保护区范围内施工，这属于违规。

（4）合规预警

本事件揭示了地铁工程建设在施工阶段盲目压缩工期导致的风险。地铁在施工建设中，建设、勘察设计、施工、监理等单位应建立健全安全管理各项制度，落实安全工作责任。建设单位要做好工程总体协调工作，提供准确可靠的前期基础数据，及时、足额拨付安全生产费用，不得对施工、监理等单位提出不符合建设工程安全生产法律、法规和强制性标准规定的要求，不得压缩合同约定的工期。勘察设计单位要保证工程勘察的可靠性，在充分探明施工环境条件和水文地质条件的基础上，优化设计方案。施工单位要严格依照操作规程作业，统筹考虑安全、经济、工期等因素，科学编制施工方案，合理选择施工方式和安全技术措施，加强对地下空洞等工程环境安全隐患的调查和处理，摸清周边燃气、供排水、通讯管线及建筑物、构筑物的安全情况，消除可能影响结构稳定和施工安全的因素。

三、运营管理领域合规管理的风险识别、评估与处置

我国城市轨道交通建设进入了快速发展阶段，因地铁具有快速、便捷、不拥堵等优点而成为大多城市居民、上班族出行的首选交通工具，城市轨道交通也逐步成为公共综合交通体系的骨干交通。面对城市轨道交通大发展的现状，运营安全管理工作越来越为广大城市轨道交通运营单位所重视。运营管理服务作为城市轨道交通行业最大的服务载体，任何故障都可能导致重大安全事故的发生，引发民众和媒体的高度关注，不仅对地铁运营管理造成巨大的社会压力，而且对整个城市轨道交通行业也会造成不良的影响。因此，合规管理在运营管理领域尤为重要，要不断增强地铁运营管理中事故的防范意识，提高识别运营管理领域的风险及处理解决事故的能力，以保障地铁运输安全。

（一）运营管理违规、不当导致重大安全事故的合规风险

1. 合规义务来源

（1）合规规范

《城市轨道交通运营管理规定》第三条规定，城市轨道交通运营管理应当遵循以人民为中心、安全可靠、便捷高效、经济舒适的原则。

第十二条规定，运营单位承担运营安全生产主体责任，应当建立安全生产责任制，设置安全生产管理机构，配备专职安全管理人员，保障安全运营所必需的资金投入。

第十四条第一款规定，运营单位应当按照有关规定，完善风险分级管控和隐患排查治理双重预防制度，建立风险数据库和隐患排查手册，对于可能影响安全运营的风险隐患及时整改，并向城市轨道交通运营主管部门报告。

第四十条第二款、第三款规定，运营单位应当按照有关法规要求建立运营突发事件应急预案体系，制定综合应急预案、专项应急预案和现场处置方案。运营单位应当组织专家对专项应急预案进行评审。因地震、洪涝、气象灾害等自然灾害和恐怖袭击、刑事案件等社会安全事件以及其他因素影响或者可能影响城市轨道交通正常运营时，参照运营突发事件应急预案做好监测预警、信息报告、应急响应、后期处置等相关应对工作。

第四十四条规定，城市轨道交通运营突发事件发生后，运营单位应当按照有关规定及时启动相应应急预案。运营单位应当充分发挥志愿者在突发事件应急处置中的作用，提高乘客自救互救能力。现场工作人员应当按照各自岗位职责要求开展现场处置，通过广播系统、乘客信息系统和人工指引等方式，引导乘客快速疏散。

第四十五条第一款、第二款规定，运营单位应当加强城市轨道交通客流监测。可能发生大客流时，应当按照预案要求及时增加运力进行疏导；大客流可能影响运营安全时，运营单位可以采取限流、封站、甩站等措施。因运营突发事件、自然灾害、社会安全事件以及其他原因危及运营安全时，运营单位可以暂停部分区段或者全线网的运营，根据需要及时启动相应应急保障预案，做好客流疏导和现场秩序维护，并报告城市轨道交通运营主管部门。

第四十六条规定，城市轨道交通运营主管部门和运营单位应当建立城市轨道交通运营安全重大故障和事故报送制度。城市轨道交通运营主管部门和运营单位应当定期组织对重大故障和事故原因进行分析，不断完善城市轨道交通运营安全管理制度以及安全防范和应急处置措施。

第四十七条规定，城市轨道交通运营主管部门和运营单位应当加强舆论引导，宣传文明出行、安全乘车理念和突发事件应对知识，培养公众安全防范意识，引导理性应对突发事件。

《城市轨道交通技术规范》（GB 50490－2009）第 3. 0. 3 条规定，城市轨道交通的建设和运营应以乘客需求为目标，应做到资源共享和方便乘客使用。第 3. 0. 21 条规定，城市轨道交通的运营状态应包括正常运营状态、非正常运营状态和紧急运营状态。运营应在能够保证乘客和所有使用该系统的人员以及设施、设备安全的情况下实施。第 3. 0. 23 条规定，在发生故障、事故或灾难的情况下，运营单位应迅速采取有效的措施或依据应急预案进行处置。第 4. 2. 1 条规定，城市轨道交通应具备不同运营状态下的客运管理模式，并应设置相应的服务设施。第 4. 2. 2 条规定，运营单位应以安全、准时、便捷、文明为目标，为乘客提供持续改进的服务。第 4. 2. 3 条规定，城市轨道交通应设置完善的服务标志、乘客信息系统，为乘客提供规范、有效、及时的信息。第 4. 2. 4 条规定，运营单位应向残障乘客提供必要的服务。第 4. 2. 5 条规定，运营单位应制定相应的规章制度，建立服务质量管理体系。第 4. 2. 6 条规定，运营单位应向乘客明示其服务的内容、责任、义务、服务质量和乘车安全要求、乘车常识。

（2）责任后果

由于地铁的路段建设大多处于地下，特殊的运营环境使得自然环境给地铁的安全性带来巨大的考验，如洪涝、地震等突发性的自然灾害对地铁的安全性有着极大的考验，地下建设较地上建设更容易受到自然灾害的影响，尤其大部分自然灾害都是突发的，难以预测，进而更容易引发严重的地铁突发事故。与此同时，地铁运输人流量大，人员比较密集，一旦发生意外，人员难以及时疏散，会造成巨大的经济损失和人员伤亡等问题。

2. 合规风险评估

（1）合规风险事件、违规情形描述

城市轨道交通运营单位安全生产管理机构，未建立安全生产责任制度，未定期组织对重大故障和事故原因进行分析，不断完善城市轨道交通运营安全管理制度以及安全防范和应急处置措施。或虽然建立了安全生产责任制度和运营突发事件应急预案体系，但在城市轨道交通运营突发事件发生后，运营单位未按照有关规定及时启动相应应急预案，未采取有效的措施，并向城市轨道交通运营主管部门报告，最终导致重大安全事故的发生。

（2）合规风险产生原因

首先，人为因素导致的不安全因素。在地铁运营管理的过程中，人员比较密集，主要涉及的人员包括地铁工作人员以及乘客，人作为地铁运营过程中最活跃的因素，任何不当的行为举动都会对地铁的安全运营产生影响。对于地铁工作人员来说，操作人员的不当操作、不规范驾驶以及维护人员的维护不及时等问题是造成地铁突发事故的重要原因。对于乘客而言，在发生突发事故时，不按照地铁工作人员指示行动给地铁突发事故处理带来难度。其次，地铁运营管理体制不完善。地铁运营管理安全，离不开地铁的科学化、规范化的管理体制建设。尽管当前地铁运营管理在应对突发事故的处理上已经有了一定的进步，但由于地铁运营安全管理不完善对地铁的安全运营产生了许多不利影响，缺乏明确的分工、严格的规章制度的约束，导致了地铁突发事故的发生。

（3）合规风险等级

地铁运营安全管理不当的合规风险等级为高等级。

地铁运营安全管理不当最重要的是会威胁生命安全和财产安全，与此同时还会造成国家、运营公司、个人的财产损失。在发生安全事故时还会影响城市轨道交通线路的正常运营，对地铁的声誉产生极大的影响。

3. 合规风险处置

首先，建立完善的地铁运营体制，细化分工。地铁突发事故的发生常常是对事故防范工作不够严谨导致的。因此需要加强对地铁运营管理工作的管控，制定规范化、严格的、细致的工作分工、制度体制，保证安全管理工作的严谨性，避免安全事故隐患。其次，制订突发事故处理方案，提高事故处理能力。地铁突发事故不可避免，只能通过各项防范措施加强地铁运营管理，尽量减少事故的发生。但由于受到自然因素、人为因素、设备因素等多种不稳定因素的影响，无法从根本上避免地铁突发事故的发生，因此面对地铁突发事故需要提前做好事故处理预案，在事故发生时才不至于陷入慌乱的状态。需要加强对地铁照明环境的建设，同时保证通信、信号设备的正常使用，一方面可以时刻监控各方面的状况，做好安全预判；另一方面发生突发状况时能够与外界保持紧密联系，保证救援。制订突发事故处理方案，定期进行事故安全演练，提升工作人员面对地铁各项突发事故的应急处理能力。最后，进行安全教育，文明乘车。地铁运行中的突发事故是难以避免的，因此为尽量减少事故的发生，需要加强对人员的地铁安全知识的教育，提高人们的安全意识，做好地铁突发事故的防范措施，提高人们面对突发事故的自救能力。

（二）组织调度指挥违规、不当的合规风险

1. 合规义务来源

（1）合规规范

《城市轨道交通技术规范》（GB 50490－2009）第 4. 1. 1 条规定，列车运行应统一调度指挥。

多地城市轨道交通条例规定，城市轨道交通经营单位确定、调整首末班车行车时刻应当经市交通运输行政主管部门批准。调整首末班车行车时刻或者列车因故延误十五分钟以上的，城市轨道交通经营单位应当及时向社会公开发布相关信息。城市轨道交通经营单位应当做好城市轨道交通客运量、营运里程、营运班次、客运服务指标等营运数据的统计和分析，定期向市交通运输行政主管部门和城市轨道交通管理机构报告。因节假日、大型群众活动等原因导致客

流量上升的，城市轨道交通经营单位应当及时增加运力，疏导乘客，并适时发布预警。发生城市轨道交通客流量激增可能危及运营安全时，城市轨道交通经营单位应当采取限制客流等临时措施，同时向市交通运输行政主管部门报告；采取限制客流、停运等措施，造成客流大量积压的，市交通运输行政主管部门应当及时组织增加其他客运运力疏解客流。

（2）责任后果

地铁列车运输组织调度指挥违规、不当的责任后果有很多情形，如行车调度违规，将容易引发重大行车安全事故，如相撞、追尾等。电力调度不当，将可能导致出现触电短路事故，造成人员或设备损害。列车停运未进行公示或发生突发事件未按规定及时向社会发布信息的，不仅需承担行政责任，情节严重的还将追究刑事责任。运输计划制订不当的可能导致无法满足客流需要，造成乘客拥堵滞留站内，或者是行车安排过密，乘车率过低，造成车辆设备和能源过度损耗。

2. 合规风险评估

（1）合规风险事件、违规情形描述

城市轨道交通运营单位调度部门在信号系统出现故障的情况下，转为人工控制系统，行车调度人员在未准确定位故障区间内全部列车位置的情况下，违规发布电话闭塞命令。在地铁运行过程中，遗漏重要运行信号，或者未进行记录。电力调度过程中，在进行道闸操作时，未按操作规程进行，未遵守发令等程序要求。在发生故障或存在安全隐患，需要暂停或者部分暂停线路运营的，未向社会公告。运输计划制订时，未根据常规客流和节假日、大型活动等特殊情况制订合理运输计划，尤其是客车时间间隔等不合理。

（2）合规风险产生原因

我国地铁建设历史较短但发展迅速，地铁调度管理缺乏历史积淀，未形成完整的、统一的调度指挥信息系统，在调度方面的管理能力不足。同时，由于调度员专业能力、经验积累不足，专业能力相对较浅，在调度过程中特别是在面临应急情况下应变处理能力不足，并且还存在调度过程中未严格按规章制度进行调度，造成地铁行车调度人为失误。

（3）合规风险等级

行车调度违规和电力调度不当的合规风险等级为高等级。

调度部门处理不及时、判断不合理，不仅影响运输效率，而且直接威胁行车安全，易导致重大事故的发生。

列车停运未进行公示或发生突发事件未按规定及时向社会发布信息，或运输计划制订不当的合规风险等级为中等级。如果调度部门处理不当，将影响乘客的出行时间安排，或导致大量乘客在站厅内积压，容易产生安全隐患。

3. 合规风险处置

地铁列车运输组织调度指挥要建立完整、统一的调度指挥信息系统，进行标准化操作，严格按照法律、法规、规章制度进行调度。同时，对调度员进行技术培训，提高其技能水平。

列车停运或发生紧急事故需要暂停或部分暂停的，应在第一时间向社会公告，保证乘客的知情权，及时调整行车计划。在编制运输计划时，综合考虑线路特点与客流等因素，并与公司各相关部门和外部单位做好信息沟通工作，完善内部决策程序。

（三）客运管理服务不当的合规风险

1. 合规义务来源

（1）合规规范

《民法典》第八百二十二条规定，承运人在运输过程中，应当尽力救助患有急病、分娩、遇险的旅客。第八百二十三条规定，承运人应当对运输过程中旅客的伤亡承担赔偿责任；但是，伤亡是旅客自身健康原因造成的或者承运人证明伤亡是旅客故意、重大过失造成的除外。前款规定适用于按照规定免票、持优待票或者经承运人许可搭乘的无票旅客。

《城市轨道交通运营管理规定》第十九条规定，运营单位应当按照有关标准为乘客提供安全、可靠、便捷、高效、经济的服务，保证服务质量。运营单位应当向社会公布运营服务质量承诺并报城市轨道交通运营主管部门备案，定期报告履行情况。第二十一条规定，运营单位应当通过标识、广播、视频设备、网络等多种方式按照下列要求向乘客提供运营服务和安全应急等信息：（一）在车站醒目位置公布首末班车时间、城市轨道交通线网示意图、进出站指示、换乘指示和票价信息；（二）在站厅或者站台提供列车到达、间隔时间、方向提示、周边交通方式换乘、安全提示、无障碍出行等信息；（三）在车厢提供城市轨道交通线网示意图、列车运行方向、到站、换乘、开关车门提示等信息；（四）首末班车时间调整、车站出入口封闭、设施设备故障、限流、封站、甩站、暂停运营等非正常运营信息。第二十三条规定，城市轨道交通运营主管部门应当制定城市轨道交通乘客乘车规范，乘客应当遵守。拒不遵守的，运营单位有权劝阻和制止，制止无效的，报告公安机关依法处理。第二十四条规定，城市轨道交通运营主管部门应当通过乘客满意度调查等多种形式，定期对运营单位服务质量进行监督和考评，考评结果向社会公布。第二十五条规定，城市轨道交通运营主管部门和运营单位应当分别建立投诉受理制度。接到乘客投诉后，应当及时处理，并将处理结果告知乘客。

（2）责任后果

地铁客运管理服务不当主要有客伤处理不当风险、乘客服务不当风险和乘务服务不当风险。在发生客伤时，如未按规范要求操作，耽误伤者救助治疗的，应承担赔偿损失等侵权责任。未尽到必要的救助义务的，应当承担民事赔偿责任。未尽到安全保障义务的，应承担补充责任。发生违反治安管理的客伤事件，未及时采取紧急处置措施的，不仅不利于及时采取处置措施消除降低事件的不良影响，也将加重公司的管理责任。乘客服务不当时，可能导致乘客安全承运知识水平参差不齐，加大管理的难度，在产生事故时加大公司的举证难度，也降低免责可能性。乘务服务不当时，可能导致乘客投诉，并影响地铁的企业形象。

2. 合规风险评估

（1）合规风险事件、违规情形描述

城市轨道交通运营单位客运部门在发生客伤时，未第一时间抢救伤者，导致伤者未得到及时的救助。对于患有急病、分娩和遇险的乘客，未尽到必要合理的救助义务，采取必要的措施。发生第三人伤人行为时，未尽到必要的安全保障义务，导致伤害后果扩大。发生客伤时，现场管理人员未及时留存证据，还原客伤原因。发生违反治安管理的客伤事件后，未及时采取紧急处置措施，并第一时间向公安机关报告。发生涉及运营安全的设备故障后，未第一时间停用出现故障的设备，并在附近设置警示标志。

在日常客运服务中，乘客服务未做到通过多种方式向乘客宣传乘车须知和安全知识，乘务服务未做到文明规范。

（2）合规风险产生原因

安全宣传不到位，地铁车站设备密集，除设备本身的安全系数问题外，乘客能否正确使用也是导致客伤发生与否的重要因素。如未采取有效的宣传、安全提示标示、人为的提醒等措施的，客伤的概率将增大。取证不到位，在地铁客伤发生时，未有客观的相关证据和资料，或者旁观者与知情者未必愿意配合作证，或者旁观者与知情者的描述不够客观准确。乘客服务不到位，乘客服务未做到依规按章办事，地铁乘务工作人员法治意识、服务意识不强，与乘客发生冲突。

（3）合规风险等级

客运管理服务不当的风险等级为高等级。

乘客接触最多的和最直接面对的就是地铁客运服务，不论是客伤处理不当，乘客服务不当，还是乘务服务不当，均会对生命安全、乘客体验和地铁公司声誉产生较大的影响。

3. 合规风险处置

加强事前控制。定期对于关联设备的质量进行安全检查、维修，对于使用年限较久的设备设施进行重点检修、维护。加强对于客伤发生涉及设备的建造标准、生产厂家的数据记录，形成历史大数据用于指导后续设备的采购。此外，运营单位应当按照有关标准通过标识、广播、视频设备、网络等多种方式向乘客提供运营服务和安全应急等信息，对乘客做到充分的安全警示宣传。应按照乘客服务规范，做好员工的培训和教育工作，提高服务意识和水平，加强日常检查，统一服务规范和标准。

细化事中监管。地铁站根据自身的情况和人流量，在每天的运营过程中，特别是上下班时间，做好乘客服务和乘务服务工作，对于客伤事故发生较为集中的地方，如安检、电梯、扶梯、地面湿滑处加强人力监管，且进行实时监控。发生客伤问题时，应按照急救规范，在避免乘客二次伤害的前提下，第一时间采取妥当的救助措施。对于现场无法采取急救措施的病患乘客，应在救护员的指导下，采取合理的协助措施。发生第三人伤人行为时，应第一时间采取必要的疏散和救助措施，并及时通知安保部门和公安部门。发生客伤时，第一时间通过各种方式留取现场证据，如录音录像、做记录等。发生可能违反行政治安管理的严重客伤事件时，应第一时间通知公安部门，并采取相应措施。

完善事后反馈。通过大数据深入分析客伤事故发生的原因，建立完善的管理评价体系。

4. 案例分析

某地铁公司安检不当导致乘客受伤案①

（1）案件简介

2020 年 4 月 11 日 13 时许，姜某在搭乘地铁进站乘车时，被附近护栏绊阻倒地。因姜某感到身体疼痛，被其朋友送至医院并诊断为：腰部挫伤、肘部挫伤。随后。姜某向法院起诉请求：判令地铁公司及保险公司赔偿医疗费、误工费、护理费、伙食补助费、交通费、复印费、精神抚慰金等共计 16241.55 元。

（2）争议焦点

地铁公司是否尽到安检阶段的安全保障义务？

（3）裁判结果

法院经审理后认为，地铁公司作为地铁秩序维护及乘客安全保障的义务主体，应在乘客乘坐地铁及进、出站过程中尽到合理安全保障义务。本案中，姜某在地铁公司的地铁车站接受安全检查时，被旁边的护栏绊倒意外摔伤，地铁公司提供的证据不足以认定其已尽到安全保障义务，故地铁公司应对姜某因摔倒所造成的经济损失承担赔偿责任。因地铁公司在某财险公司投保了公众责任险，故姜某因意外摔倒造成的经济损失应当由某财险公司在地铁公司投保的公众责任险赔付限额内，赔付姜某的经济损失。

（4）合规预警

本案揭示了乘客不符合地铁进站要求与安检人员发生争议导致乘客人身受到损害时，地铁未尽到安全保障义务的风险。本案中，虽然争议系由乘客未佩戴口罩不符合进站要求导致，但地铁公司作为地铁秩序维护及乘客安全保障的义务主体，对乘客进站、搭乘地铁、出站负有全过程的安全保障义务，未尽到合理安全保障义务造成乘客损害的，应该承担赔偿责任。在进站安检过程中，乘客与安检人员就安检要求、安检内容、安检流程发生争议的情况较为常见，地铁公司应加强安检人员对以上突发事件应对措施的技能培训，妥善处理上述争议，同时应尽到安全保障义务，避免侵权事件发生。

---

① 裁判文书号：（2021）辽 01 民终 12920 号。

高某玉因被地铁检票闸机夹伤侵权赔偿纠纷案①

（1）案件简介

某日下午，原告乘坐地铁在进站闸机口刷卡后进站的过程中，闸机突然关闭，夹住了原告腹部，造成原告腹部受伤。此次事故导致原告住院治疗，给原告造成很大的痛苦和经济损失。原告多次与被告协商赔偿事宜未果，故诉至法院，请求判令被告赔偿原告医疗费 36362.67 元、护理费 12000 元、住院伙食补助费 1060 元、营养费 1800 元、交通费 800 元、残疾赔偿金 59354 元、精神损害抚慰金 10000 元，计 121376 元。

被告地铁公司辩称：原告携带儿童刷卡进站，因疏忽大意不慎撞上已经闭合的闸机导致受伤，原告违反了被告关于乘坐地铁的规定，故被告对原告的受伤不承担责任；被告对原告主张的部分损失的金额不予认可。请求法院驳回原告的诉讼请求。

经法院查明，原告携带一名免票儿童在被告所属地铁站乘车，原告刷卡进站时腹部与进站闸机扇门接触后受伤。当日监控录像记录了原告与其携带的儿童刷卡进站的过程：原告刷卡后，其同行的儿童率先跑步通过闸机，原告跟随该儿童欲通过闸机，但与闸机扇门接触被阻挡后随即后退，未能通过闸机。因录像画面模糊，仅可看清原告腹部与闸机扇门接触，无法分辨是扇门夹住原告身体还是原告撞上扇门。原告受伤当日即到某医院就诊。经诊断，原告系腹部闭合伤、急性弥漫性腹膜炎、回肠穿孔等，施行回肠双造口等治疗。原告共计住院治疗 53 天，支付医药费 36362.67 元。地铁公司在售票窗口侧面张贴了票务通告，规定了车票使用、补票、车票损坏处理、换票规定等内容，其中载明：一张车票只限一人使用；一名成年乘客只可免费携带一名身高不足 1.3 米的儿童进站。此外，某安全系统（中国）有限公司还出具了扇门安全性声明，主要内容为：该公司为地铁提供的闸机扇门安全、可靠，不会夹伤乘客。

（2）争议焦点

原告是否因自身疏忽大意不慎撞上已经闭合的闸机而受伤？

（3）裁判结果

法院经审理后认为，公民的生命健康权受法律保护。宾馆、商场、银行、

---

① 参见《中华人民共和国最高人民法院公报》2015 年第 9 期。

车站、娱乐场所等公共场所的管理人未尽到安全保障义务，造成他人损害的，应当承担侵权责任。本案中，被告地铁公司作为地铁站和检票闸机的管理人，应当在乘客进站乘车过程中履行相应的安全保障义务，其不仅要保证闸机的正常运行，还要对乘客进站时安全通过闸机的方式进行必要的引导，并配备相应的设施使免票乘客能够正常通行。若被告因未履行上述义务而导致乘客受伤，则应当承担相应的侵权责任。

本案被告仅在票务通告中告知乘客车票使用等票务问题，但未对免票乘客及其随行人员如何安全进站进行合理的安排和管理，导致原告高某玉携带免票儿童刷卡进站时，在无法得知安全进站方式的情况下与闸机接触后受伤，故原告的受伤与被告未尽到安全保障义务存在因果关系，被告应当对原告的受伤承担相应的侵权责任。地铁闸机扇门的开合是其正常的工作原理，原告在刷卡验票后其同行儿童已经通过闸机的情况下，欲通过闸机时未仔细观察扇门的闭合情况，未尽到必要的观察和注意义务，故对其自身的损伤存在过失，也应当承担一定的责任。结合本案原、被告的过错程度等因素，法院认定被告对原告的损伤承担70%的责任，原告自担30%的责任。被告地铁公司于本判决生效之日起十日内赔偿原告高某玉医疗费、护理费、营养费、交通费、残疾赔偿金、精神损害抚慰金共计84473.67元。

（4）合规预警

安全保障义务是经营者及经营场所管理人的法定义务，安全保障义务人既要保障其控制设施的安全性，也要对在相应场所接受服务的相关公众进行必要的警告、指示、说明、通知，以预防侵害的发生。地铁公司主要以自动检票闸机控制乘客的进出站，地铁公司应对免票乘客及其随行人员如何安全通过闸机进行合理的安排和指导，尽到安全保障义务。

地铁公司未紧急救助摔倒老人案①

（1）案件简介

某日17时53分，梁某在地铁A进出口楼梯下行时摔倒造成重度颅脑损伤，随后地铁公司工作人员赶至事故现场同时拨打了110报警电话及120急救电话。17时56分，市公安局公交分局地铁1号线治安派出所曾接到报案人孙

① 裁判文书号：（2015）沈中民一终字第01668号。

某的报警。随后民警立即前往现场救助，和地铁工作人员一起协助 120 将受伤的梁某送往医院。第二日梁某治疗无效死亡。梁某亲属认为地铁公司没有及时打扫卫生，导致梁某踩到矿泉水瓶摔倒，且地铁公司没有在第一时间实施抢救措施，《城市轨道交通运营管理办法》（2018 年 6 月 22 日已废止）第九条规定，城市轨道运营单位应配备急救箱、车站工作人员应当掌握必要的急救知识和技能，因此，梁某家属诉至法院要求地铁公司承担侵权及赔偿责任。

（2）争议焦点

地铁公司在乘客摔倒后是否有紧急救助义务？

（3）裁判结果

法院经审理后认为，地铁站系客流量大的公共场所，地铁公司作为公共场所的管理者应当尽到审慎的安全保障注意义务，保障通行人员的行走安全。地铁公司作为车站的管理者，在梁某摔倒后未能在第一时间到达现场并实施紧急救助，故法院认为地铁公司具有过错，判决其承担 30% 的赔偿责任。

（4）合规预警

本案揭示了地铁公司未对受伤乘客实施紧急救助导致乘客死亡的风险。本案中梁某家属依据的《城市轨道交通运营管理办法》虽然已于 2018 年 6 月废止，但是 2018 年 5 月 24 日交通运输部公布的《城市轨道交通运营管理规定》保留了上述相关规定。《城市轨道交通运营管理规定》第四十一条明确规定：运营单位应当储备必要的应急物资，配备专业应急救援装备，建立应急救援队伍，配齐应急人员，完善应急值守和报告制度，加强应急培训，提高应急救援能力。建议地铁公司严格按照上述规定实施应急救援措施，否则将会因未尽到安全保障义务承担侵权及赔偿责任。

地铁乘客多人跳闸逃票

（1）案件简介

某网友发布视频称，某音乐节结束之后，在某地铁站很多人不愿意排队跳安检逃票。视频中的逃票人数就近 40 人。逃票事件发生后，地铁公司通过官方微博转发了一段乘客翻越闸机的视频确认了此事。部分网友质疑地铁公司在事件发生时未予以制止，仅在事后转发微博谴责逃票人员，是否存在应对大客流方案措施不到位的问题。

（2）争议焦点

地铁公司是否存在应对乘务管理不到位的问题？

（3）事件结果

地铁公司就该多人逃票事件发布公告："音乐节散场后，共有6500余名乘客同时进入地铁4号线某站乘坐地铁，车站短时间内迅速聚集大量客流，地铁公司按照前期研判制订的应急预案采取强化客运组织措施，适时进行客流管控，车站总体客流秩序平稳。但在乘客集中排队进站时，少部分乘客不愿等待，选择了翻越出站口闸机进入车站的不文明行为。经过对实时监控的初步排查和数据比对，查出当时翻越出站闸机进站的乘客有112人，其中有106人在当天出站时已主动补票。截至目前，仍余6人尚未补票。"

（4）合规预警

本事件揭示了因大客流地铁进站拥堵后部分乘客逃票进站，地铁公司未能及时有效管理的风险。多人逃票事件，一方面暴露的是乘客逃票的不文明行为，另一方面暴露的是地铁运营过程中的乘务管理漏洞。2007年，国务院出台了《大型群众性活动安全管理条例》，在大型群众活动中，地铁作为主力运输交通工具更面临着严峻考验。地铁公司在大型群众活动中，应在事前做好预案，维护现场秩序、做好群众安置处理及突发状况应对处理，提升综合乘务管理能力，避免此类事件的再次发生。

（四）票务管理不当的合规风险

1. 合规义务来源

（1）合规规范

《民法典》第八百一十三条规定，旅客、托运人或者收货人应当支付票款或者运输费用。第八百一十四条规定，客运合同自承运人向旅客出具客票时成立，但是当事人另有约定或者另有交易习惯的除外。

多地城市轨道交通条例规定，乘客应当持有效车票证乘车。乘客超程乘车的，应当补交超程部分票款；在城市轨道交通付费区停留超出规定时间的，应当按照线网单程最高票价补交超时票款。依照法律、法规和有关规定享受乘车优惠的乘客，应当持本人有效证件乘车。

城市轨道交通经营单位对无票、持无效车票乘车或者持单程票出站时不交还车票强行出站的，可以按照出闸站线网单程最高票价补收票款；对冒用他人优惠乘车证件乘车的，可以加收线网最高票价五倍的票款；对持伪造的证件或者车票乘车的，移交公安机关依法处理。对有前列行为的乘客，依法将其有关信息纳入个人信用信息系统。

（2）责任后果

地铁票务管理不当的，存在两方面的责任后果。一方面，乘客利益受损，将会提出索赔等诉求，公司需要承担相应民事责任。另一方面，给公司票务工作造成影响或带来损失，影响公司形象。

2. 合规风险评估

（1）合规风险事件、违规情形描述

地铁票务管理部门对无效票卡、逃票、遗失、冒用票卡行为认定、处理不当，或有乘客超出规定时间停留车站需补交票超时款时，处理不当。

（2）合规风险产生原因

地铁车站票务工作涉及多部门联合作业，涉及不同岗位人员，日常地铁车站票务工作内容复杂，相关部门在票务稽查过程中未做好职责分工和配合，对于无效票卡、逃票、遗失、冒用票卡行为认定错误，或在认定或处理过程中未向乘客进行充分的解释说理，与乘客发生冲突。

（3）合规风险等级

票务管理服务不当的风险等级为中等级。

票务是城市轨道交通企业的一项十分重要的工作，是企业管理工作的重要组成部分。票务管理工作涉及面广，既有服务方面的，又有管理方面的，是运营生产活动的重要环节。票务管理既关系到运营生产收益，又关系到运营服务质量。票务服务管理不当的除会受到乘客的索赔外，还会影响公司的经济效益。

3. 合规风险处置

对于地铁票务管理服务不当可以采取降低风险的措施。相关部门做好票务稽查的职责分工和配合，对于无充分证据证明属于逃票、遗失、冒用行为或票卡无效的，或乘客需补交超时票款的，应当依规办理，并且在办理过程中向乘客充分说明理由，提高服务意识，避免与乘客激化矛盾。同时，加大宣传力度，提高乘客的法治意识，对于逃票、冒用、补缴票款的情形进行宣传。

4. 案例分析

姜某冒用学生卡乘地铁被罚款

（1）案件简介

姜某在乘坐深圳地铁时冒用学生优惠卡，在出站时被地铁工作人员发现，姜某表示愿意补10元差价，但地铁工作人员要求姜某缴纳110元罚款。姜某随后接受媒体采访，表示地铁工作人员在处理该事件过程中态度恶劣，并表示地铁工作人员未向其开具发票。

（2）争议焦点

地铁公司是否有权对乘客进行罚款?

（3）事件结果

某地铁公司运营总部表示，姜某使用学生卡出站时被地铁工作人员发现，根据《深圳市城市轨道交通运营管理办法》第二十八条的规定，运营单位可以查验乘客的车票。无票、持无效车票、持伪造或者变造的优惠乘车证件及冒用他人优惠乘车证件乘车的，由运营单位按照出闸站线网单程最高票价补收票款，并按照应补票款的10倍加收票款。姜某所出闸的地铁站所在的线网最高票价为10元，所以补收10元，同时，处10倍罚款，也就是100元，合计110元。

（4）合规预警

本案揭示了乘客冒用优惠票卡搭乘地铁，地铁对该乘客进行罚款引发的相关争议。在地铁日常运营中，乘客逃票行为时有发生，针对此类情况，地铁公司应组织车站工作人员开展票务稽查等相关培训，增强员工辨别、识别伪造证件及逃票行为的能力。同时，在处理相关票务稽查问题时，应充分向乘客说明处罚原因及依据，避免矛盾激化产生纠纷。

四、资源经营领域合规管理的风险识别、评估与处置

目前国内的城市建设发展迅速，同步加速了国内城市轨道交通的发展，从实践来看，资源经营的规模和成熟度是城市轨道交通行业可持续发展的主要参考依据，特别是在目前这种超大建设规模、超快发展速度的行业情势下，建立成熟的资源经营模式是解决城市轨道交通企业稳健持续发展的主要补偿机制，其经营的成功与否很大程度上影响着其资源价值能否得到充分发掘。

因城市轨道交通附属资源的开发具有很强的不可逆性，故城市轨道交通商业资源的经营大多与城市轨道交通建设同步进行。在此期间，合规风险较多体现在城市轨道交通资源的规划和建设时是否存在侵犯他人合法权益问题、地铁经营资源如何合法保护等问题上。

（一）地铁建设影响周边房屋质量的合规风险

1. 合规义务来源

（1）合规规范

《民法典》第二百零七条规定，国家、集体、私人的物权和其他权利人的物权受法律平等保护，任何组织或者个人不得侵犯。

第二百三十七条规定，造成不动产或者动产毁损的，权利人可以依法请求修理、重作、更换或者恢复原状。

第一千一百六十五条规定，行为人因过错侵害他人民事权益造成损害的，应当承担侵权责任。

依照法律规定推定行为人有过错，其不能证明自己没有过错的，应当承担侵权责任。

（2）责任后果

地铁工程耗时巨大，在这个漫长的周期中，前期工作准备得再完善，过程中出现种种问题仍是不可规避的，只有施行有效严格的实时监测工作，才能确保地铁工程的安全实施。一旦出现地铁工程对邻近建筑物造成变形影响时，相关人员如未及时把控相关的量测数据，或未对邻近建筑物的影响程度进行安全评估并及时预测潜在的隐藏风险，进而调整施工的保护对策，则有可能对周边房屋权利人的合法权益造成侵害，乃至酿成安全事故。

2. 合规风险评估

（1）合规风险事件、违规情形描述

地铁建设的过程中很容易受到外界环境的影响，最主要的原因是地下环境的稳定性较低，并且会因地铁的长度形成完全不同的地下施工环境，影响地铁建设的基本进程。而相关人员如未及时进行评估或修正相关施工工艺和方法，可能导致产生地铁建设周边建筑受损，危害其房屋质量影响其安全的风险。

（2）合规风险产生原因

在地铁修建的过程当中，往往会对邻近建筑物造成非常大的影响，甚至会给人们的日常生活带来一定的安全风险。若未能进行合理严格的安全评估与安全风险管理，地铁工程的质量将会大打折扣，也会对行人的安全出行造成困扰。

（3）合规风险等级

地铁建设影响周边房屋质量的合规风险等级为高等级。

地铁工程项目一般具有周期长和工程量大的特点，因此在施工中遇到的影响因素也会较多，如果缺乏对施工过程的有效管理，对邻近建筑物进行完备的勘查活动，并制定相应的安全管理措施，对施工作业进行实地监测，则极易产生风险。

3. 合规风险处置

在进行地铁施工之前，首先要明确建筑物的设计、施工图纸，勘查资料以及准确的数据信息，并对安全指数进行分析评估。

在进行地铁挖道工程时，相关人员需依据不同的地质状况进行合理分析，并根据前期收集的数据报告科学规范地设立标准。同时，施工人员需要合理把控施工过程的沉降范围，改善施工的流程。

在地铁施工过程中施行有效严格的实时监测工作，做好邻近建筑物的量测和监控工作，当地铁工程对邻近建筑物造成变形影响时，相关人员需要及时把控相关的量测数据，及时进行特殊施工技术的完善与调整，保证邻近建筑物的安全不受施工的干扰。

地铁施工进行到每一个关键步骤时，都要对邻近建筑物的影响程度进行安全评估，并及时预测潜在的隐藏风险，及时调整施工的保护对策。

在完成相关的可行性研究报告后，应当及时报政府相关主管部门审核并按照主管部门意见进行修改，以确保最终通过审核。

（二）怠于对衍生纪念品相关知识产权进行保护的合规风险

1. 合规义务来源

（1）合规规范

《专利法》第九条规定，同样的发明创造只能授予一项专利权。但是，同一申请人同日对同样的发明创造既申请实用新型专利又申请发明专利，先获得的实用新型专利权尚未终止，且申请人声明放弃该实用新型专利权的，可以授予发明专利权。

两个以上的申请人分别就同样的发明创造申请专利的，专利权授予最先申请的人。

《著作权法》第十一条规定，著作权属于作者，本法另有规定的除外。

创作作品的自然人是作者。

由法人或者非法人组织主持，代表法人或者非法人组织意志创作，并由法人或者非法人组织承担责任的作品，法人或者非法人组织视为作者。

《商标法》第十五条规定，未经授权，代理人或者代表人以自己的名义将被代理人或者被代表人的商标进行注册，被代理人或者被代表人提出异议的，不予注册并禁止使用。

就同一种商品或者类似商品申请注册的商标与他人在先使用的未注册商标相同或者近似，申请人与该他人具有前款规定以外的合同、业务往来关系或者其他关系而明知该他人商标存在，该他人提出异议的，不予注册。

第三十二条规定，申请商标注册不得损害他人现有的在先权利，也不得以不正当手段抢先注册他人已经使用并有一定影响的商标。

（2）责任后果

目前常见的城市轨道交通衍生纪念品包括但不限于文化纪念品，其范围覆盖日用品、儿童玩具、文创玩具、手机等电子产品周边、办公用品、车模等品种范围以及纪念票等，以满足不同类型消费者的需求。但如果对创作成果及商业标识的保护不够、合规创作自有权利的意识淡薄、风险防范意识不足、缺乏对商业标识持续有效的运营管理，均易造成他人不当利用作为权利人的城市轨道交通企业的知识产权成果而非法获利、引发权属争议，影响文创产品的市场拓展、更新换代，并造成经济损失等后果。

2. 合规风险评估

（1）合规风险事件、违规情形描述

城市轨道交通企业的衍生品相关设计、开发人员或城市轨道交通企业委托第三方机构在设计开发的过程中，没有对设计方案、产品、商标等进行外观图形专利申请和商标申请等保护，导致不法企业仿冒门槛和生产成本极低，并导致权利人法律维权成本高，市场维权难度大等后果。

（2）合规风险产生原因

城市轨道交通相关衍生产品在设计之初仅作为城市轨道交通企业的宣传手段之一，但随着近年来网红经济的助推和国内文化产业工业设计能力的提升，普通民众纷纷打卡网红文创，文创市场日趋繁荣。城市轨道交通衍生品尤其是其中优秀的产品已经成为兼具宣传价值和经济价值的重要产品。但如城市轨道交通企业在运营过程中没有对相关衍生品的著作权、专利、商标等进行及时、主动的保护，会导致仿冒成本极低、盗版猖獗，严重损害城市轨道交通企业的商誉及经济收入。

（3）合规风险等级

怠于对衍生纪念品相关知识产权进行保护的合规风险等级为中等级。

由于文创产品的仿冒成本极低，实践中较易产生怠于对衍生纪念品相关知识产权进行保护的合规风险。如不法分子公然仿冒、销售盗版玩具或周边，或不法分子利用当前火爆的IP自行制作各种无权利方授权的产品，使得企业遭受较大的财产损失。

3. 合规风险处置

在城市轨道交通企业开发文化衍生品的过程中，应当同步进行衍生品的知识产权保护。

针对商标，应注意商标登记先行，保护商标，注重商标的可视性要素，特别是商标注册的类别要与企业战略匹配；针对申请专利，应当在专利申请前，提前查询和了解专利能否申请、申请备案等问题并委托专业机构进行运作；针对著作权的保护，著作权从美学创作角度给予产品设计保护，旨在强调设计的原创性，防止被复制抄袭。

应特别注意的是，我国专利法的外观设计所保护的客体必须是具体表现于产品外观造型的创作。在产品设计开发的议题中，知识产权在产品设计的权利保障实务上，对于未具明显商业化价值的设计概念，通常以著作权主张，而对于具有商业价值的产品以设计专利保护。

实践中，在判断是否构成侵权时，主要衡量系列产品在外观上是否涉及侵害设计专利，即从消费者角度来看，在外观上是否具有显著的区别性。所以说，专利法和著作权法的适用在一定程度上是对文创产品的双重保护。

（三）“对赌协议”不能履行的合规风险

1. 合规义务来源

（1）合规规范

《公司法》第三十五条规定，公司成立后，股东不得抽逃出资。

第一百四十二条第一款、第二款规定，公司不得收购本公司股份。但是，有下列情形之一的除外：

（一）减少公司注册资本；

（二）与持有本公司股份的其他公司合并；

（三）将股份用于员工持股计划或者股权激励；

（四）股东因对股东大会作出的公司合并、分立决议持异议，要求公司收购其股份；

（五）将股份用于转换上市公司发行的可转换为股票的公司债券；

（六）上市公司为维护公司价值及股东权益所必需。

公司因前款第（一）项、第（二）项规定的情形收购本公司股份的，应当经股东大会决议；公司因前款第（三）项、第（五）项、第（六）项规定的情形收购本公司股份的，可以依照公司章程的规定或者股东大会的授权，经三分之二以上董事出席的董事会会议决议。

第一百六十六条规定，公司分配当年税后利润时，应当提取利润的百分之十列入公司法定公积金。公司法定公积金累计额为公司注册资本的百分之五十以上的，可以不再提取。

公司的法定公积金不足以弥补以前年度亏损的，在依照前款规定提取法定公积金之前，应当先用当年利润弥补亏损。

公司从税后利润中提取法定公积金后，经股东会或者股东大会决议，还可以从税后利润中提取任意公积金。

公司弥补亏损和提取公积金后所余税后利润，有限责任公司依照本法第三十四条的规定分配；股份有限公司按照股东持有的股份比例分配，但股份有限公司章程规定不按持股比例分配的除外。

股东会、股东大会或者董事会违反前款规定，在公司弥补亏损和提取法定公积金之前向股东分配利润的，股东必须将违反规定分配的利润退还公司。

公司持有的本公司股份不得分配利润。

《全国法院民商事审判工作会议纪要》第二部分规定了“对赌协议”的效力及履行：

“实践中俗称的‘对赌协议’，又称估值调整协议，是指投资方与融资方在达成股权性融资协议时，为解决交易双方对目标公司未来发展的不确定性、信息不对称以及代理成本而设计的包含了股权回购、金钱补偿等对未来目标公司的估值进行调整的协议。从订立‘对赌协议’的主体来看，有投资方与目标公司的股东或者实际控制人‘对赌’、投资方与目标公司‘对赌’、投资方与目标公司的股东、目标公司‘对赌’等形式。人民法院在审理‘对赌协议’纠纷案件时，不仅应当适用合同法的相关规定，还应当适用公司法的相关规定；既要坚持鼓励投资方对实体企业特别是科技创新企业投资原则，从而在一定程度上缓解企业融资难问题，又要贯彻资本维持原则和保护债权人合法权益原则，依法平衡投资方、公司债权人、公司之间的利益。对于投资方与目标公司的股东或者实际控制人订立的‘对赌协议’，如无其他无效事由，认定有效并支持实际履行，实践中并无争议。但投资方与目标公司订立的‘对赌协议’是否有效以及能否实际履行，存在争议。对此，应当把握如下处理规则：

“5.【与目标公司‘对赌’】投资方与目标公司订立的‘对赌协议’在不存在法定无效事由的情况下，目标公司仅以存在股权回购或者金钱补偿约定为由，主张‘对赌协议’无效的，人民法院不予支持，但投资方主张实际履行的，人民法院应当审查是否符合公司法关于‘股东不得抽逃出资’及股份回购的强制性规定，判决是否支持其诉讼请求。

“投资方请求目标公司回购股权的，人民法院应当依据《公司法》第 35 条关于‘股东不得抽逃出资’或者第 142 条关于股份回购的强制性规定进行审查。经审查，目标公司未完成减资程序的，人民法院应当驳回其诉讼请求。

“投资方请求目标公司承担金钱补偿义务的，人民法院应当依据《公司法》第 35 条关于‘股东不得抽逃出资’和第 166 条关于利润分配的强制性规定进行审查。经审查，目标公司没有利润或者虽有利润但不足以补偿投资方的，人民法院应当驳回或者部分支持其诉讼请求。今后目标公司有利润时，投资方还可以依据该事实另行提起诉讼。”

（2）责任后果

若投资人仅与目标公司对赌，约定在发生特定事由的情况下由目标公司按照特定价格回购投资人的股权或向投资人支付现金补偿款以实现投资人退出和获得相关投资利益，上述约定可能因目标公司未完成减资程序或不符合利润分配等条件而被法院不予支持继续履行，最终妨碍投资人投资计划的执行和损害投资人投资利益的实现。

2. 合规风险评估

（1）合规风险事件、违规情形描述

城市轨道交通企业投融资业务岗位相关工作人员，对“对赌协议”司法裁判观点把握不到位，机械地于股东协议、增资协议、股转协议等投融资协议中增加估值调整条款，仅将目标公司作为对赌对象，导致相关股权回购或现金补偿诉求因目标公司未完成减资程序或不符合利润分配等条件而被法院不予支持继续履行等法律风险产生。

（2）合规风险产生原因

“对赌协议”是在股权投资中，投资人为保障自身收益而设定的重要商业条款。当被投资企业业绩或估值不甚理想时，投资人会希望通过“对赌协议”实现退出，如约定在发生特定事由的情况下要求对赌对象按照特定价格回购投资人股权或向投资人支付现金补偿款。因法律法规对此无明文规定，司法实践中法院在相当长时间内对相关约定是否有效以及能否继续履行等均存在较大争议，近年来相关司法裁判观点已经趋于明晰，城市轨道交通企业投融资业务岗位相关工作人员对主流司法裁判观点把握不到位，导致上述合规风险事件产生。

（3）合规风险等级

“对赌协议”不能履行的合规风险为中等级。

由于对“对赌协议”司法裁判观点把握不到位，实践中较易产生“对赌协议”不能履行的合规风险。如仅机械地于股东协议、增资协议、股转协议等投融资协议中增加估值调整条款，仅将目标公司作为“对赌”对象，可能导致相关股权回购或现金补偿诉求因目标公司未完成减资程序或不符合利润分配等条件而被法院不予支持继续履行等法律风险产生。

3. 合规风险处置

鉴于仅与目标公司“对赌”存在“对赌协议”不能履行的法律风险，城市轨道交通企业投融资业务岗位相关工作人员在拟定“对赌协议”或就此进行商业谈判时应当将目标公司控股股东、实际控制人或创始股东直接作为“对赌”对象或作为目标公司履行“对赌协议”义务的连带责任人，以强化目标公司控股股东、实际控制人或创始股东对此的责任，保障“对赌协议”约定的估值调整条款可以得到切实执行，避免在退出目标公司时相关股权回购或现金补偿诉求被法院不予支持继续履行等法律风险产生。

4. 案例分析

深圳市某创新投资企业、大连某岛集团有限公司请求公司收购股份纠纷再审纠纷案[①]

（1）案件简介

2010 年 10 月 10 日，某岛公司、李某、于某兰和某投资企业共同签订《深圳市某创新投资企业（有限合伙）投资大连某岛集团有限公司协议》。该协议记载：某岛公司注册资本 1300 万元，李某认缴 700 万元，持股比例 53.58%，于某兰认缴出资 600 万元，持股比例 46.15%。某投资企业向某岛公司投资 3000 万元认购新增注册资本。某岛公司及其董事会同意接受某投资企业的现金投资成为股东。某投资企业认购新增注册资本金 325 万元，成为持有某岛公司 20% 股权的股东，某岛公司注册资本额增至 1625 万元。股东李某和于某兰认缴出资数额不变，持股比例变更为 43% 和 37%。某投资企业投资中的 2550 万元作为某岛公司的资本公积金，某岛公司拟于 2013 年开始上市材料申报工作，争取于 2013 年完成上市进程。

2010 年 12 月 10 日，李某（甲方）、于某兰（乙方）和某投资企业（丙方）共同签订《大连市某岛集团有限公司增资协议书》（以下简称《增资协议》）。该协议记载：鉴于某岛公司系合法设立的有限责任公司，注册资产 1300 万元，甲、乙两方是某岛公司股东，甲乙双方同意丙方出资成为新股东。各方同意，甲乙双方以夫妻共有价值 900 万元房产认购新增注册资本 900 万元，某投资企业投入现金 3000 万元成为持股 20% 的股东。调整后股权结构为李某认

① 裁判文书号：（2020）最高法民再 350 号。

缴出资1150万元，持股41.82%，于某兰认缴出资1050万元，持股38.18%，某投资企业认缴出资550万元，持股20%。某投资企业其余投资（款）2450万元，作为某岛公司的资本公积金。

2012年3月30日，某岛公司（甲方）和某投资企业（乙方）签订《协议书》。该协议记载：鉴于乙方于2011年出资3000万元参股甲方，双方共同追求的目标是某岛公司改制上市，甲方具体负责公司的日常运作。甲乙双方补充协议如下：如不能完成上市，则甲乙双方无条件同意，以乙方投资额3000万元为基数，以2011年1月1日为始点，以年利率10%为标准，由甲方全额收购乙方投资的某岛公司股权。任何一方违反前述规定，应对由此给对方造成的损失承担全部赔偿责任。

（2）争议焦点

某岛公司是否应按约定回购某投资企业所持的某岛公司20%股权？

（3）裁判结果

依照《公司法》第三十五条和第三十七条第一款第（七）项之规定，有限责任公司注册资本确定后，未经法定程序，不得随意减少或抽回。《公司法》第七十四条第一款规定："有下列情形之一的，对股东会该项决议投反对票的股东可以请求公司按照合理的价格收购其股权：（一）公司连续五年不向股东分配利润，而公司该五年连续盈利，并且符合本法规定的分配利润条件的；（二）公司合并、分立、转让主要财产的；（三）公司章程规定的营业期限届满或者章程规定的其他解散事由出现，股东会会议通过决议修改章程使公司存续的。"某岛公司2011年1月20日的章程亦有相同内容的约定。原审法院查明，某投资企业于2010年12月10日与李某、于某兰共同签订《增资协议》，约定某投资企业投入现金3000万元成为某岛公司持股20%的股东；2012年3月30日某岛公司与某投资企业签订的《协议书》约定，如某岛公司不能上市，以"投资额3000万元为基数，以2011年1月1日为始点，以年利率10%为标准"，由某岛公司全额收购某投资企业所投资的某岛公司股权。尽管2012年3月30日的《协议书》是双方当事人的真实意思表示，但协议中关于某岛公司回购股份的约定不属于公司法第七十四条和某岛公司章程所列举的情形，不符合公司法关于资本维持的基本原则，某投资企业并不具备请求某岛公司收购其股权的条件。

（4）合规预警

城市轨道交通企业投融资业务岗位相关工作人员在拟定“对赌协议”或就此进行商业谈判时应尽量避免仅将目标公司作为对赌对象，以避免因目标公司未完成减资程序或不符合利润分配等条件，相关股权回购或现金补偿诉求被法院不予支持继续履行等法律风险产生。

五、技术装备领域合规管理的风险识别、评估与处置

技术装备对于城市轨道交通企业来说属于必不可少的基础性设施，特别是大型机器设备以及各类高端设备等。技术装备的采购管理是城市轨道交通企业生产经营的重要活动之一，对经营业务的顺利开展、经营计划的贯彻落实、投资效益回报具有重要影响。在设备设施维护方面，各城市轨道交通企业按照各自的管理方式和技术标准规范实施维护管理工作，缺乏行业性的设备制造许可制度、设备维护统一规范、维护管理经验归纳总结推广渠道，处于各自独立探索发展的状态，暂未形成可供参考学习的经验。因此，在技术装备领域采购管理阶段、入库管理阶段、物资处置阶段、供应商管理阶段均有可能涉及舞弊风险、交易风险、项目管理风险、质量安全风险、生产中断风险等合规风险。因此，在技术设备领域做好合规管理有利于为城市轨道交通企业的良性发展奠定基础。

（一）采购需求计划不当的合规风险

1. 合规义务来源

（1）合规规范

《企业国有资本与财务管理暂行办法》第十八条规定，企业应当制定各项人工、材料、物料的消耗定额，编制各项经营管理费用预算，健全各项原始记录及相关的稽核制度，建立有效的内部控制制度。

企业大宗原辅材料或商品物资的采购、固定资产的购建和工程建设一般应当按照公开、公正、公平的原则，采取招标方式进行。

根据《招标投标法》第三条的规定，在中华人民共和国境内进行的全部或者部分使用国有资金投资或者国家融资的工程建设，包括项目的勘察、设计、施工、监理以及与工程建设有关的重要设备、材料等采购，必须进行招标。

（2）责任后果

《企业国有资本与财务管理暂行办法》规定了国有企业违反规定对外提供担保或抵押、对外投资、赊账经营、大宗商品物资采购及固定资产修建等，给企业造成损失的，主管财政机关根据《行政处罚法》的规定，可以责令限期纠正、追回损失或者没收非法所得、通报批评。除此之外，采购需求计划不当可能会导致采购的物资不能完全符合实际生产的需要或者导致采购无法实施、重复采购等给企业造成巨大经济损失。

2. 合规风险评估

（1）合规风险事件、违规情形描述

城市轨道交通企业物资部门物资计划岗位相关工作人员根据需求部门提报的采购需求编制采购计划时，未合理预估具体需求或规格直接编制采购需求计划导致采购设备型号有误、类型过于宽泛等后果。此外，物资计划部门也存在对于需求部门的需求计划未仔细审核是否符合公司采购管理制度，是否符合企业采购管理制度，是否存在故意规避招标的现象从而导致采购需求计划审核不当的风险等。

（2）合规风险产生原因

目前城市轨道交通企业制定的采购管理制度大多沿用我国《政府采购法》中的询价、竞争性谈判和单一来源采购等采购方式，但在具体操作流程上因各企业实际情况与《政府采购法》存在诸多不一致的地方，并且部分采购流程不够细化，成为采购管理业务人员采购不规范的主要原因。

在具体采购过程中，采购承办部门一般既是采购规则的制定者，又是采购过程的实施者，这种既是裁判员，又是运动员的身份，导致采购权力过于集中，在面对供应商围猎时，容易滋生腐败问题。由于采购涉及利益较大，部分投标人为了中标，采用非法手段、不正规途径谋取中标的情况时常出现，围标串标、弄虚作假的情况时有发生，国有企业采购从业人员面临较大的廉洁风险。

（3）合规风险等级

采购需求计划不当的合规风险等级为中等级。

城市轨道交通企业在采购活动中可能存在没有做到事前多部门参与、事中监督、事后控制，采购决策权力集中于少数领导手中，对领导决策权缺乏制衡机制，容易导致采购计划的编制和审核为迎合领导喜好而缺乏科学性和规范性。再者，城市轨道交通企业一般都是一些较为大型的集团企业，其涉及诸多子公司，对于这些子公司之间的采购规定并不是十分完善，没有做好相应的协调工作，进而影响了城市轨道交通企业采购管理的质量，导致采购不合理不科学，影响企业的正常经营生产。

3. 合规风险处置

城市轨道交通企业采购具有实施项目多、资金规模大、影响面广等特点，如何在公平公正的前提下将该资源进行最优化配置是非常必要且具有战略意义的问题。针对前述问题，可进行如下应对：

城市轨道交通企业应进一步完善企业采购管理制度，对采购业务流程进行重新梳理，建立健全采购管理办法和实施细则，建立集中、高效、透明的采购管控体系。在采购管理制度完善过程中，首先要梳理管理框架，建立责任明晰的工作格局；其次要划清工作界面，对法定必须招标和非法定必须招标两类项目，制定清晰的采购方式选择和采购实施工作流程；最后要实行分置采购权力，制定合理的内部制约机制，将采购需求部门和采购实施部门进行刚性隔离，避免采购需求部门既当运动员，又当裁判员。明确采购遵循规则，适应采购发展趋势，城市轨道交通企业应遵循《政府采购法》确定的采购规则，在此基础上制定适用本企业实际的采购管理制度，从而进一步提高采购效率，规范采购行为，降低人为因素影响。

4. 案例分析

某地铁公司采购部主任赵某利用职务便利侵吞单位资产贪污、受贿承担刑事责任案①

（1）案件简介

2007 年至 2015 年，赵某担任某地铁公司采购部主任，根据该公司的采购流程，赵某负责该公司每年的采购计划上报及设备验收工作，其他部门有物资采购需求时，仅对设备采购事宜口头提出要求，无书面材料，具体采购需求及相关事宜均由赵某一手操办。赵某采购设备送达后，采购部联合财务、计统科等人员验收签字，但验收也仅对到货数量等进行形式审查，对于是否符合公司

---

① 裁判文书号：（2017）鄂 7101 刑初 2 号。

的实际采购需求以及设备质量等问题不做具体审查。基于上述情形，赵某在职期间利用全面负责采购工作，具体经手设备采购和检修上报、负责新近设备验收的职务之便，通过供应商虚开、多开发票报销的方式侵占公款29.86万元；采取隐瞒收货数量的方式侵占公款17万元，共计贪污公款46.86万元。同时，赵某在推荐招标对象和收货验收方面为时某、李某、方某提供帮助，收受好处费19.4万元。2016年9月28日赵某因涉嫌犯受贿罪被刑事拘留，同年10月13日经某检察院决定逮捕，2017年1月24日由某检察院以赵某涉嫌犯贪污罪、受贿罪提起公诉。

（2）争议焦点

赵某的行为是否构成贪污罪、受贿罪？

（3）裁判结果

法院经审理后认为，赵某身为国有企业从事公务的人员，利用职务上的便利侵吞公款，数额巨大，其行为已构成贪污罪；利用职务上的便利非法收受他人财物，为他人谋取利益，数额较大，其行为已构成受贿罪。公诉机关指控罪名成立。赵某犯数罪，应予以并罚。判决如下：赵某犯贪污罪，判处有期徒刑二年一个月，并处罚金人民币20万元；犯受贿罪，判处有期徒刑一年八个月，并处罚金人民币10万元。决定执行有期徒刑三年，并处罚金人民币30万元。

（4）合规预警

本案揭示了物资部门物资计划岗位相关工作人员根据需求编制采购需求计划时，未对采购物资供应商进行审核，未对采购物资的质量、规格等进行审核导致的风险。实践中，物资采购部门若未对需求部门提供的采购计划进行审核，将有可能导致企业采购中存在故意规避招标、收受贿赂、贪污等不当风险。建议企业完善采购管理制度，对采购计划加强审核，以避免该类风险的发生。

（二）入库管理不当的合规风险

1. 合规义务来源

（1）合规规范

城市轨道交通企业物资部根据仓储保管需求制定的仓储管理制度。仓库管理制度，是指对仓库各方面的流程操作、作业要求、注意细节、奖惩规定、其他管理要求等进行明确的规定，同时参考《仓库防火安全管理规则》《常用化学危险品贮存通则》《消防法》等法律法规对仓库管理制度、物资进出库房的流程、管理员职责等事项进行明确，如制定“仓库安全作业指导书”“仓库日常作业管理流程”“仓库单据及账务处理流程”“仓库盘点管理流程”等。

（2）责任后果

技术装备采购完成后或者使用后，如未按照仓储物资管理的相关制度进行验收入库可能会导致物资管理混乱，采购合同与物资验收、库房管理的数据不一致，直接影响生产部门的生产工作；在特殊物品入库时如技术人员或者操作人员未向仓储管理人员进行提示，则可能会因物品管理不当造成财产损失乃至发生安全事故。

2. 合规风险评估

（1）合规风险事件、违规情形描述

物资部仓储管理岗位工作人员在管理仓储物资时，在物资入库时容易忽略对原材料、物资、成品的名称、规格型号、质量等级、数量及外观进行验收登记造成物资管理混乱；在特殊技术设备入库时，如危险品或者需要特殊保存管理的物品未向仓库管理人员进行提示均会导致入库管理不合规的风险。

（2）合规风险产生原因

仓库管理混乱、现有制度执行不到位是产生技术装备入库管理不当合规风险的主要原因，有些城市轨道交通企业仓库目前没有配备专门的仓库管理员，而是由其他岗位兼任仓管一职，导致仓库管理混乱、账实不符。因为仓库管理混乱，不能准确掌握库存情况，有的材料库存短缺，影响到企业的生产，增加急用料使物流成本、采购成本上升。即使由专门人员负责仓储管理，因大多数企业库房已引进库存管理软件，但由于生产单位的材料员和一些保管员业务水平较低，缺乏专业的库房管理知识和计算机技能，导致仓储管理流于形式。

（3）合规风险等级

入库管理不当的合规风险等级为中等级。

仓库是企业存储和保管物料的重要场所，仓库管理是企业物流管理的核心工作，是企业供应链管理的一个基础环节，与其他部门息息相关。入库管理水平代表了一个企业总体的管理水平，高效的库存控制管理是企业经营革新、降低成本的重要一步，如何改进与提高库房管理水平，对企业保证生产供应、节约成本、提升企业竞争力具有现实意义。如不重视入库管理会导致企业经营生产无法正常有序进行，使得企业顺利生产和高效运作的后勤保障不复存在，增加企业成本影响生产经营，降低经济效益。

3. 合规风险处置

全面提高仓库管理水平，技术装备入库时严格对照合同、进货单或运单等凭证，核对数量并登记相关信息同时进行必要的外观验收，以切实掌握库存情况以及资产状况，以便准确核算生产成本。

严格执行仓库管理制度，并对相关工作责任人员进行入库管理培训，提高业务人员的专业素养。仓储管理工作人员除了要具备必需的业务知识外，还要拥有现代管理知识，安全生产与运作的管理知识，通晓现代仓储物流理论并不断应用到工作实践，熟悉库存物资的属性，应用大数据进行库房现场管理，及时准确提供数据，充分发掘库管物资的经济潜力，实现仓库管理新的飞跃。

4. 案例分析

仓库管理不当致危化品爆炸案①

（1）案件简介

某企业仓库存放有无色促进剂、过氧化甲乙酮、过氧化苯甲酸叔丁酯等化学物品，该企业仓库紧邻生产厂房和其他辅助性用房。仓库及车间均为一统开间，仅有一扇双开门，仓库的各类化学物品均相邻摆放，中间没有任何隔离，隔壁生产厂房产品的合成、过滤、配制、包装等均在同一空间，没有任何隔离。

某日，该公司车间按照订单批次生产产品，当天中午经检验生产的产品大概有 250kg 不合格需要进行回收无害处理，但是由于车间一直生产没有空间存放该批不合格产品，因此将该批次不合格产品堆放至隔壁仓库。下午，运料工袁某看到仓库口冒出大量橘黄色烟雾并冲出料液，瞬间燃烧爆炸，大约 15 分钟后，相邻两车间发生更猛烈的爆炸，除部分车间外，整个厂房坍塌，造成仓库及车间当班的 4 名作业人员死亡。

（2）争议焦点

爆炸发生的原因。

（3）事件结果

经过事故调查，得出事故结论：

---

① 裁判文书号：（2020）苏 05 民终 11015 号。

A. 直接原因

①临时堆放在邻间仓库的不合格产品与仓库其他物品产生可燃性混合反应因静电导致爆炸及持续燃烧，产生分解，发生更猛烈的爆炸。

②仓库结构不合理，从而使可燃性混合气体燃烧爆炸导致仓库内存有的其他物品发生持续燃烧。

B. 间接原因

①企业没有相应的安全生产及仓库库存管理制度和操作规程，没有事故应急救援预案。大部分作业人员及仓库管理人员没有经过危险化学品安全培训教育，对突发事故应急处理能力差。

②政府有关基层组织和职能部门监管不力，对辖区内危险化学品生产企业存在的问题和严重事故隐患没有给予有力的监督和及时查处。

（4）合规预警

本案中，对危险化学品未进行安全存储导致气体爆炸，产生人员死亡事故。企业应对于危险化学品的存储和管理建立严格的操作规程并认真执行，同时加强对全体员工的安全生产宣传教育，树立安全意识，提高事故应急处置能力。

（三）供应商管理不当的合规风险

1. 合规义务来源

（1）合规规范

《城市轨道交通运营管理规定》第九条第二款规定，运营单位应当在运营接管协议中明确相关土建工程、设施设备、系统集成的保修范围、保修期限和保修责任，并督促建设单位将上述内容纳入建设工程质量保修书。

第十条第二款规定，初期运营期间，运营单位应当按照设计标准和技术规范，对土建工程、设施设备、系统集成的运行状况和质量进行监控，发现存在问题或者安全隐患的，应当要求相关责任单位按照有关规定或者合同约定及时处理。

《城市轨道交通设施设备运行维护管理办法》第二十二条第一款规定，对于关键设施设备运行过程中暴露出来的软件安全隐患或缺陷，运营单位应及时组织供应商升级修复。对于新增功能或其他优化性的软件升级需求，应对功能变化和其他功能模块受影响情况进行充分论证后方可施行。

（2）责任后果

城市轨道交通企业作为技术密集型企业，采购技术装备之后供应商须履行技术交底义务并定期或者按照技术装备的招采文件进行技术培训和指导，如未履行相关技术交底和技术培训的义务，在城市轨道交通企业后续使用技术装备时可能会出现因资料不全导致无法及时排除设施设备技术故障只能等待供应商或者依靠委托第三方维修，增加经济成本，同时也因设备无法及时维修，影响城市轨道交通的正常运营，降低城市轨道交通企业的社会评价。

2. 合规风险评估

（1）合规风险事件、违规情形描述

车辆部、工务部、通号部、供电部、机电部培训管理岗以及技术岗的工作人员在采购部门交付技术装备后因问题意识不强未及时要求供应商进行技术培训和技术交底，作业人员未经培训而操作导致出现安全事故。在技术装备的质保期内，对于发生的设备故障相关工作人员未及时做好记录，没有对相应证据进行固定，导致在结算保证金时没有违约扣除依据，存在诉讼风险。

（2）合规风险产生原因

技术装备采购交付后相关部门工作人员对于要求供应商进行技术培训和技术交底的意识不强或即使经过技术交底或者培训也未及时保存技术设备的维护及应用的相关资料；在选择技术装备供应商时未进行信誉评级，仅仅以价格为依据进行选择而忽略了后续服务；在使用过程中对于技术装备出现的问题未及时要求供应商维修或者直接委托第三方进行维修给企业造成经济损失。

（3）合规风险等级

供应商管理不当的合规风险等级为高等级。

城市轨道交通工程是关系到国民生计的重大工程项目，若供应商交付技术装备时未履行相关技术交底和技术培训的义务或未提供完整使用操作方案，会导致城市轨道交通企业在运营过程中因错误操作出现故障甚至引发重大安全事故的风险，一旦发生相关事故，供应商不及时履行维护维修义务的则会使损失不断扩大，影响城市轨道交通的正常运营。

3. 合规风险处置

在运营日常管理过程中，及时要求供应商进行技术交底和提供培训指导，并作为供应商考核和质保金管理的中的重要内容。在采购文件一级质保文件中要求供应商作出如下保证：交付物为新制造并从未被使用过；符合采购合同约定的产品规格；具备产品应当具备的使用性能；满足法律规定的强制安全标准；无设计缺陷、无制造缺陷。交付时要求供应商提供储存、安装、集成、组装、检查、测试、维护、修理和大修等相关服务。在技术设备使用过程中，加强设备质保金管理和供应商监督和管理；对于供应商不能按照要求及时提供维保服务的，应通过书面或其他痕迹化管理方式对供应商履约情况进行确认，保留追究供应商违约责任的权利。

六、科技创新领域合规管理的风险识别、评估与处置

企业在科技创新领域的知识产权战略日趋成为企业总体经营战略的核心。加强企业知识产权管理是国内外知名企业能够在行业领先、享誉世界、长盛不衰的重要法宝。对于运营主体绝大多数为国有企业的城市轨道交通行业而言，由于其是壮大国家综合实力、保障人民共同利益、方便人民群众出行和引导城市发展的重要力量，在企业总体经营战略层面部署企业知识产权战略显得尤为重要。

国资委《关于加强中央企业知识产权工作的指导意见》明确要求，中央企业要将企业知识产权战略的研究制定放在企业知识产权工作的首位，要结合本企业改革发展的实际，针对有关重点领域、重要产业的知识产权特点和发展趋势，抓紧制定和完善本企业的知识产权战略，而这其中涉及的重要内容便是知识产权的合规管理。

在科技创新领域，合规风险较多地体现在著作权、专利权、商标权以及商业秘密权权益获取阶段、权益使用阶段以及发生纠纷阶段。

（一）职务作品和职务发明创造归属约定不明的合规风险

1. 合规义务来源

（1）合规规范

①职务作品

《著作权法》第十一条第三款规定，由法人或者非法人组织主持，代表法人或者非法人组织意志创作，并由法人或者非法人组织承担责任的作品，法人

或者非法人组织视为作者。

第十八条规定，自然人为完成法人或者非法人组织工作任务所创作的作品是职务作品，除本条第二款的规定以外，著作权由作者享有，但法人或者非法人组织有权在其业务范围内优先使用。作品完成两年内，未经单位同意，作者不得许可第三人以与单位使用的相同方式使用该作品。有下列情形之一的职务作品，作者享有署名权，著作权的其他权利由法人或者非法人组织享有，法人或者非法人组织可以给予作者奖励：（一）主要是利用法人或者非法人组织的物质技术条件创作，并由法人或者非法人组织承担责任的工程设计图、产品设计图、地图、示意图、计算机软件等职务作品；……（三）法律、行政法规规定或者合同约定著作权由法人或者非法人组织享有的职务作品。

②职务发明创造

《专利法》第六条规定，执行本单位的任务或者主要是利用本单位的物质技术条件所完成的发明创造为职务发明创造。职务发明创造申请专利的权利属于该单位，申请被批准后，该单位为专利权人……利用本单位的物质技术条件所完成的发明创造，单位与发明人或者设计人订有合同，对申请专利的权利和专利权的归属作出约定的，从其约定。

《专利法实施细则》第十二条规定，专利法第六条所称执行本单位的任务所完成的职务发明创造，是指：（一）在本职工作中作出的发明创造；（二）履行本单位交付的本职工作之外的任务所作出的发明创造；（三）退休、调离原单位后或者劳动、人事关系终止后 1 年内作出的，与其在原单位承担的本职工作或者原单位分配的任务有关的发明创造。专利法第六条所称本单位，包括临时工作单位；专利法第六条所称本单位的物质技术条件，是指本单位的资金、设备、零部件、原材料或者不对外公开的技术资料等。

（2）责任后果

法律法规关于职务作品以及职务发明创造归属的规定较为复杂，导致在个案中区分标准并不明显，若城市轨道交通企业在员工入职时或开展相关研发项目前未对其在职期间或研发过程中的工作成果归属订立书面协议，易造成城市轨道交通企业卷入相关作品、发明创造归属纠纷之中，拖延相关项目科技研发进度，可能对城市轨道交通企业知识产权战略的实施产生不利影响。

2. 合规风险评估

（1）合规风险事件、违规情形描述

城市轨道交通企业知识产权管理岗位相关工作人员在员工入职时或开展相关研发项目前，未与员工就职务作品、职务发明创造的归属作出明确约定，可能导致城市轨道交通企业卷入相关作品、发明创造归属的纠纷。

（2）合规风险产生原因

虽然法律法规有关职务作品以及职务发明创造的归属存在相对完善的规定，但是“由法人或者非法人组织主持，代表法人或者非法人组织意志创作，并由法人或者非法人组织承担责任”“完成法人或者非法人组织工作任务所创作”“执行本单位的任务或者主要是利用本单位的物质技术条件所完成”等相关法定判断标准在实践中较难举证证明且存在个案判断标准不一的情况。

城市轨道交通企业知识产权管理岗位相关工作人员对上述合规风险认识不足，在员工入职时或开展相关研发项目前未对员工在职期间或研发过程中的工作成果归属订立书面协议，事前处置措施不到位造成相关合规风险事件产生。

（3）合规风险等级

职务作品和职务发明创造归属约定不明的合规风险等级为高等级。

由于对职务作品和职务发明创造归属的有关约定认识不足，实践中较易产生职务作品和职务发明创造归属约定不明的合规风险。如在员工入职时或开展相关研发项目前未对其在职期间或研发过程中的工作成果归属订立书面协议，造成城市轨道交通企业卷入相关作品、发明创造归属纠纷之中，可能产生拖延相关项目科技研发进度、阻碍城市轨道交通企业知识产权战略推进的不利后果。

3. 合规风险处置

在员工入职时或开展相关研发项目前对其在职期间或研发过程中的工作成果（包括但不限于作品、发明创造、代码、数据等技术成果）归属订立书面协议，对员工在职期间、离职后以及开展特定研发项目过程中所产生的工作成果的归属予以明确约定，以减少争议，减少或规避相关知识产权归属争议以及侵权风险。

4. 案例分析

某地铁运营公司未与其技术研发人员明确约定研发项目技术成果归属的职务发明创造归属争议案件①

（1）案件简介

2011 年 1 月地铁运营公司成立，杨某即至地铁运营公司工作，历任总经理、副董事长兼总工程师等岗位，负责地铁运营公司研发项目，2013 年 10 月 1 日杨某从地铁运营公司离职。

2013 年 12 月，地铁运营公司通过专利检索，发现杨某将其在地铁运营公司任职期间的发明创造“某氨基树脂及其制备方法”（以下简称“诉争专利”）擅自申请为专利共有权人。地铁运营公司认为，诉争专利系杨某在本职工作中作出的职务发明，专利权应归属地铁运营公司独有，故诉至法院，请求判令确认诉争专利的申请权为地铁运营公司独有、杨某立即履行协助办理变更诉争专利权为地铁运营公司独有之相关手续。杨某辩称，诉争专利的技术方案和配方设计形成于其入职地铁运营公司之前，其在地铁运营公司只是完成了验证实验，并口头约定专利权为双方共有。

（2）争议焦点

诉争专利是否属于职务发明创造问题?

（3）裁判结果

根据杨某的入职时间、诉争专利的申请时间、地铁运营公司经营范围、诉争专利涉及的技术领域、杨某在诉讼中的相关陈述，应认定该专利技术方案系杨某在地铁运营公司任职期间所作出的、与杨某执行的本单位任务有关的发明创造。杨某声称诉争专利技术方案系其在入职前即已形成的抗辩主张，但对此未能举证证明。即便诉争专利技术方案的确形成于杨某入职前，但因其接受了地铁运营公司的相应工作安排，故仍可视为杨某自愿将诉争专利技术方案作为其执行本单位任务的工作成果。

关于地铁运营公司与杨某之间是否对诉争专利的权属存在共有约定问题。地铁运营公司否认双方曾口头约定诉争专利由双方共有，但从地铁运营公司知晓诉争专利的专利权登记为地铁运营公司、杨某共有的时间点起算，至杨某离

---

① 裁判文书号：(2015) 苏知民终字第 00139 号。

职前的长达两年半的时间内，未曾对诉争专利为共有提出异议，从侧面佐证了杨某关于双方已约定诉争专利共有的陈述内容。

综上所述，虽然诉争专利系杨某在地铁运营公司任职期间所完成的职务发明创造，但因双方间存在共有诉争专利的约定，故诉争专利应由双方共有。基于此，法院判决驳回地铁运营公司的诉讼请求。

（4）合规预警

对于城市轨道交通企业而言，应当建立完善的知识产权监管制度，在员工入职时或开展相关研发项目前对其在职期间或研发过程中的工作成果（包括但不限于作品、发明创造、代码、数据等技术成果）归属订立书面协议，对员工在职期间、离职后以及开展特定研发项目过程中所产生的工作成果的归属予以明确约定，以防止城市轨道交通企业花费大量研发成本所形成的技术成果，被员工申请至其个人名下，产生职务作品和职务发明创造归属条款约定不明的合规风险。

（二）商标注册申请类别不全、标识不全面的合规风险

1. 合规义务来源

（1）合规规范

《商标法》第四条第一款规定，自然人、法人或者其他组织在生产经营活动中，对其商品或者服务需要取得商标专用权的，应当向商标局申请商标注册。不以使用为目的的恶意商标注册申请，应当予以驳回。

第九条第一款规定，申请注册的商标，应当有显著特征，便于识别，并不得与他人在先取得的合法权利相冲突。

第二十二条规定，商标注册申请人应当按规定的商品分类表填报使用商标的商品类别和商品名称，提出注册申请。

商标注册申请人可以通过一份申请就多个类别的商品申请注册同一商标。

商标注册申请等有关文件，可以以书面方式或者数据电文方式提出。

第五十六条规定，注册商标的专用权，以核准注册的商标和核定使用的商品为限。

第五十七条规定，有下列行为之一的，均属侵犯注册商标专用权：

（一）未经商标注册人的许可，在同一种商品上使用与其注册商标相同的商标的；（二）未经商标注册人的许可，在同一种商品上使用与其注册商标近

似的商标，或者在类似商品上使用与其注册商标相同或者近似的商标，容易导致混淆的；（三）销售侵犯注册商标专用权的商品的；（四）伪造、擅自制造他人注册商标标识或者销售伪造、擅自制造的注册商标标识的；（五）未经商标注册人同意，更换其注册商标并将该更换商标的商品又投入市场的；（六）故意为侵犯他人商标专用权行为提供便利条件，帮助他人实施侵犯商标专用权行为的；（七）给他人的注册商标专用权造成其他损害的。

（2）责任后果

根据我国商标法的规定，只要商标注册申请人按照规定向商标局提交《商标注册申请书》、商标图样、身份证明文件等所要求的文件，办理相关手续，商标局予以受理的，商标注册申请人的商标注册申请就是合法的，我国商标法并不要求商标注册申请时提交使用的证据，在商标注册主义模式之下抢注商标现象频发。

若城市轨道交通企业在相关核心商标注册申请时存在申请注册商标的类别不全、标识不全面的问题，则可能导致其他主体抢注相关核心商标或申请注册与相关核心商标标识相近似的商标，使相关消费者产生混淆，对城市轨道交通企业的商誉产生负面影响。

2. 合规风险评估

（1）合规风险事件、违规情形描述

城市轨道交通企业知识产权管理岗位相关工作人员，在相关核心商标申请注册时申请注册类别不全、申请注册标识不全面，导致其他主体抢注相关核心商标或申请注册与相关核心商标标识相近似的商标，使相关消费者产生混淆，产生损害城市轨道交通企业商誉的后果。

（2）合规风险产生原因

出现商标注册申请类别不全、标识不全面的情形，一般是由于城市轨道交通企业对保护性商标以及实践中抢注商标现象频发的认识不足，在相关核心商标注册申请过程中疏忽大意而导致的。

（3）合规风险等级

商标注册申请类别不全、标识不全面的合规风险等级为中等级。

由于城市轨道交通企业对保护性商标以及实践中抢注商标现象频发的认识不足，较易产生商标注册申请类别不全、标识不全面的合规风险。如城市轨道交通企业疏忽大意，在相关核心商标申请注册时申请注册的类别不全、标识不全面，导致其他主体抢注相关核心商标或申请注册与相关核心商标标识相近似的商标，使相关消费者产生混淆，产生损害城市轨道交通企业商誉的后果。

3. 合规风险处置

在相关核心商标申请注册过程中原则上应尽量多类别，甚至全类别申请注册相关核心商标，并且增加相近似标识商标的注册申请，扩大相关核心商标的保护范围，以最大限度地规避商标抢注现象。

（三）未采取适当保密措施导致商业秘密泄露的合规风险

1. 合规义务来源

（1）合规规范

《反不正当竞争法》第九条规定，经营者不得实施下列侵犯商业秘密的行为：

（一）以盗窃、贿赂、欺诈、胁迫、电子侵入或者其他不正当手段获取权利人的商业秘密；

（二）披露、使用或者允许他人使用以前项手段获取的权利人的商业秘密；

（三）违反保密义务或者违反权利人有关保守商业秘密的要求，披露、使用或者允许他人使用其所掌握的商业秘密；

（四）教唆、引诱、帮助他人违反保密义务或者违反权利人有关保守商业秘密的要求，获取、披露、使用或者允许他人使用权利人的商业秘密。

经营者以外的其他自然人、法人和非法人组织实施前款所列违法行为的，视为侵犯商业秘密。

第三人明知或者应知商业秘密权利人的员工、前员工或者其他单位、个人实施本条第一款所列违法行为，仍获取、披露、使用或者允许他人使用该商业秘密的，视为侵犯商业秘密。

本法所称的商业秘密，是指不为公众所知悉、具有商业价值并经权利人采取相应保密措施的技术信息、经营信息等商业信息。

《最高人民法院关于审理侵犯商业秘密民事案件适用法律若干问题的规定》第一条规定，与技术有关的结构、原料、组分、配方、材料、样品、样式、植物新品种繁殖材料、工艺、方法或其步骤、算法、数据、计算机程序及其有关文档等信息，人民法院可以认定构成反不正当竞争法第九条第四款所称的技术信息。

与经营活动有关的创意、管理、销售、财务、计划、样本、招投标材料、客户信息、数据等信息，人民法院可以认定构成反不正当竞争法第九条第四款所称的经营信息。

前款所称的客户信息，包括客户的名称、地址、联系方式以及交易习惯、意向、内容等信息。

第五条规定，权利人为防止商业秘密泄露，在被诉侵权行为发生以前所采取的合理保密措施，人民法院应当认定为反不正当竞争法第九条第四款所称的相应保密措施。

人民法院应当根据商业秘密及其载体的性质、商业秘密的商业价值、保密措施的可识别程度、保密措施与商业秘密的对应程度以及权利人的保密意愿等因素，认定权利人是否采取了相应保密措施。

第十条规定，当事人根据法律规定或者合同约定所承担的保密义务，人民法院应当认定属于反不正当竞争法第九条第一款所称的保密义务。

当事人未在合同中约定保密义务，但根据诚信原则以及合同的性质、目的、缔约过程、交易习惯等，被诉侵权人知道或者应当知道其获取的信息属于权利人的商业秘密的，人民法院应当认定被诉侵权人对其获取的商业秘密承担保密义务。

（2）责任后果

近年来，企业中高层管理人员、主要技术人员流动频繁，员工被竞争对手高薪挖走、商业秘密泄露现象日渐频发，对于城市轨道交通企业而言，其存在很多尚未获得著作权、专利权保护，需要通过商业秘密权进行保护的技术方法、步骤、算法、数据、计算机程序及其有关文档等技术信息，若城市轨道交通企业未就此采取相应保密措施，造成商业秘密泄露，不仅会给城市轨道交通企业造成较大经济损失，还会对城市轨道交通企业事后的诉讼维权产生不利影响。

2. 合规风险评估

（1）合规风险事件、违规情形描述

城市轨道交通企业知识产权管理岗位相关工作人员，未根据技术信息等商业秘密及其载体的性质、商业价值采取对应加密、数据保护、与员工或合作方签订相关保密协议等保密措施，导致商业秘密泄露，从而产生较大经济损失的后果。

（2）合规风险产生原因

未采取适当保密措施导致商业秘密泄露的情形，一般是由于城市轨道交通企业对于商业秘密概念和如何保护商业秘密，以及何种信息构成商业秘密均缺乏基本的法律常识，未事先对技术信息予以定性、分类和采取相关保密措施而导致的。

（3）合规风险等级

未采取适当保密措施导致商业秘密泄露的合规风险等级为高等级。

由于城市轨道交通企业商业秘密保护意识缺失问题较为普遍，较易产生未采取适当保密措施导致商业秘密泄露的合规风险。如城市轨道交通企业事先未对技术信息予以定性、分类和采取相关保密措施，可能因商业秘密被员工或合作方泄露，导致产生较大经济损失。

3. 合规风险处置

商业秘密，是指不为公众所知悉，能为权利人带来经济利益，具有实用性并经权利人采取保密措施的技术信息和经营信息。商业秘密能否受到法律保护，关键之一是权利人采取了保密措施，如制定相关保密管理规章制度对商业秘密实施分级和权限管理、实施邮件隔离、信息加密、开展员工培训、重要商业秘密储存于服务器并设置数据安全保护、事先与员工或合作方签署保密协议等措施，对技术研发从创意、立项开始的整个研发过程采取保密措施，防止商业秘密因环节疏漏而出现丧失秘密性、泄露的合规风险。

4. 案例分析

某地铁资源经营公司未对技术信息采取合理保密措施导致商业秘密泄露且维权失败案件①

（1）案件简介

李某为某地铁资源经营公司技术副总，主持研究开发了某新型产品。某地铁资源经营公司下发了《商业秘密保护规则》（讨论稿）（以下简称“保护规则”）至各部门征求意见，但直至该保护规则正式下发时才在保护规则中明确规定了李某主持研发的新型产品的生产技术系公司商业秘密。后李某携其他几位技术人员离开某地铁资源经营公司自行成立了一家公司，并开展了与上述新

① 裁判文书号：（2014）中中法民六终字第323号。

兴产品相类似产品的生产和销售。某地铁资源经营公司知悉后，便以李某及其新成立的公司为被告向人民法院提起了诉讼，要求停止侵权，并要求赔偿损失人民币 200 万元。

（2）争议焦点

李某及其公司的行为是否构成侵犯某地铁资源经营公司的商业秘密权？

（3）裁判结果

法院经审理后认为，生产新型产品的技术在李某等离开某地铁资源经营公司时未采取保密措施，不构成某地铁资源经营公司的商业秘密，因此李某及其公司不构成侵权，依法驳回了某地铁资源经营公司的全部诉讼请求。

（4）合规预警

本案揭示了城市轨道交通企业对技术信息采取必要保密措施的重要性，若权利人事先未对相关技术信息予以定性、分类和采取相关保密措施，不仅容易造成相关技术信息泄露，而且可能因相关技术信息不符合商业秘密三要素之一的“采取合理保密措施”，而被法院认定不构成商业秘密，进而给城市轨道交通企业造成较大经济损失。

七、招标集采领域合规管理的风险识别、评估与处置

近几年来，全国 30 多个城市动工兴建或运营城市轨道交通网线。政府作为投资方，对城市轨道交通项目建设实施了全方位管理，建立了项目法人责任制、合同管理制、工程监理制和招投标制等制度。而招投标制度作为城市轨道交通工程项目管理的一个重要分支，在建设管理部门中所占的权重越来越大。

招标集采合规管理是对工程项目招投标所有过程进行的全方位合规管理。众所周知，城市轨道交通建设工程管理涉及方方面面，涵盖城市轨道交通企业的生产、供应、销售各个环节，它们是通过招标集采来连接的。有些环节在复杂的招标集采过程中，往往容易引起纠纷。如果招标集采合规管理混乱，将会严重影响城市轨道交通企业的经济效益和可持续发展。

在招标集采领域，合规风险较多体现在招标、投标、开标、评标、定标以及合同签订六个阶段。

（一）工程项目应招标未招标的合规风险

1. 合规义务来源

（1）合规规范

《招标投标法》第三条规定，在中华人民共和国境内进行下列工程建设项目包括项目的勘察、设计、施工、监理以及与工程建设有关的重要设备、材料等的采购，必须进行招标：

（一）大型基础设施、公用事业等关系社会公共利益、公众安全的项目；

（二）全部或者部分使用国有资金投资或者国家融资的项目；

（三）使用国际组织或者外国政府贷款、援助资金的项目。

前款所列项目的具体范围和规模标准，由国务院发展计划部门会同国务院有关部门制订，报国务院批准。

法律或者国务院对必须进行招标的其他项目的范围有规定的，依照其规定。

第四条规定，任何单位和个人不得将依法必须进行招标的项目化整为零或者以其他任何方式规避招标。

第四十九条规定，违反本法规定，必须进行招标的项目而不招标的，将必须进行招标的项目化整为零或者以其他任何方式规避招标的，责令限期改正，可以处项目合同金额千分之五以上千分之十以下的罚款；对全部或者部分使用国有资金的项目，可以暂停项目执行或者暂停资金拨付；对单位直接负责的主管人员和其他直接责任人员依法给予处分。

《必须招标的工程项目规定》第二条规定，全部或者部分使用国有资金投资或者国家融资的项目包括：（一）使用预算资金200万元人民币以上，并且该资金占投资额10%以上的项目；（二）使用国有企业事业单位资金，并且该资金占控股或者主导地位的项目。

第三条规定，使用国际组织或者外国政府贷款、援助资金的项目包括：（一）使用世界银行、亚洲开发银行等国际组织贷款、援助资金的项目；（二）使用外国政府及其机构贷款、援助资金的项目。

第四条规定，不属于本规定第二条、第三条规定情形的大型基础设施、公用事业等关系社会公共利益、公众安全的项目，必须招标的具体范围由国务院发展改革部门会同国务院有关部门按照确有必要、严格限定的原则制订，报国务院批准。

第五条规定，本规定第二条至第四条规定范围内的项目，其勘察、设计、施工、监理以及与工程建设有关的重要设备、材料等的采购达到下列标准之一的，必须招标：

（一）施工单项合同估算价在 400 万元人民币以上；

（二）重要设备、材料等货物的采购，单项合同估算价在 200 万元人民币以上；

（三）勘察、设计、监理等服务的采购，单项合同估算价在 100 万元人民币以上。

同一项目中可以合并进行的勘察、设计、施工、监理以及与工程建设有关的重要设备、材料等的采购，合同估算价合计达到前款规定标准的，必须招标。

《最高人民法院关于审理建设工程施工合同纠纷案件适用法律问题的解释（一）》第一条第一款规定，建设工程施工合同具有下列情形之一的，应当依据民法典第一百五十三条第一款的规定，认定无效：（一）承包人未取得建筑业企业资质或者超越资质等级的；（二）没有资质的实际施工人借用有资质的建筑施工企业名义的；（三）建设工程必须进行招标而未招标或者中标无效的。

（2）责任后果

判断城市轨道交通工程项目是否属于必须招投的工程项目是城市轨道交通项目建设前的基础性工作，在城市轨道交通项目建设前需要从项目类型、事项以及标准三个方面对城市轨道交通工程项目予以严格审查，一旦确定属于法定必须招标的工程项目，城市轨道交通企业应通过公开招标程序确定相关城市轨道交通项目的供应商，否则城市轨道交通企业将面临行政罚款、暂停项目执行或资金拨付、对直接负责人员予以处分、签订合同无效等不利后果。

2. 合规风险评估

（1）合规风险事件、违规情形描述

城市轨道交通企业建设管理部门相关工作人员未严格按照相关法律规定从项目类型、事项以及标准三个方面对城市轨道交通工程项目予以严格审查，对法定应通过公开招标程序确定供应商的城市轨道交通项目实际仅通过三方比价、竞争性磋商等私下协商的形式进行，或在明知违反相关强制性规定的情况下，出于个人私利与特定供应商进行幕后交易和暗箱操作，通过将项目化整为零或者以其他任何方式规避招标，从而导致工程项目应招标未招标的合规风险产生。

（2）合规风险产生原因

出于保障公平竞争，提高招标采购质量效益，预防企业尤其是国有企业腐败的原因，我国形成了较为完善的招投标制度体系，对于企业性质多数为国有企业的城市轨道交通企业来说，其很多工程项目涉及基础设施建设且投资额较大，较容易满足法定应招标的工程项目的条件。

城市轨道交通企业建设管理部门相关工作人员在工程建设项目招标审查阶段未严格按照相关法律规定从项目类型、事项以及标准三个方面对城市轨道交通工程项目予以严格审查，或利用城市轨道交通企业相关内控管理制度的漏洞，出于个人私利与特定供应商进行幕后交易和暗箱操作，通过将项目化整为零或者以其他任何方式规避招标，从而出现上述合规风险。

（3）合规风险等级

工程项目应招标未招标的合规风险等级为中等级。

由于对应依法招标工程项目的相关法律规定认识不足，实践中较易产生城市轨道交通工程项目应招标未招标的合规风险。如对城市轨道交通项目的项目类型、涉及事项以及合同估算数额等标准未严格审核，未对应招标的项目履行公开招标程序，或者采取化整为零等规避招标的不法行为规避招标程序，将可能造成相关城市轨道交通工程项目建设停滞、失去国有资金保障，甚至签订合同的效力被法院宣告无效等严重影响城市轨道交通工程建设进度的不利后果。

3. 合规风险处置

城市轨道交通企业应理顺企业内部的招标集采管理流程，制定相关企业招标规范指引，对法律法规规定的应招标工程项目的具体规定，结合本企业的经营管理实践予以细化和完善，并着重加强对建设管理部门相关工作人员的培训，积极开展廉洁、遵纪守法和案例警示等形式多样的事前教育，大力提升相关工作人员的专业素质、道德修养和拒腐防变能力。

4. 案例分析

某地铁公司因未通过公开招标程序确定某市某号线一期轨道工程监理单位导致相关监理合同被法院宣告无效①

（1）案件简介

2013 年 4 月 25 日，通过非公开三方比价程序，某监理公司与某地铁公司签署《建设工程委托监理合同》，约定某地铁公司委托某监理公司对某市某号线一期轨道工程进行轨道工程监理，上述合同第三十九条约定，本工程监理服务收费计费额按人民币 682.52 万元计取。

2016 年 12 月 31 日，双方签署《补充协议》，载明：就本工程监理延期服务费，签订监理合同补充协议如下：一、监理延期服务工作费用计算依据。二、监理延期服务工作现场实际监理工程师人数及日费用标准。三、监理延期服务工作时间计算。四、监理延期服务工作费用支付方式。

因某地铁公司拖欠监理费，某监理公司向法院起诉。

（2）争议焦点

涉案监理合同是否有效？

（3）裁判结果

涉案工程属于国有资金投资的项目，按照《招标投标法》等规定，属于依法必须招标的项目，而涉案工程的监理合同未经招标程序，故双方所签《建设工程委托监理合同》及相关补充协议应属无效。

（4）合规预警

城市轨道交通企业应对城市轨道交通项目的项目类型、涉及事项以及合同估算数额等标准予以严格审核，以确定是否属于依法必须招标的工程项目，一旦确定属于依法必须招标的工程，应通过公开招标程序确定供应商，否则可能导致签订合同被法院认定无效，被主管部门罚款、直接负责人员被行政处分等不利后果。

① 裁判文书号：（2019）京 0106 民初 8406 号。

（二）歧视、限制、排斥投标人的合规风险

1. 合规义务来源

（1）合规规范

《招标投标法》第十八条第二款规定，招标人不得以不合理的条件限制或者排斥潜在投标人，不得对潜在投标人实行歧视待遇。

第五十一条规定，招标人以不合理的条件限制或者排斥潜在投标人的，对潜在投标人实行歧视待遇的，强制要求投标人组成联合体共同投标的，或者限制投标人之间竞争的，责令改正，可以处一万元以上五万元以下的罚款。

《招标投标法实施条例》第三十二条规定，招标人不得以不合理的条件限制、排斥潜在投标人或者投标人。

招标人有下列行为之一的，属于以不合理条件限制、排斥潜在投标人或者投标人：

（一）就同一招标项目向潜在投标人或者投标人提供有差别的项目信息；

（二）设定的资格、技术、商务条件与招标项目的具体特点和实际需要不相适应或者与合同履行无关；

（三）依法必须进行招标的项目以特定行政区域或者特定行业的业绩、奖项作为加分条件或者中标条件；

（四）对潜在投标人或者投标人采取不同的资格审查或者评标标准；

（五）限定或者指定特定的专利、商标、品牌、原产地或者供应商；

（六）依法必须进行招标的项目非法限定潜在投标人或者投标人的所有制形式或者组织形式；

（七）以其他不合理条件限制、排斥潜在投标人或者投标人。

（2）责任后果

实践中，出于维护长期合作关系、人情等原因，招标人常设置含有倾向或者排斥潜在投标人的不合理招标条件，实施形式招标、虚假招标、明招暗定等违法行为，如出现违反《招标投标法实施条例》规定的情形，可能会导致罚款等不利后果。

2. 合规风险评估

（1）合规风险事件、违规情形描述

城市轨道交通企业建设管理部门相关工作人员，在制定相关招标文件的过程中设定与招标项目的具体特点和实际需要不相适应或者与合同履行无关等不合理限制、排斥潜在投标人的技术、商务、资格资质等条件，从而导致城市轨道交通企业遭受罚款等不利后果。

（2）合规风险产生原因

歧视、限制、排斥投标人的情形，多数发生于工程项目招标文件制定阶段，城市轨道交通企业相关工程管理人员出于维护长期合作关系、人情等原因，违背招标程序公平、公正的基本原则，与特定投标人互相勾结，从而出现上述合规风险。

（3）合规风险等级

歧视、限制、排斥投标人的合规风险等级为高等级。

由于城市轨道交通企业在招标文件制定阶段较容易设置与招标项目的具体特点和实际需要不相适应或者与合同履行无关等不合理的招标条件，较易产生歧视、限制、排斥投标人的合规风险。如在招标文件中设置歧视、限制、排斥投标人的不合理技术、商务、资格资质等条件，可能因违反相关规定遭受行政处罚，如因此导致招标项目中止，甚至需要重新招标，则可能会造成招标费用浪费等财产损失，甚至可能影响相关城市轨道交通工程项目的建设计划。

3. 合规风险处置

在制定招标文件过程中应当遵循公开、公平、公正和诚实信用的原则，根据招标项目的具体特点和合同履行的实际需要，设置合理的招标条件，并且应加强招标采购管理规范化、制度化、一体化建设，明确拟公开发布的招标文件交由法律合规部门最终审核，强化不同部门之间、不同岗位之间相互监督的职能。

4. 案例分析

某地铁公司设定不合理招标条件限制或者排斥潜在投标人被予以行政处罚①

（1）案件简介

2020 年 1 月 20 日，某地铁公司在某地铁安检系统设备采购项目招标时，

---

① 参见《2020 年度市住建局行政处罚十大典型案例（第七期）》，载无锡市人民政府网，http：//www.wuxi.gov.cn/doc/2020/12/30/3154842.shtml，最后访问日期：2022 年 8 月 26 日。

发布的招标公告中要求“投标人在招标公告发布之日前5年整期间需具有国内城市轨道交通X射线安检设备已完成供货业绩（合同金额需达200万元人民币及以上）”，遭到投诉后，某地铁公司于2020年3月3日发布了第二次招标公告，要求“投标人须具有在招标公告发布之日前5年整期间国内双光源双视角X射线安全检查设备已完成供货业绩（合同金额需达到500万元人民币及以上）”，再次遭到投诉。2020年4月2日，某市住建综合行政执法支队对某地铁公司涉嫌违法行为予以立案调查。

（2）争议焦点

某地铁公司的招标要求是否属于以不合理的条件限制或者排斥潜在投标人?

（3）处理结果

执法部门经查办后认为，某地铁公司的上述行为违反了《招标投标法》第十八条第二款的有关规定，属于以不合理的条件限制或者排斥潜在投标人，对潜在投标人实行歧视待遇，并且属多次违法行为。因此，决定责令某地铁公司改正，并处罚款5万元。

（4）合规预警

本案揭示了在招标文件制定阶段设置不合理的招标条件，歧视、限制、排斥投标人的合规风险。在实践中，出于维护长期合作关系、人情等原因，较容易设置与招标项目的具体特点和实际需要不相适应或者与合同履行无关等不合理的招标条件，从而歧视、限制、排斥潜在投标人。这可能导致城市轨道交通企业遭受行政处罚，如因此导致招标项目中止，甚至需要重新招标，则可能会造成招标费用浪费等财产损失，甚至可能影响相关城市轨道交通工程项目的建设计划。因此，在制定招标文件过程中应当遵循公开、公平、公正和诚实信用的原则，根据招标项目的具体特点和合同履行的实际需要，设置合理的招标条件，并且应加强招标采购管理规范化、制度化、一体化建设。

（三）违反招投标回避制度的合规风险

1. 合规义务来源

（1）合规规范

《招标投标法实施条例》第二十七条第二款规定，接受委托编制标底的中介机构不得参加受托编制标底项目的投标，也不得为该项目的投标人编制投标文件或者提供咨询。

第三十四条规定，与招标人存在利害关系可能影响招标公正性的法人、其他组织或者个人，不得参加投标。

单位负责人为同一人或者存在控股、管理关系的不同单位，不得参加同一标段投标或者未划分标段的同一招标项目投标。

违反前两款规定的，相关投标均无效。

《工程建设项目施工招标投标办法》第三十五条规定，投标人是响应招标、参加投标竞争的法人或者其他组织。招标人的任何不具独立法人资格的附属机构（单位），或者为招标项目的前期准备或者监理工作提供设计、咨询服务的任何法人及其任何附属机构（单位），都无资格参加该招标项目的投标。

（2）责任后果

为了保证招标公正，防止利益输送和损害招标人和投标人利益的情况发生，法律法规原则上禁止与招标人存在利害关系且可能影响招标公正性的法人、其他组织或者个人参加投标，若城市轨道交通企业在投标人资格审查阶段未尽到必要的审慎注意义务，允许与其有利害关系且可能影响招标公正性的投标人参加投标，则可能遭受相关投标、中标被认定无效，需要重新组织招标等不利后果。

2. 合规风险评估

（1）合规风险事件、违规情形描述

城市轨道交通企业建设管理部门相关工作人员或受委托招标代理机构人员，在投标人资格审查阶段未尽必要审慎注意义务，允许与招标人有利害关系且可能影响招标公正性的投标人参加投标，产生相关投标、中标被认定无效，需要重新组织招标等不利后果。

（2）合规风险产生原因

法律法规虽然明确列举了部分与招标人有利害关系且可能影响招标公正性的投标人具体回避情形，如接受委托编制标底的中介机构不得参加受托编制标底项目的投标、招标人下属不具备独立法人资格的附属机构（单位），或者为招标项目的前期准备或者监理工作提供设计、咨询服务的任何法人及其任何附属机构（单位）不得参与该项目的招标，但是除法律法规明确列举的情形之外，对如何认定投标人属于“与招标人存在利害关系且可能影响招标公正性”缺乏具体操作指引。因此，实践中在投标人资格审查阶段较容易出现因疏忽大意，未尽必要审慎注意义务，允许与招标人有利害关系且可能影响招标公正性的投标人参加投标的情形，从而出现上述合规风险。

（3）合规风险等级

违反招投标回避制度的合规风险等级为中等级。

在投标人资格审查阶段较容易出现因疏忽大意，未尽必要审慎注意义务，允许与招标人有利害关系且可能影响招标公正性的投标人参加投标等违反招投标回避制度的合规风险。如与招标人有利害关系且可能影响招标公正性的投标人被允许参加了投标，则可能产生相关投标、中标被认定无效，需要重新招标等不利后果。

3. 合规风险处置

在投标人资格审查阶段应对投标人与招标人之间是否存在股权等管理关系，是否参与招标项目前期准备等情形进行严格审查，一旦认定投标人与招标人存在利害关系，且若允许其参加投标将可能导致影响招标公正性的情况产生，则应当不予通过对其的资格审查，拒绝其参与后续招标活动。

4. 案例分析

与招标人存在利害关系的投标人违背招投标回避制度要求参与招标活动导致中标无效①

（1）案件简介

2013 年 6 月 8 日，某地产公司作为小区建设单位，通过招投标的方式选聘其对外投资的某物业公司为小区的前期物业服务企业，并对招标结果进行了公示。2015 年 3 月 1 日，某物业公司进场开展前期物业服务工作。2016 年 3 月 1 日，某地产公司从某物业公司退出。2018 年 3 月，某地产公司因资不抵债向人民法院申请破产重组。2018 年 8 月 31 日，某物业公司向该小区所在社区居民委员会及房屋管理局提交了《关于小区项目的物业服务撤场报告》，提出于 2018 年 9 月 10 日撤离小区的物业服务。随后，某物业公司起诉要求某地产公司支付 2015 年 8 月 1 日至 2018 年 8 月 31 日的物业服务费、公摊费。

① 裁判文书号：（2019）渝 0116 民初 12150 号。

（2）争议焦点

某物业公司的中标是否有效?

（3）裁判结果

法院经审理后认为，根据《物业管理条例》第二十四条的规定，国家提倡建设单位按照房地产开发与物业管理相分离的原则，通过招投标的方式选聘物业服务企业。住宅物业的建设单位，应当通过招投标的方式选聘物业服务企业。《招标投标法实施条例》第三十四条第一款规定，与招标人存在利害关系可能影响招标公正性的法人、其他组织或者个人，不得参加投标。该条第三款规定，违反前两款规定的，相关投标均无效。本案中，某物业公司与某地产公司虽均为独立的法人主体，但在招标投标时，某地产公司系某物业公司的股东之一，存在明显的利害关系，其参加投标导致相关项目招标的公正性受到损害，故相关中标无效。但鉴于某物业公司实际进驻小区提供了物业服务，故本院综合考虑某物业公司提供的物业服务内容、小区的实际情况等因素，综合确定物业服务价格。

（4）合规预警

本案揭示了违反招投标回避制度的合规风险。在实践中，在投标人资格审查阶段较容易出现因疏忽大意，未尽必要审慎注意义务，允许与招标人有利害关系且可能影响招标公正性的投标人参加投标。这将可能导致相关投标、中标被认定无效，需要重新组织招标等不利后果产生。因此，招标人在投标人资格审查阶段应对投标人与招标人之间是否存在股权等管理关系，是否参与相关招标项目前期准备等情形进行严格审查，严格遵守招投标回避制度的要求，以防范相关合规风险出现。

（四）签订与招投标文件实质性内容不一致合同的合规风险

1. 合规义务来源

（1）合规规范

《招标投标法实施条例》第五十七条第一款规定，招标人和中标人应当依照招标投标法和本条例的规定签订书面合同，合同的标的、价款、质量、履行期限等主要条款应当与招标文件和中标人的投标文件的内容一致。招标人和中标人不得再行订立背离合同实质性内容的其他协议。

第七十五条规定，招标人和中标人不按照招标文件和中标人的投标文件订立合同，合同的主要条款与招标文件、中标人的投标文件的内容不一致，或者招标人、中标人订立背离合同实质性内容的协议的，由有关行政监督部门责令改正，可以处中标项目金额5‰以上10‰以下的罚款。

《最高人民法院关于审理建设工程施工合同纠纷案件适用法律问题的解释（一）》第二条规定，招标人和中标人另行签订的建设工程施工合同约定的工程范围、建设工期、工程质量、工程价款等实质性内容，与中标合同不一致，一方当事人请求按照中标合同确定权利义务的，人民法院应予支持。

招标人和中标人在中标合同之外就明显高于市场价格购买承建房产、无偿建设住房配套设施、让利、向建设单位捐赠财物等另行签订合同，变相降低工程价款，一方当事人以该合同背离中标合同实质性内容为由请求确认无效的，人民法院应予支持。

（2）责任后果

出于变相压低工程款、压缩工期等需要，招标人迫使中标人不按照招标文件和中标人的投标文件中规定的合同标的、价款、质量、履行期限等主要条款与其签订合同，而是和中标人签订与上述主要条款实质性背离的合同或补充协议，因此可能遭受罚款、相关合同或补充协议被法院认定无效等不利后果。

2. 合规风险评估

（1）合规风险事件、违规情形描述

城市轨道交通企业建设管理部门相关工作人员在建设工程招标项目合同签订阶段未严格按照相关法律规定，与中标人签订合同标的、价款、质量、履行期限等主要条款与招标文件和中标人的投标文件内容不一致等背离合同实质性内容的协议，从而遭受罚款、相关合同或补充协议被法院认定无效等不利后果。

（2）合规风险产生原因

因国家设定招投标制度的初衷便是防止重大建设项目的建设单位与个别承包单位私下订立损害公平竞争、国家利益和社会公共利益的协议，如果允许招标人和中标人可以再行订立背离合同实质性内容的其他协议，则违背了国家设定招标投标制度的初衷，整个招标过程也就失去了意义，部分企业负责人未深刻认识到这一点，出于变相压低工程款、压缩工期等需要，迫使中标人与其订立合同标的、价款、质量、履行期限等主要条款与招标文件和中标人的投标文件内容不一致的协议，从而导致上述合规风险事件产生。

（3）合规风险等级

签订与招投标文件实质性内容不一致合同的合规风险等级为高等级。

出于变相压低工程款、压缩工期等需要，实践中较易产生签订与招投标文件实质性内容不一致合同的合规风险。如招标人与中标人签订合同标的、价款、质量、履行期限等主要条款与招标文件和中标人的投标文件内容不一致等背离合同实质性内容的协议，将可能遭受罚款、相关合同或补充协议被法院认定无效等不利后果。

3. 合规风险处置

城市轨道交通企业建设管理部门相关工作人员在建设工程招标项目合同签订阶段，与中标人所签署的合同中，应当保证合同的标的、价款、质量、履行期限等主要条款与招标文件和中标人的投标文件的内容保持一致。

招标人在编制招标文件前，应就合同主要条款的内容进行充分的考虑，且应本着谨慎严谨的原则，在签署合同时，注意合同条款和招标文件相应条款的一致性，以最大限度地避免相关合规风险事件的产生。

4. 案例分析

某管理委员会与建设公司约定的工程结算条款与招标文件和中标人的投标文件内容实质背离而被法院宣告无效①

（1）案件简介

某建设公司经投标与某管理委员会（以下简称“管委会”）就某改建工程项目签订建设工程施工合同。该合同专用条款第 23 条第 2 款规定：本合同价款采用可调单价合同，按实际完成工程量计算。人工费、材料费价格按照实际市场价格，定额执行现行园林古建筑定额和相应的取费标准以及配套文件执行。该县公共资源综合交易管理办公室核实，其存档的 2010 年“该改造工程”招标文件第一卷第五章“工程计价说明”载明：执行 2008 年《A 市仿古建筑工程计价定额》等；除建设方给定的材料单价外，其余地方材料价格执行《B 建设工程造价信息》2010 年 9 期云阳价及 2006 年《A 市 C 区安装、装饰工程

① 裁判文书号：（2015）渝二中法民终字第 00429 号。

常用材料预算价格表》，以上均未涉及的单调价格按定额基价计算。建设公司与管委会为涉案工程的结算发生纠纷，遂向法院提起诉讼。

（2）争议焦点

招标人能否与中标人就工程结算条款订立与招标文件和中标人的投标文件内容实质背离的合同？

（3）裁判结果

法院经审理后认为，涉案工程价款的结算应按照招标文件规定的2008年《A市仿古建筑工程计价定额》、材料价格约定等执行，不应按照合同约定的实际市场价格执行，有关按照实际市场价格执行的条款无效。主要理由是：根据《招标投标法》的规定，招标人和中标人不得再行订立背离合同实质性内容的其他协议。本案中，涉案合同与招标文件关于结算标准的规定明显不同。《最高人民法院关于审理建设工程施工合同纠纷案件适用法律问题的解释》第二十一条规定，当事人就同一建设工程另行订立的建设工程施工合同与经过备案的中标合同实质性内容不一致的，应当以备案的中标合同作为结算工程价款的根据。① 工程价款结算属于合同的实质性内容，参照以上司法解释，涉案工程价款的结算应以招标文件为依据。

（4）合规预警

在建设工程招标项目合同签订阶段，招标人不得与中标人签订与招标文件和中标人的投标文件内容实质性不一致的合同，如对合同的标的、价款、质量、履行期限等主要条款予以变更，否则可能因此遭受罚款、相关合同或补充协议被法院认定无效等不利后果。

八、安全环保领域合规管理的风险识别、评估与处置

鉴于地铁线路通常穿越城市中心繁华地段，车站通常设置在交通要道路口，地下结构物、各类管线错综复杂，周边构筑物多且不确定因素多，施工周期长、施工规模大，国家不断完善相关法律法规使得地铁工程建设安全环保管

---

① 本条内容已被2020年12月29日起施行的《最高人民法院关于审理建设工程施工合同纠纷案件适用法律问题的解释（一）》替代。

理有法可依、有章可循，对地铁工程建设的安全环保制度建设和管理均提出了较高的合规要求，《中央企业合规管理指引（试行）》也明确将“安全环保”列为应当加强合规管理的七大重点领域之一。

然而，部分地铁工程建设过程中仍然不断出现坍塌、中毒、沉降等安全事故和水体污染、瓦斯泄漏、管道破坏、噪声污染等环保事件，且上述事故、事件大部分问题是由于在工程建设前期未进行深入的勘察调查、全面的风险评估、充分的施工准备和构建完善的安全生产管理制度，在工程建设过程中未进行细致的实时监测和严格执行相关管理制度导致的。

在安全环保领域，合规风险较多地体现在项目规划、工程设计、工程实施以及工程交付使用阶段等。

（一）未制定或贯彻实施安全生产教育培训制度的合规风险

1. 合规义务来源

（1）合规规范

《安全生产法》第二十八条规定，生产经营单位应当对从业人员进行安全生产教育和培训，保证从业人员具备必要的安全生产知识，熟悉有关的安全生产规章制度和安全操作规程，掌握本岗位的安全操作技能，了解事故应急处理措施，知悉自身在安全生产方面的权利和义务。未经安全生产教育和培训合格的从业人员，不得上岗作业。

生产经营单位使用被派遣劳动者的，应当将被派遣劳动者纳入本单位从业人员统一管理，对被派遣劳动者进行岗位安全操作规程和安全操作技能的教育和培训。劳务派遣单位应当对被派遣劳动者进行必要的安全生产教育和培训。

生产经营单位接收中等职业学校、高等学校学生实习的，应当对实习学生进行相应的安全生产教育和培训，提供必要的劳动防护用品。学校应当协助生产经营单位对实习学生进行安全生产教育和培训。

生产经营单位应当建立安全生产教育和培训档案，如实记录安全生产教育和培训的时间、内容、参加人员以及考核结果等情况。

第九十七条规定，生产经营单位有下列行为之一的，责令限期改正，处十万元以下的罚款；逾期未改正的，责令停产停业整顿，并处十万元以上二十万元以下的罚款，对其直接负责的主管人员和其他直接责任人员处二万元以上五万元以下的罚款：

（一）未按照规定设置安全生产管理机构或者配备安全生产管理人员、注册安全工程师的；

（二）危险物品的生产、经营、储存、装卸单位以及矿山、金属冶炼、建筑施工、运输单位的主要负责人和安全生产管理人员未按照规定经考核合格的；

（三）未按照规定对从业人员、被派遣劳动者、实习学生进行安全生产教育和培训，或者未按照规定如实告知有关的安全生产事项的；

（四）未如实记录安全生产教育和培训情况的；

（五）未将事故隐患排查治理情况如实记录或者未向从业人员通报的；

（六）未按照规定制定生产安全事故应急救援预案或者未定期组织演练的；

（七）特种作业人员未按照规定经专门的安全作业培训并取得相应资格，上岗作业的。

《安全生产培训管理办法》第十一条规定，生产经营单位从业人员的培训内容和培训时间，应当符合《生产经营单位安全培训规定》和有关标准的规定。

第十二条规定，中央企业的分公司、子公司及其所属单位和其他生产经营单位，发生造成人员死亡的生产安全事故的，其主要负责人和安全生产管理人员应当重新参加安全培训。

特种作业人员对造成人员死亡的生产安全事故负有直接责任的，应当按照《特种作业人员安全技术培训考核管理规定》重新参加安全培训。

第三十六条规定，生产经营单位有下列情形之一的，责令改正，处3万元以下的罚款：

（一）从业人员安全培训的时间少于《生产经营单位安全培训规定》或者有关标准规定的；

（二）矿山新招的井下作业人员和危险物品生产经营单位新招的危险工艺操作岗位人员，未经实习期满独立上岗作业的；

（三）相关人员未按照本办法第十二条规定重新参加安全培训的。

《生产经营单位安全培训规定》第九条规定，生产经营单位主要负责人和安全生产管理人员初次安全培训时间不得少于32学时。每年再培训时间不得少于 12 学时。

煤矿、非煤矿山、危险化学品、烟花爆竹、金属冶炼等生产经营单位主要负责人和安全生产管理人员初次安全培训时间不得少于 48 学时，每年再培训时间不得少于 16 学时。

第十三条规定，生产经营单位新上岗的从业人员，岗前安全培训时间不得少于 24 学时。

煤矿、非煤矿山、危险化学品、烟花爆竹、金属冶炼等生产经营单位新上岗的从业人员安全培训时间不得少于 72 学时，每年再培训的时间不得少于 20 学时。

第三十条规定，生产经营单位有下列行为之一的，由安全生产监管监察部门责令其限期改正，可以处 5 万元以下的罚款；逾期未改正的，责令停产停业整顿，并处 5 万元以上 10 万元以下的罚款，对其直接负责的主管人员和其他直接责任人员处 1 万元以上 2 万元以下的罚款：

（一）煤矿、非煤矿山、危险化学品、烟花爆竹、金属冶炼等生产经营单位主要负责人和安全管理人员未按照规定经考核合格的；

（二）未按照规定对从业人员、被派遣劳动者、实习学生进行安全生产教育和培训或者未如实告知其有关安全生产事项的；

（三）未如实记录安全生产教育和培训情况的；

（四）特种作业人员未按照规定经专门的安全技术培训并取得特种作业人员操作资格证书，上岗作业的。

县级以上地方人民政府负责煤矿安全生产监督管理的部门发现煤矿未按照本规定对井下作业人员进行安全培训的，责令限期改正，处 10 万元以上 50 万元以下的罚款；逾期未改正的，责令停产停业整顿。

煤矿安全监察机构发现煤矿特种作业人员无证上岗作业的，责令限期改正，处 10 万元以上 50 万元以下的罚款；逾期未改正的，责令停产停业整顿。

《中国共产党纪律处分条例》第一百三十三条规定，在党的纪律检查、组织、宣传、统一战线工作以及机关工作等其他工作中，不履行或者不正确履行职责，造成损失或者不良影响的，应当视具体情节给予警告直至开除党籍处分。

《安全生产领域违纪行为适用〈中国共产党纪律处分条例〉若干问题的解释》第六条规定，国有企业（公司）和集体所有制企业（公司）的工作人员，违反安全生产作业方面的规定，有下列情形之一的，依照《中国共产党纪律处分条例》第一百三十三条规定处理：

（一）对存在的重大安全隐患，未采取有效措施的；

（二）违章指挥，强令工人冒险作业的；

（三）未按规定进行安全生产教育和培训并经考核合格，允许从业人员上岗，致使违章作业的；

（四）超能力、超强度、超定员组织生产经营，拒不执行有关部门整改指令的。

其他企业（公司）的工作人员有前款规定情形的，依照前款的规定酌情处理。

（2）责任后果

制定和贯彻实施安全生产教育培训制度是城市轨道交通企业安全生产管理的重要环节，对于强化城市轨道交通企业主要负责人、安全生产管理人员、特种作业人员以及其他从业人员等安全生产理念，提高安全生产法律意识，提升安全管理水平具有重要意义。如城市轨道交通企业未制定或贯彻实施相关安全生产教育培训制度，在相关安全生产执法检查时可能导致城市轨道交通企业及其直接负责的主管人员和其他直接责任人员遭受罚款、行政处分、党纪处分等法律风险。

2. 合规风险评估

（1）合规风险事件、违规情形描述

城市轨道交通企业培训管理以及安全生产管理岗位相关工作人员，未按照安全生产教育培训制度相关政策法规的要求，根据培训人员范围要求、培训种类要求、培训内容要求、培训时长要求以及培训档案管理要求，制定和贯彻实施相关安全生产教育培训制度，可能导致城市轨道交通企业及其直接负责主管人员和其他直接责任人员遭受罚款、行政处分、党纪处分等法律风险。

（2）合规风险产生原因

分析安全生产事故发生根源，从业人员违规操作行为所导致的生产安全事故在事故总数中占比较大。人是生产经营活动的第一要素，生产经营活动最直接的承担者就是从业人员，每位从业人员的生产经营行为安全，整个企业的安全生产就得到了保障。为此，国务院安委办及地方应急管理部门等监管部门在对企业安全生产执法检查中，企业的安全生产教育培训是重点。

大多数企业或多或少均建立了安全生产教育培训制度，但是在实践中部分企业负责人、培训管理以及安全生产管理岗位工作人员抱着侥幸心理，对安全生产教育培训在整个安全生产工作中的重要性认识不足，存在未如实记录安全生产教育和培训情况、培训记录保存期少于三年、未开展从业人员安全培训、无法提供补学证明、一人代替多人签字、试卷分数造假、一人替多人抄写试卷等安全生产教育培训违规行为，从而导致上述合规风险的产生。

（3）合规风险等级

未制定或贯彻实施安全生产教育培训制度的合规风险等级为高等级。

由于对安全生产教育培训在整个安全生产工作中的重要性认识不足，实践中较易产生未制定或贯彻实施安全生产教育培训制度的合规风险。如企业在培训人员范围、培训种类、培训内容、培训时长以及培训档案管理等方面存在安全生产教育培训违规行为，可能会导致企业及其直接负责的主管人员和其他直接责任人员遭受罚款、行政处分、党纪处分等法律风险。

3. 合规风险处置

城市轨道交通企业培训管理以及安全生产管理岗位相关工作人员应当严格按照安全生产教育培训制度相关政策法规的要求，制定和贯彻实施本企业的安全生产教育培训制度，对企业主要负责人、安全生产管理人员、特种作业人员以及其他从业人员等按照规定时限开展初次培训、定期再培训、特殊培训等种类的安全生产教育培训课程，通过加强日常安全教育培训、定期安全考试、专题安全教育培训持续改进，并将每次安全生产教育培训课程的培训时间、内容、参加人员以及考核结果等内容予以存档并形成安全生产教育培训档案以备检查，防范未制定或贯彻实施安全生产教育培训制度合规风险的产生。

4. 案例分析

某地铁 1 号线侵限

（1）案件简介

2021 年 1 月 22 日 10 时 22 分许，广西某勘察设计有限公司技术员陈某组织 4 名作业人员到南宁市凤岭片区路网完善工程 D 区道路某路段开展地质勘察钻探作业，施工组织方式为每两名作业人员为一组配合使用一台钻探机进行钻孔作业，曾某和蓝某为一组，黄某和巫某为一组，计划钻孔 8 个。

13时30分许，作业人员已完成了2个孔的钻探作业，开始对施工区域的9#和11#孔进行钻探，其间，地铁保护巡查单位某城建勘测设计研究有限责任公司巡查人员葛某巡查发现上述施工区域钻探作业在地铁保护区范围内，于是相继于14时33分和15时03分对现场勘察作业人员送达《地铁保护区非地铁项目现场交底表》和《某轨道交通集团轨道交通地铁保护区施工作业告知书》，对在地铁保护区域内进行钻探作业的勘察单位广西某勘察设计有限公司开展现场交底并要求立即停止钻探作业。勘察单位施工现场技术员陈某表示该项目为重点项目，工期较紧，拒绝停止施工。

15时30分许，作业人员（曾某和蓝某组）对11#孔钻探至13米左右深处时，出现掉杆的异常情况。随即，钻机手蓝某马上将该异常情况报告技术员陈某，并称地下可能有空洞。陈某在已收到轨道巡查人员送达的《某轨道交通集团轨道交通地铁保护区施工作业告知书》，知晓钻探作业位于地铁保护区内的情况下，仍然对作业人员下达继续放杆到底探测空洞深度的指令。作业人员按照指令放杆到隧道底后提杆，提杆中探杆与经过的地铁列车相碰撞，造成探杆变形无法完全提出地面，造成1号线某区间中断运营1小时55分，未造成人员伤亡，依据《企业职工伤亡事故直接经济损失统计标准》（GB 6721－1986）等标准和规定统计，经委托评估机构核损，核定事故造成直接经济损失306.65万元。

（2）争议焦点

未贯彻实施安全生产教育培训制度会产生何种后果?

（3）事件结果

2021年9月，经事故调查组认定：该侵限事故为一般生产安全责任事故。根据事故原因调查和事故责任认定，依据有关法律、法规规定，对事故有关责任人和责任单位作出处理。

3名涉嫌犯罪的责任人被移送司法机关依法追究刑事责任。勘察院技术员陈某因未按法律法规等规定对项目进行管理和钻探，违章指挥，盲目施工，对事故发生负有直接责任，涉嫌强令违章冒险作业罪，已移送司法机关依法处理；作业人员曾某、蓝某因未接受安全生产教育和培训即上岗作业，违反操作规程进行地质勘测钻探作业，钻穿地铁隧道，造成行驶中的地铁列车受损，对事故发生负有责任，涉嫌破坏交通设施罪，已移送司法机关依法处理。

8 名事故责任人分别给予党纪政纪处分。广西某勘察设计有限公司陈某等 3 人、南宁市某投资发展有限责任公司邓某等 5 人，因对工程安全生产管理不到位，未抓好职工的安全生产教育培训工作；未按规定要求对勘察单位提交的勘察纲要进行审核，未能及时发现并制止勘察单位违规钻探等原因，对事故发生负有责任，分别给予党纪政纪处分。

5 名高级管理人员给予诫勉和作出书面检查。南宁市某投资发展有限责任公司董事长马某甲、总经理黄某、副总经理马某乙，广西某勘察设计有限公司董事长及法定代表人彭某、总经理刘某 5 人，因对工程部和总工办疏于管理，未抓好公司职工的安全生产教育培训工作，根据其具体过错分别给予诫勉和作出书面检查。

（4）合规预警

城市轨道交通企业应当依法制定并贯彻实施安全生产教育培训制度，对企业主要负责人、安全生产管理人员、特种作业人员以及其他从业人员等按照规定时限开展初次培训、定期再培训、特殊培训等种类的安全生产教育培训课程并形成培训档案以备检查，否则在安全生产事故原因调查或安全生产大检查过程中可能因违反相关要求而遭受罚款、行政处分、党纪处分等法律风险。

（二）投资人未承担对被投资企业安全生产资金投入责任的合规风险

1. 合规义务来源

（1）合规规范

《安全生产法》第二十三条规定，生产经营单位应当具备的安全生产条件所必需的资金投入，由生产经营单位的决策机构、主要负责人或者个人经营的投资人予以保证，并对由于安全生产所必需的资金投入不足导致的后果承担责任。

有关生产经营单位应当按照规定提取和使用安全生产费用，专门用于改善安全生产条件。安全生产费用在成本中据实列支。安全生产费用提取、使用和监督管理的具体办法由国务院财政部门会同国务院应急管理部门征求国务院有关部门意见后制定。

第九十三条规定，生产经营单位的决策机构、主要负责人或者个人经营的投资人不依照本法规定保证安全生产所必需的资金投入，致使生产经营单位不具备安全生产条件的，责令限期改正，提供必需的资金；逾期未改正的，责令生产经营单位停产停业整顿。

有前款违法行为，导致发生生产安全事故的，对生产经营单位的主要负责人给予撤职处分，对个人经营的投资人处二万元以上二十万元以下的罚款；构成犯罪的，依照刑法有关规定追究刑事责任。

《中国共产党纪律处分条例》第一百三十三条规定，在党的纪律检查、组织、宣传、统一战线工作以及机关工作等其他工作中，不履行或者不正确履行职责，造成损失或者不良影响的，应当视具体情节给予警告直至开除党籍处分。

《安全生产领域违纪行为适用〈中国共产党纪律处分条例〉若干问题的解释》第八条规定，国有企业（公司）和集体所有制企业（公司）的工作人员，在安全生产、经营、管理等活动中有下列情形之一的，依照《中国共产党纪律处分条例》第一百三十三条规定处理：

（一）未按照有关规定保证安全生产所必需的资金投入，导致产生重大安全隐患的；

（二）制造、销售、使用国家明令淘汰或者不符合国家标准的设施、设备、器材或者产品的；

（三）拒绝执法人员进行现场检查或者在被检查时隐瞒事故隐患，不如实反映情况的。

其他企业（公司）的工作人员有前款规定情形的，依照前款的规定酌情处理。

（2）责任后果

保证具备安全生产条件所必需的资金投入安全生产，是生产经营单位生产经营活动安全进行、防止和减少安全生产事故的重要前提和物质保障。实践中，出于节省成本、增加利润等利益驱动，生产经营单位的决策机构、主要负责人或者个人经营的投资人对生产经营单位的资金投入不足，导致安全生产事故发生，不仅会给生产经营单位造成人员伤亡和财产损失，而且可能导致对生产经营单位在安全生产管理方面享有决策权或重要影响的投资人遭受罚款、行政处分、党纪处分等法律责任的风险。

2. 合规风险评估

（1）合规风险事件、违规情形描述

城市轨道交通行业生产经营单位的投资人，在项目建设过程中，对生产经营单位安全生产所必需的资金投入不足，导致安全生产事故发生，不仅给生产经营单位造成人员伤亡和财产损失，而且因未履行对被投资企业的相关安全生产职责，而遭受罚款、行政处分、党纪处分等不利后果。

（2）合规风险产生原因

出现投资人未承担对被投资企业安全生产资金投入责任的合规风险，多数发生于个别生产经营单位投资人为了追求经济利益，千方百计减少安全生产资金投入，导致安全设施设备陈旧甚至带病运转、防范事故的能力下降，最终引发安全生产事故，从而导致上述合规风险事件产生。

（3）合规风险等级

投资人未承担对被投资企业安全生产资金投入责任的合规风险等级为中等级。

生产经营单位投资人受利益驱使，在项目建设过程中较容易出现未承担对被投资企业安全生产责任的合规风险。如因生产经营单位投资人对生产经营单位的资金投入不足，导致安全生产事故发生，不仅会给生产经营单位造成较大的经济损失，而且可能导致对生产经营单位在安全生产管理方面享有决策权或重要影响的投资人遭受罚款、行政处分、党纪处分等法律责任的风险。

3. 合规风险处置

党和国家在安全生产工作上坚持“人民至上，生命至上”的原则，要求生产经营单位遵守法规、加强安全生产管理，建立健全全员安全生产责任制和安全生产规章制度，加大投入保障力度，加强安全生产标准化建设等，切实承担企业生产经营单位主体责任，而实现上述要求的最基础保障便是资金保障，生产经营单位投资人作为生产经营单位的股东或合伙人或个人、个体经营主体，不仅要依照公司法、合伙企业法、个人独资企业法等民商事法律履行相关投资义务，而且要严格按照相关安全生产法律法规的要求履行相关安全生产资金投入义务，并不断优化被投资企业的安全生产管理，以安全生产合规切实建立安全生产防线，从而防止和减少各类安全生产事故的发生。

4. 案例分析

某管理公司投资人未保证本单位安全生产投入的有效资金导致安全生产事故发生而承担行政处罚责任[①]

（1）案件简介

原告史某某系某管理公司的法定代表人、控股股东，其所在的公司（以下简称“某管理公司”）拥有房屋建筑工程监理乙级资质和市政公用工程乙级资质。

某管理公司与某汽车公司签订了建设工程委托监理合同，监理的工程为某汽车公司车间及职工宿舍工程，约定的监理服务期为360天，监理范围为整个工程施工阶段全过程监理，包括质量控制、进度控制、投资控制、合同管理、安全管理、信息管理和组织协调。

监理期内施工人员张某某因使用存在事故隐患的移动式操作平台（脚手架）进行抹灰作业即室内刮腻子时，不慎从高处坠落死亡。事故发生后，某县安监局会同公安、监察等相关部门依法成立了事故调查组对事故进行调查，并形成了相关事故调查报告，其中认定某管理公司未有效履行安全管理职责，未保证本单位安全生产投入的有效资金，未严格落实安全生产机构和人员，导致涉案工程监理不到位，对事故负有责任，建议某县安监局依法予以立案查处。某县安监局根据上述文件通知予以立案调查，经调查、听证告知、处罚告知、听证等程序，作出相关行政处罚决定书。某管理公司不服上述行政处罚决定书，向法院起诉要求予以撤销。

（2）争议焦点

原告作为某管理公司的投资人，是否保证了某管理公司安全生产资金投入，履行了相关安全管理职责？

（3）裁判结果

法院经审理后认为，根据《安全生产法》（对应2014年修正版本，2021年已再次修正）第十八条第（四）项的规定，生产经营单位的主要负责人对本单位安全生产工作负有保证本单位安全生产投入的有效实施的职责。第二十条第一款规定，生产经营单位应当具备的安全生产条件所必需的资金投入，由生

① 裁判文书号：（2016）浙03行终325号。

产经营单位的决策机构、主要负责人或者个人经营的投资人予以保证，并对由于安全生产所必需的资金投入不足导致的后果承担责任。本案中，虽然原告所在的公司提取了安全生产资金，但其认为配齐备案的监理人员投入资金过大，而在实际监理过程中，并未按照规定配备专业监理人员在现场，仅有一名监理人员温某某及资格证未转入某管理公司的邓某在场。且在总监离职后，未能及时配备其他总监到现场，投入的安全生产资金明显不足，且未能有效履行原告作为法定代表人的安全监理职责，故法院判驳回原告诉请。

（4）合规预警

本案揭示了投资人未承担对被投资企业安全生产资金投入责任的合规风险。实践中，生产经营单位投资人受利益驱使，对生产经营单位的资金投入不足，导致安全生产事故发生，不仅会给生产经营单位造成较大经济损失，而且可能导致其自身遭受罚款等法律责任。生产经营单位投资人作为生产经营单位的股东或合伙人或个人、个体经营主体，不仅要依照公司法、合伙企业法、个人独资企业法等民商事法律履行相关投资义务，而且要严格按照相关安全生产法律法规的要求履行相关安全生产资金投入义务，并不断优化被投资企业的安全生产管理制度。

（三）地铁运营噪声污染的合规风险

1. 合规义务来源

（1）合规规范

《噪声污染防治法》第四十六条规定，制定交通基础设施工程技术规范，应当明确噪声污染防治要求。

新建、改建、扩建经过噪声敏感建筑物集中区域的高速公路、城市高架、铁路和城市轨道交通线路等的，建设单位应当在可能造成噪声污染的重点路段设置声屏障或者采取其他减少振动、降低噪声的措施，符合有关交通基础设施工程技术规范以及标准要求。

建设单位违反前款规定的，由县级以上人民政府指定的部门责令制定、实施治理方案。

第五十一条规定，公路养护管理单位、城市道路养护维修单位应当加强对公路、城市道路的维护和保养，保持减少振动、降低噪声设施正常运行。

城市轨道交通运营单位、铁路运输企业应当加强对城市轨道交通线路和城市轨道交通车辆、铁路线路和铁路机车车辆的维护和保养，保持减少振动、降低噪声设施正常运行，并按照国家规定进行监测，保存原始监测记录，对监测数据的真实性和准确性负责。

第八十条规定，违反本法规定，有下列行为之一，由交通运输、铁路监督管理、民用航空等部门或者地方人民政府指定的城市道路、城市轨道交通有关部门，按照职责责令改正，处五千元以上五万元以下的罚款；拒不改正的，处五万元以上二十万元以下的罚款：

（一）公路养护管理单位、城市道路养护维修单位、城市轨道交通运营单位、铁路运输企业未履行维护和保养义务，未保持减少振动、降低噪声设施正常运行的；

（二）城市轨道交通运营单位、铁路运输企业未按照国家规定进行监测，或者未保存原始监测记录的；

（三）民用机场管理机构、航空运输企业、通用航空企业未采取措施防止、减轻民用航空器噪声污染的；

（四）民用机场管理机构未按照国家规定对机场周围民用航空器噪声进行监测，未保存原始监测记录，或者监测结果未定期报送的。

第八十六条规定，受到噪声侵害的单位和个人，有权要求侵权人依法承担民事责任。

对赔偿责任和赔偿金额纠纷，可以根据当事人的请求，由相应的负有噪声污染防治监督管理职责的部门、人民调解委员会调解处理。

国家鼓励排放噪声的单位、个人和公共场所管理者与受到噪声侵害的单位和个人友好协商，通过调整生产经营时间、施工作业时间，采取减少振动、降低噪声措施，支付补偿金、异地安置等方式，妥善解决噪声纠纷。

（2）责任后果

实践中，出于满足竣工验收的需要，国内城市轨道交通运营线路在工程建设过程中一般都严格按照相关交通基础设施工程技术规范以及相关防治环境噪声污染的环保标准采取了设置声屏障、安装降噪设施或其他减少振动、降低噪声的措施，因此，在城市轨道交通线路刚交付运营前期，相关噪声污染纠纷较少，但是随着运营年限的增加，部分城市轨道交通企业未严格履行维护和保养义务，未保持减少振动、降低噪声设施正常运行，可能导致罚款、责令改正、承担赔偿责任的风险。

2. 合规风险评估

（1）合规风险事件、违规情形描述

城市轨道交通企业的运营部门相关工作人员，在城市轨道交通运营过程中，未严格履行维护和保养义务，未保持减少振动、降低噪声设施正常运行，造成地铁运营噪声超标，从而导致城市轨道交通企业违反相关规定而遭受行政处罚或因噪声超标引发周边居民投诉、诉讼，从而承担相关侵权责任等不利后果。

（2）合规风险产生原因

随着运营年限的增加，部分城市轨道交通企业未严格履行维护和保养义务，未保持减少振动、降低噪声设施正常运行，导致地铁运营噪声超标，从而出现上述合规风险。

（3）合规风险等级

地铁运营噪声污染的合规风险等级为高等级。

由于城市轨道交通企业在地铁线路被批准运营后疏忽大意，未严格履行对减少振动、降低噪声设施的维护和保养义务，较易产生地铁运营噪声污染的合规风险。即使地铁线路被批准运营时产生的噪声符合《声环境质量标准》（GB 3096－2008）等国家有关标准，但是如地铁运营过程中噪声超标，城市轨道交通企业仍需要承担设置声屏障或者采取其他有效控制环境噪声污染的措施，并可能因此导致遭受相关行政处罚、民事侵权诉讼等风险。

3. 合规风险处置

城市轨道交通系统引起的环境振动和低频噪音问题，已成为公众反映最为强烈的问题之一。城市轨道交通企业在地铁运营过程中应当加强对减少振动、降低噪声设施的维护和保养义务，并按照国家规定对地铁运营噪声进行监测、保存原始监测记录，以最大限度地减少地铁运营所产生的环境振动和低频噪声等噪声污染对线路周边居民身心健康带来的不良影响。

4. 案例分析

李某诉某地铁公司噪声污染责任纠纷案①

（1）案件简介

李某居住在某站地铁出口附近的住宅小区，该地铁出站口上方建有进风机、再生能源室和冷却塔等，排风口正对着李某所居住的46号楼。因噪声、气味污染等问题，李某和46号楼其他居民曾于2013年委托区环境保护局执法监察大队对李某卧室北侧1米点的噪声（夜间）进行了检测，主要声源为风机和冷却塔运行，检测的测量值为61分贝，背景值为59分贝，报告值为56.7分贝，李某等人曾以此为据向项目建设方轨道建设公司第四项目管理中心投诉。2016年8月19日，区环境保护局环境执法监察大队再次根据申请对地铁排风口地面对应位置进行了噪声检测，结果为夜间报告值为68分贝。故李某将地铁公司诉至法院，要求其停止侵害并承担赔偿责任。

（2）争议焦点

李某家属于哪一类声功能区以及涉案地铁出口的排风设备是否对李某家构成噪声污染？

（3）裁判结果

法院经审理后认为，关于争议焦点一李某家属于哪一类声功能区，根据市政府发布的《关于调整声功能区划的通告》及国家标准《声环境功能区划分技术规范（GB/T 15190－2014）》的相关规定，李某家所在区域应为4A类声环境功能区域。根据环境保护部《工业企业厂界环境噪声排放标准》，4A类声环境功能区噪声排放限值为昼间70分贝，夜间55分贝。

关于争议焦点二涉案地铁出口的排风设备是否对李某家构成噪声污染，法院委托鉴定机构对李某家噪声情况进行了检测，监测结果为昼间54.5分贝、夜间57.7分贝，已超过了国家规定的标准，属于噪声污染，污染者依法应承担侵权责任。

综上，法院判决北京地铁公司于判决生效后二十日内在涉案地铁出口的排风设备和李某所居住的46号楼之间加装隔音设备，确保排风设备的噪声降至构成噪声污染的标准以下；同时支付李某精神损害抚慰金两万元。

---

① 裁判文书号：（2020）京03民终7772号。

（4）合规预警

本案揭示了地铁运营噪声污染的合规风险。在地铁运营过程中，城市轨道交通企业应当保证地铁运营噪声符合相关国家规定，并定期对减震、降噪设备进行维修保养，若因地铁运营噪声超标，对附近居民正常生活产生不利影响，城市轨道交通企业仍需承担设置声屏障或者采取其他有效的控制环境噪声污染的措施，并可能因此遭受相关行政处罚、民事侵权诉讼等风险。

九、劳动用工领域合规管理的风险识别、评估与处置

在企业合规的众多领域，劳动用工合规几乎是每个用人单位都无法回避的管理事项之一。面对劳动争议多年来持续高发、用人单位的败诉率居高不下等问题，不少用人单位仍尚未意识到劳动用工合规管理的重要性和必要性。在此背景下，规范用人单位劳动用工能有效降低劳动合规风险、提高劳动用工治理水平。

劳动用工的合规风险主要集中在劳动合同上，包含合同签订、合同约定、合同履行等多个环节。因用人单位与劳动者之间明显的信息不对称性，用人单位极易出现在劳动合同中对关键信息有所隐瞒、未详细释明格式条款的不合规情形；如用人单位在劳动合同中对薪酬、纠纷解决机制、工作时间等可协调约定的内容描述不准确或未进行描述或与相关法律法规的规定存在冲突等导致各类合规风险。

在用人单位的用工过程中，要充分做好劳动用工合规风险的分析和应对处理工作，进一步有效明确劳动用工的相关风险，具备应有的合规风险识别、判断和管控能力，这样才能进一步有效提升劳动用工的效能和价值，为劳动者权益的有效维护和用人单位自身的可持续发展提供必要的支持。

（一）招聘时未尽告知义务的合规风险

1. 合规义务来源

（1）合规规范

《劳动合同法》第三条第一款规定，订立劳动合同，应当遵循合法、公平、平等自愿、协商一致、诚实信用的原则。

第八条规定，用人单位招用劳动者时，应当如实告知劳动者工作内容、工

作条件、工作地点、职业危害、安全生产状况、劳动报酬，以及劳动者要求了解的其他情况；用人单位有权了解劳动者与劳动合同直接相关的基本情况，劳动者应当如实说明。

第二十六条第一款第（一）项规定，以欺诈、胁迫的手段或者乘人之危，使对方在违背真实意思的情况下订立或者变更劳动合同的，劳动合同无效。

（2）责任后果

用人单位在招用劳动者时就涉及劳动者切身利益事项应尽如实告知义务，如果用人单位在招用劳动者时，没有告知或不如实告知劳动者有关工作内容、工作条件、工作地点、职业危害、安全生产状况、劳动报酬，以及劳动者要求了解的其他情况的，就有可能出现构成欺诈风险；还有可能导致劳动合同被认定部分甚至全部无效，劳动者已付出劳动的，用人单位应当向劳动者支付劳动报酬，同时若因此给劳动者造成损害的，用人单位亦应承担赔偿责任。如劳动者要求解除劳动合同，用人单位就会面临支付经济补偿金或者赔偿金的后果。

2. 合规风险评估

（1）合规风险事件、违规情形描述

城市轨道交通企业人力资源部招聘管理岗位相关工作人员在招聘劳动者时，仅仅重视用工单位的知情权而忽略劳动者的知情权，未及时明确告知劳动者工作内容、工作条件、工作地点、职业危害、安全生产状况、劳动报酬，以及劳动者要求了解的其他情况等，从而损害劳动者权益导致劳动者要求解除劳动合同。

（2）合规风险产生原因

用人单位在招聘、录用及签订劳动合同环节，对劳动合同履行过程中可能发生的事项预估不足，且告知意识淡薄，往往过于强调用工自主权而忽视了劳动者的知情权，擅自变更入职前承诺的薪酬待遇等条件，导致争议发生。

（3）合规风险等级

招聘时未尽告知义务的合规风险等级为高等级。

用人单位未告知或者不如实告知工作内容、工作条件、工作地点、职业危害、安全生产状况、劳动报酬，以及劳动者要求了解的其他情况的，导致劳动者作出错误的意思表示而签订劳动合同，或者因用人单位隐瞒或虚构真实情况，诱使劳动者作出错误的判断而签订劳动合同的，存在被认定为欺诈进而导致劳动合同无效或者部分无效的风险。如果因此给劳动者造成损害的，用人单位依法还应当承担赔偿责任。

3. 合规风险处置

用人单位在发布招聘公告以及签订劳动合同时或者之前，在与劳动合同直接相关的问题上，尤其是职业危害、安全生产状况、劳动报酬等劳动者关心的内容负有如实告知的义务，包括法定告知内容和劳动者要求了解的其他情况。

法定告知内容具体包括工作内容、工作条件、工作地点、职业危害、安全生产状况、劳动报酬等。这些内容系法定、不设前提条件的，无论劳动者是否提出告知要求，用人单位都应当主动将上述情况向劳动者说明。劳动者对于用人单位告知的内容如有不清楚的，可以要求其进一步说明，用人单位必须作出说明。

劳动者要求了解的其他情况如薪酬福利体系、用人单位规章制度、职业发展晋升等内容，用人单位应对劳动者的提问予以说明及解答。

用人单位对于特殊劳动群体的附加告知义务更要特别注意，如在女职工禁忌中，用人单位应当遵守女职工禁忌从事的劳动范围的规定。用人单位应当将本单位属于女职工禁忌从事的劳动范围的岗位书面告知女职工。

4. 案例分析

某地铁公司对绩效工资及发放条件未履行充分告知义务导致承担补偿及赔偿责任[①]

（1）案件简介

2017 年 6 月，某地铁公司与关某签订《特殊人才引进框架协议》，约定除了月固定薪资之外，奖金 + 补助 99000 元/年。关某入职后，双方劳动合同约定工资由“基本工资、月绩效、年绩效”构成，按甲公司绩效考核制度执行。2019 年 6 月，双方解除劳动关系。后关某以甲公司未及时足额支付奖金及补贴等为由，要求甲公司支付在职期间的奖金及补贴 308000 元。诉讼中，关某提交了《特殊人才引进框架协议》证明其主张，甲公司认为该框架协议不是劳动合同的组成部分，劳动合同约定按照公司绩效考核制度执行，因公司连续三年亏损，故关某要求支付奖金及补贴没有依据。

（2）争议焦点

《特殊人才引进框架协议》是不是劳动合同的组成部分？关某主张的奖金

---

① 裁判文书号：（2017）新 0104 民初 70063 号民事判决。

及补贴是否应当支付？

（3）裁判结果

民事活动应当遵循诚实信用原则。《特殊人才引进框架协议》中关于奖金加补贴的约定系某地铁公司关于工资待遇的承诺，意思表示真实，内容也未违反法律、行政法规的禁止性规定，应作为劳动合同的组成部分予以履行。某地铁公司违反诚实信用原则，且关于绩效工资及发放条件未尽到充分告知义务，因此支持关某的诉讼请求。

（4）合规预警

用人单位应在《员工入职信息登记表》《录用条件确认函》或《劳动合同》等文件中声明，用人单位已告知劳动者工作内容、工作条件、工作地点、职业危害、安全生产状况、劳动报酬和其他与工作相关的情况，并请劳动者签字确认。对于高薪引进的人才，涉及绩效薪资或递延薪资的，应在签署的《框架协议》《劳动合同》或《目标考核责任书》中将薪资的发放条件予以明确，并相互衔接，以免冲突。

用人单位应及时保存入职环节告知、送达的证据，以及劳动合同实际履行中对应的各项支付凭证、员工收款确认书等，同劳动合同构成完整的证据链，以防范劳动合同履行过程中发生纠纷举证不能的不利后果。

（二）企业规章制度未明确违纪情形而单方解除劳动合同的合规风险

1. 合规义务来源

（1）合规规范

《劳动法》第四条规定，用人单位应当依法建立和完善规章制度，保障劳动者享有劳动权利和履行劳动义务。

《劳动合同法》第四条规定，用人单位应当依法建立和完善劳动规章制度，保障劳动者享有劳动权利、履行劳动义务。

用人单位在制定、修改或者决定有关劳动报酬、工作时间、休息休假、劳动安全卫生、保险福利、职工培训、劳动纪律以及劳动定额管理等直接涉及劳动者切身利益的规章制度或者重大事项时，应当经职工代表大会或者全体职工讨论，提出方案和意见，与工会或者职工代表平等协商确定。

在规章制度和重大事项决定实施过程中，工会或者职工认为不适当的，有权向用人单位提出，通过协商予以修改完善。

用人单位应当将直接涉及劳动者切身利益的规章制度和重大事项决定公示，或者告知劳动者。

第三十九条规定，劳动者严重违反用人单位的规章制度的，用人单位可以解除劳动合同。

（2）责任后果

规章制度作为用人单位法定解除劳动合同的重要依据之一，用人单位可以利用它合法地行使自己的内部管理权和解约权。而用人单位要想适用该条款解除员工的劳动合同，首要前提是企业必须拥有完善的规章制度。若用人单位的解除合同依据没有在规章制度中以书面的形式体现或者没有留下有力证据以证明劳动者严重违反劳动纪律的，可能存在被认定为违法解除劳动合同的风险。

2. 合规风险评估

（1）合规风险事件、违规情形描述

城市轨道交通企业人力资源部劳动关系岗位工作人员针对劳动者工作过程中出现的违反公司劳动纪律的情形可能会存在未经甄别直接解除劳动合同的情形。然而，在实际用工管理中，并非只要劳动者违反规章制度，用人单位即可解除劳动合同，只有在规章制度明确严重违纪的具体行为且对一般违纪及严重违纪作出划分并且定性合理的情形下，用人单位才能依法解除。如果用人单位的规章制度对严重违纪行为规定不明确，用人单位以劳动者严重违纪为由解除劳动合同，则被认定违法解除的风险很高。

（2）合规风险产生原因

规章制度，是用人单位根据劳动法及其他法律法规制定的为实现公司发展和员工管理的规则制度。用人单位有权制定本单位的规章制度，用以规范单位员工的行为。日常生产生活均有一定的复杂性，用人单位不可能将所有违反劳动纪律的情形在规章制度中一一列举。

因此，它是单位用工自主权和经营管理权的体现，也已经成为调整劳动者与用人单位劳动关系、维持企业正常的生产经营和管理秩序的重要依据。若用人单位的解除依据没有在规章制度中以书面的形式体现或者没有留下有力证据以证明劳动者严重违反劳动纪律的，多数被认定为违法解除劳动合同。

（3）合规风险等级

企业规章制度未明确违纪情形而单方解除劳动合同的合规风险等级为高等级。

规章制度的制定应当严谨详尽，对于未能明确列为严重违规的行为，用人单位不可以类推或推定适用严重违反规章制度的情形，否则将构成违法解除劳动合同或者被认定为解除劳动合同的行为无效。

3. 合规风险处置

一份有效的规章制度应当同时具备合法性、程序性和公开性。首先，用人单位的规章制度不得违反国家法律法规，不得损害劳动者的合法权益，且具有一定的合理性，不能对劳动者过于严苛；其次，用人单位在制定规章制度过程中要履行民主程序，在制定、修改或者决定有关劳动报酬、工作时间、休息休假、劳动安全卫生、保险福利、职工培训、劳动纪律以及劳动定额管理等直接涉及劳动者切身利益的规章制度或者重大事项时，应当经职工代表大会或者全体职工讨论，提出方案和意见，与工会或者职工代表平等协商确定；最后，用人单位要通过一定的方式让劳动者知晓规章制度的内容。

用人单位应当将直接涉及劳动者切身利益的规章制度和重大事项决定公示，或者告知劳动者。未经公示的规章制度一般不能作为用人单位拘束劳动者的依据。

（三）公司以劳动者绩效考核不合规为由单方解约或调岗降薪的合规风险

1. 合规义务来源

（1）合规规范

国家没有专门的与绩效考核相关的法律法规。用人单位在制定绩效考核制度时，首先，要看绩效考核制度的制定程序是否民主，有没有经工会或职工代表大会通过，有没有使用书面形式；其次，分析考核制度内容是否合法，绩效考核的内容应该不违反国家法律、行政法规及政策规定；最后，要看考核制度有没有向劳动者公示、告知或者员工签字。

在国家和地区法律法规中与绩效考核最为接近的为《劳动合同法》第四十条第（二）项，劳动者不能胜任工作，经过培训或者调整工作岗位，仍不能胜任工作的，用人单位提前三十日以书面形式通知劳动者本人或者额外支付劳动者一个月工资后，可以解除劳动合同。

（2）责任后果

如果劳动者在工作安排中没有能力完成任务，或者在具体指导与培训之下仍然无法履行职责，大多数用人单位会单方解除劳动合同，但是在此类情况下，用人单位若不能够十分确定证据的准确性，仍然会导致劳动者提起仲裁诉讼的风险。同时，如用人单位没有通过各种应有的考评制度与标准来证明劳动者缺乏相应岗位的工作能力，那么也就无法充分证明其对劳动者调岗降薪或者解除劳动合同的合理性。在这个时候劳动者就可要求用人单位继续履行劳动合同并支付其恢复期的工资，并且有权主动解除劳动合同。

2. 合规风险评估

（1）合规风险事件、违规情形描述

人力资源部绩效考核岗位为激发劳动者的工作热情，通常会通过设置绩效工资、绩效奖金、年终奖金等方式制定绩效考核办法，但是在制定绩效考核办法时也应当和劳动者进行及时、细致、有效的沟通，如劳动者对绩效考核标准的治理思想和行为导向不清楚，极易产生各类歪曲理解，并对所实施的绩效考核标准的科学性、有效性和客观公正性产生质疑。

（2）合规风险产生原因

首先，用人单位在制定或者修改绩效考核制度时仅仅考虑企业自身利益，违背《劳动合同法》及《劳动法》等相关规定，内容不合法且不合理，损害了劳动者的合法权益；其次，在制度制定或者修改时未经过民主程序（未经工会或者职工代表大会通过），没有对劳动者进行制度培训、公示及签字确认；最后，绩效考核制度中对于考核指标、考核依据、考核方式、考核结果、处理方式等约定不明，对于劳动者的绩效考核结果未经劳动者本人确认等。以上均系导致绩效考核不合规风险的主要原因。

（3）合规风险等级

公司以劳动者绩效考核不合规为由单方解约或调岗降薪的合规风险等级为高等级。

用人单位如果没有按照劳动合同中的规定依法保护劳动者的合法权益，违法调整劳动者工作岗位，没有及时支付劳动者报酬或者随意降低劳动者工薪的，都属于违反劳动合同的约定，没有有效提供给劳动者相应的条件，劳动者都可以要求解除劳动合同。

如果用人单位并没有按照应有的程序，给出应有的证明来要求劳动者解除或者终止劳动合同，那么就属于违反法律规定解除劳动合同，此时劳动者就可以要求继续履行劳动合同；在此情形下如劳动者要求解除劳动合同，或者双方签订的劳动合同已经丧失了其应有的法律效力的话，用人单位则应该按照法律规定，对劳动者进行相应赔偿。

综上，在面临法律纠纷时，劳动者有权要求用人单位继续履行劳动合同或者解除劳动合同的同时要求企业支付经济补偿和经济赔偿。

3. 合规风险处置

用人单位如以劳动者绩效考核不合格认定其不能胜任工作，所依据的绩效考核制度须同时符合以下标准：用人单位绩效考核制度中应明确具体的考核范围，同时考核范围应是有指标性可量化的，不能全都是主观判断；绩效考核的各项指标的权重应做到合理分配，既有客观标准又有主观判断，有明确的考核方式；考核结论应在考核制度文件中予以明确；固化考核结论，对劳动者的考核结果应让劳动者签字确认，对于采用无纸化办公的用人单位也可让劳动者在电子系统上点击确认。对于不确认考核结果的劳动者，应给予其申辩的机会。有救济渠道的考核制度才是完整的。

4. 案例分析

某公司以员工“不能胜任工作”为由，采取末位淘汰制解除劳动合同导致承担赔偿责任①

（1）案件简介

2018 年 9 月，张某入职某公司担任销售工作。根据《营销人员绩效考核管理办法》的规定，某公司对张某 2019 年 10 月至 12 月的营销业绩进行考核，因其未完成公司分配的营销任务，业绩排名位于所在部门末位，故某公司于 2020 年 1 月以其不能胜任工作岗位为由对其作出解除劳动合同处理，即时送达解除劳动合同通知书，且不予支付经济补偿金。张某认为某公司违法解除双方的劳动合同，于 2020 年 2 月申请仲裁，要求某公司支付违法解除劳动合同的双倍赔偿金。

---

① 参见《2017 年度宁波市十大劳动争议典型案例》，载宁波市人力资源和社会保障局官网，http：//rsj. ningbo. gov. cn/art/2017/11/21/art_ 1229116287_ 49595912. html，最后访问日期：2022 年 8 月 26 日。

（2）争议焦点

企业是否有权以员工“不能胜任工作”为由，采取末位淘汰制解除劳动合同？

（3）裁判结果

仲裁委经审理后认为，“不能胜任工作”虽然是企业解除劳动合同的法定理由，但“末位”不等同于“不能胜任工作”。该案中某公司未能证明张某不能胜任其本职工作，且解除程序也不符合《劳动合同法》第四十条“劳动者不能胜任工作，经过培训或者调整工作岗位，仍不能胜任工作”的规定。故仲裁庭裁决某公司解除与张某的劳动合同系违法解除，应支付张某违法解除劳动合同赔偿金。

（4）合规预警

本案揭示了企业采用末位淘汰制解除与员工之间的劳动合同的风险。企业有用工自主权，采用末位淘汰、绩效考核等竞争性用工管理方式决定员工职级升降、岗位调整、薪酬高低乃至留用与否，可以有效提升企业经营效率。在实践中，企业往往以《劳动合同法》规定的“不能胜任工作”作为上述情况中解除劳动合同的法律依据，但是末位、绩效考核不达标不等同于“不能胜任工作”。建议企业在进行用工管理时，一是确保考核制度科学合理、明确可执行，针对不同岗位制定清晰、可量化、可操作的职责界定及评估办法；二是确保考核制度的制定依法履行民主制定和公示程序，考核制度作为企业用工管理的重要制度，只有经过民主制定和公示程序才能作为用工管理依据。

（四）加班费支付不当的合规风险

1. 合规义务来源

（1）合规规范

《劳动法》第三十六条规定，国家实行劳动者每日工作时间不超过八小时、平均每周工作时间不超过四十四小时的工时制度。

《劳动法》第四十四条、《工资支付暂行规定》规定，用人单位安排劳动者延长工作时间的，支付不低于工资的百分之一百五十的工资报酬；休息日安排劳动者工作又不能安排补休的，支付不低于工资的百分之二百的工资报酬；法定休假日安排劳动者工作的，支付不低于工资的百分之三百的工资报酬。

《劳动合同法》第三十一条规定，用人单位应当严格执行劳动定额标准，不得强迫或者变相强迫劳动者加班。用人单位安排加班的，应当按照国家有关规定向劳动者支付加班费。

（2）责任后果

用人单位安排加班不支付加班费的，由劳动行政部门责令限期支付劳动报酬、加班费或者经济补偿；劳动报酬低于当地最低工资标准的，应当支付其差额部分；逾期不支付的，责令用人单位按应付金额百分之五十以上百分之一百以下的标准向劳动者加付赔偿金。

2. 合规风险评估

（1）合规风险事件、违规情形描述

人力资源部劳动关系部门为了节省成本，对于加班不分类型一概采取调休的方式而不支付加班费；此外，实践中还存在为了降低用工成本，避免员工故意延长工作时间来获取加班费设有加班审批制度，以员工加班未经用人单位流程审批为由不支付加班费的违规情形。

（2）合规风险产生原因

用人单位设法控制人力成本无可厚非，但需要在法律的框架内进行，通过一味追求降低用工成本、试图寻找法律“漏洞”的方法实现这一目标往往徒劳无功甚至得不偿失。

（3）合规风险等级

加班费支付不当的合规风险等级为高等级。

用人单位在劳动合同的履行过程中，应当遵守法律规定，如安排劳动者延时加班和节假日加班的应当依法支付加班费，如安排劳动者在休息日加班的，可以先安排补休，不能补休的也要支付加班费。如果安排补休，用人单位应当做好考勤，避免发生争议时产生举证不能的不利后果。

3. 合规风险处置

建议用人单位摒弃钻法律“漏洞”攫取非法利益的违法观念，切实遵守法律规定，坚守不侵害劳动者合法权益的底线，通过合法科学合理的措施控制不必要的用工成本，同时更要去激励劳动者的积极性和创造性，以构建和谐稳定健康的劳动关系。

十、TOD 建设领域合规管理的风险识别、评估与处置

时至今日，以公共交通为导向的开发，即 TOD（transit - oriented development）模式，已成为城市轨道交通促进站城融合、提高综合开发效率、实现健康可持续的重要举措。然而目前我国国家层面还未正式出台关于城市公共交通用地综合开发的纲领性政策文件，各地方政府均在实践中对政策进行适当的调整与修改。

TOD 开发模式与传统的房地产开发模式具有较大的不同。首先，从横向来说，TOD 模式用地兼具公共交通基础设施的公益性功能与开发利用配套服务的经营性功能。从纵向来说，除地上部分外，TOD 还涵盖了地下空间的开发形式，包括城市轨道交通、地下商业街、地下综合体、综合管廊、地下停车场、地下道路和市政工程等。TOD 模式在我国推广与运用的前提之一便是地上、地下土地使用权如何获取的问题。这种片区化、立体化的城市开发构成了 TOD 模式独特的法律风险点。

其次，由于 TOD 项目开发体量较大、业态复合多元，对城市轨道交通企业的开发建设能力及运营能力均提出了较高的要求。单个 TOD 项目开发体量为 30—50万方，业态兼具商业、公寓、写字楼、酒店、公建配套等，需具备居住、商业、教育、社区配套等复合城市功能，这种多业态复合项目对开发商的专业人员、作业分工、协同联动要求较高，同时也对城市轨道交通企业的产业、商业项目筛选和引入的能力提出了更高的挑战。

（一）采用附条件“招拍挂”拿地时设定排他性条款的合规风险

1. 合规义务来源

（1）合规规范

《民法典》第三百四十七条第一款、第二款规定，设立建设用地使用权，可以采取出让或者划拨等方式。工业、商业、旅游、娱乐和商品住宅等经营性用地以及同一土地有两个以上意向用地者的，应当采取招标、拍卖等公开竞价的方式出让。

《土地管理法实施条例》第十七条第一款规定，建设单位使用国有土地，应当

以有偿使用方式取得；但是，法律、行政法规规定可以以划拨方式取得的除外。

《招标拍卖挂牌出让国有建设用地使用权规定》第十一条第二款规定，出让人在招标拍卖挂牌出让公告中不得设定影响公平、公正竞争的限制条件。挂牌出让的，出让公告中规定的申请截止时间，应当为挂牌出让结束日前 2 天。对符合招标拍卖挂牌公告规定条件的申请人，出让人应当通知其参加招标拍卖挂牌活动。

《国务院办公厅关于规范国有土地使用权出让收支管理的通知》规定，将土地出让收支全额纳入预算，实行“收支两条线”管理，从 2007 年 1 月 1 日起，土地出让收支全额纳入地方基金预算管理。收入全部缴入地方国库，支出一律通过地方基金预算从土地出让收入中予以安排，实行彻底的“收支两条线”。在地方国库中设立专账，专门核算土地出让收入和支出情况。

《关于进一步加强土地出让收支管理的通知》文件规定，严格执行国办发〔2006〕100 号和财综〔2006〕68 号等文件，不折不扣地落实土地出让收支全额纳入地方基金预算管理的规定，将土地出让收入全额缴入地方国库，支出通过地方基金预算从土地出让收入中予以安排，实行彻底的“收支两条线”管理。

（2）责任后果

在 TOD 项目开发建设的拿地阶段，如为城市轨道交通企业所设定的条件被认定为会影响公平公正竞争的，则存在违法的风险。与此同时，城市轨道交通企业通过一二级联动开发模式获得土地使用权进行地铁上盖物业开发的，不仅面临违反招拍挂制度的风险，还将面临因土地一级开发协议违反土地出让金“收支两条线”管理制度，而无法主张补偿的风险。

2. 合规风险评估

（1）合规风险事件、违规情形描述

城市轨道交通企业相关工作人员，在项目土地获取过程中，与当地政府进行协商，设定一些条件以保证一级开发企业取得部分二级开发项目，实现一二级联动开发，获取高收益，但为确保一级开发企业或其关联企业获取二级土地，在二级市场上设定了排他性的特殊土地出让前提条件，最终被法院认定为出让行为违法。

（2）合规风险产生原因

目前而言，TOD 模式的土地获取方式主要有三种：作价出资、协议出让与附条件“招拍挂”。而在土地一二级联动开发的模式下，土地一级开发主体通过与政府协商，创造一些条件，设定附条件“招拍挂”使得一级开发商取得部分二级开发项目，实现一二级联动开发，获取高收益。开发企业在土地一级开发项目中付出了大量的资金、财力、专业等资源，为防止被他人获取相应利益，保证能在二级市场上以比较低的价格获取土地，某些开发企业会利用与政府的良好关系，设计有明显排他行性的《国有建设用地使用权挂牌出让公告》等文件条款。

另外，在一二级联动开发模式下，从事土地一级开发的城市轨道交通企业因需投入一级开发成本，因此为寻求补偿，往往会与政府进行出让金分成或者利益返还的约定。而我国土地出让金实行“收支两条线”管理，土地出让收入必须全额缴入地方国库，支出则需通过地方基金预算从土地出让收入中予以安排。因此，城市轨道交通企业采取一二级联动开发模式的，如果与政府进行出让金分成或者利益返还的约定，可能还存在因土地一级开发协议违反土地出让金“收支两条线”规定而无法主张补偿的风险。

（3）合规风险等级

采用附条件“招拍挂”拿地时设定排他性条款的合规风险等级为高等级。

现行立法和政策规定，不论经营性建设用地，还是非经营性建设用地，只要同一块土地有两个以上意向用地者，必须采用招标拍卖挂牌等出让方式。国土资源部《招标拍卖挂牌出让国有土地使用权规定》自 202 年 7 月 1 日施行之后，对于经营性建设用地的出让禁止采取协议方式。但对于出让方式是否影响建设用地使用权出让合同的效力，虽然《最高人民法院关于审理涉及国有土地使用权合同纠纷案件适用法律问题的解释》《民法典》等均未予以明确，但根据四川省高级人民法院做出的（2015）川民终字第 1136 号民事判决书，四川省高级人民法院的意见为：“根据《中华人民共和国物权法》第一百三十七条第二款[①]“工业、商业、旅游、娱乐和商品住宅等经营性用地以及同一土地有两个以上意向用地者的，应当采取招标、拍卖等公开竞价的方式出让”之规定，对国有土地出让用于工业、商业等经营性用途的，应当采取招标、拍卖等公开竞价的方式出让。本案案涉《项目投资协议》第二条约定以“协议出让”

① 《物权法》该条内容已被 2021 年 1 月 1 日起施行的《民法典》替代。

方式将土地提供给投资方作为工业用地，违反了《中华人民共和国物权法》第一百三十七条第二款的规定。因此，《项目投资协议》第二条中关于“项目用地”的约定违反了法律的强制性规定，应当认定无效。”根据上述司法判例的观点，采取协议方式出让经营性建设用地违反了国家整顿土地出让市场政策的规定，可能损害国家利益和社会公共利益，故以协议方式订立的经营性建设用地使用权出让合同存在被认定为无效的法律风险。

而在采取招标、拍卖、挂牌等竞争性方式时，如设定明显影响公平、公正竞争的限制条件以达到保证相关主体拿地的目的，存在被法院认定为出让行为违法、出让合同无效的法律风险。

3. 合规风险处置

首先，应当厘清国有土地使用权出让合同的合法出让主体为市、县人民政府的土地管理部门，而非集体土地的土地所有权人、国有划拨用地的土地使用权人、村委会或居委会、经济开发区管委会、乡镇政府或县级政府、土地储备中心等。

其次，应当明确经营性国有土地的概念，“经营性用地”，既包括工业、商业、旅游、娱乐、商品住宅建设用地，也包括用于经营用途的文化、体育、综合用地等建设用地；除建设用地外，经营性用地还包括用于经营性用途的农用地，如用于经营的林地、草地、养殖水面等。

最后，必须经招标、拍卖、挂牌程序签署经营性国有土地权出让合同，同时应当注意的是，与政府沟通在进行二级市场的经营性国有土地使用权招拍挂公告中避免设置影响公平、公正竞争的限制条件。

4. 案例分析

某市地铁公司与某市自然资源局串联在土地使用权挂牌出让中设计不合理排他条款，导致法院认定国有建设用地土地使用权挂牌出让行政行为违法①

（1）案件简介

2016 年，某省商务厅经审核，确认本案第三人某市地铁公司 TOD 上盖项目符合当地行业发展规划的布点要求。本案被告某市自然资源局根据某省人民政府的批文，依职权对包括某市地铁公司 TOD 上盖项目在内的集体农用地办理

① 裁判文书号：(2020) 桂行再 11 号。

农转非和征收手续，宗地由集体土地变为国有土地。2019 年被告发布《国有建设用地使用权挂牌出让公告》，公告第一部分规定，竞买申请人应具备的其他条件：需取得省商务厅针对该项目的新建规划确认文件。随后，本案原告 A 公司向被告发函反映案涉地块国有建设用地使用权挂牌出让存在问题，竞买申请人应具备的其他条件“需取得某省商务厅新建规划确认文件”属于违法违规行为。随后，被告暂停对案涉地块的挂牌出让。2020 年，被告再次发布针对该地块的《国有建设用地使用权挂牌出让公告》，公告第二部分竞买人范围及资格审查规定：“中华人民共和国境内外的法人、自然人和其他组织（凡欠缴土地出让金的单位及法律、法规另有规定的除外）均可申请参加，申请人可以单独申请，也可以联合申请。”2020 年 2 月 11 日，被告在某省自然资源网上交易系统向原告 A 公司作出未通过编号为案涉地块的资格审查通知，原因系原告 A 公司缺少公告中竞买人范围及资格审查第六条“投标申请人和竞买人应当经省级人民政府商务主管部门同意并取得预核准文件后，方可参加投标、竞买”的资料。经被告审核，第三人某市地铁公司符合公告中竞买人范围及资格审查条件，随后，被告向第三人某市地铁公司发放《土地挂牌出让竞买资格确认书》，确认第三人竞买资格。随后，被告、某市土地交易所与第三人某市地铁公司签订《成交通知书》，并于次日进行成交公示。2020 年 2 月 28 日，被告与第三人某市地铁公司签订《国有建设用地使用权出让合同》，并将该地块交付第三人某市地铁公司。在第三人某市地铁公司向被告缴纳土地出让金税费后，某市地铁公司顺利办理了不动产权证书。

（2）争议焦点

被告在招标公告中设置“投标申请人和竞买人应当经省级人民政府商务主管部门同意并取得预核准文件后，方可参加投标、竞买”的限制性条件是否合法？

（3）裁判结果

法院经审理后认为，被告某市自然资源局在招标公告中设定影响公平、公正竞争的限制条件，导致其他竞买人因此未能参加竞买，属于违法情形，发布招标公告、确认竞买资格、签订成交确认书是国有建设用地使用权挂牌出让行政行为的组成部分，故被告与第三人某市地铁公司签订的土地成交确认书亦违法。

（4）合规预警

本案揭示了建设单位为保证其顺利拿地，与政府土地主管部门设定明显影响公平、公证竞争的限制条件导致经营性国有土地使用权出让行为被认定为违法的风险。在实践中，某些地方违反“三公”原则，在招标拍卖挂牌出让公告中，设置注册资金、房地产开发资质、税务注册地、投资规模等排他性的限制条件，为特定的某个竞买人量身定做，排斥意向外的竞买人参加招标拍卖挂牌出让活动。上述做法存在被法院认定违反《招标拍卖挂牌出让国有建设用地使用权规定》第十一条规定的法律风险。

（二）地下空间产权不清晰的合规风险

1. 合规义务来源

（1）合规规范

对于TOD开发来说，地下空间的获取和开发至关重要，但相比地上空间而言，地下空间的开发周期长，施工技术难度大，建设成本高，社会经济综合影响多，对地下空间的开发需多方论证、谨慎决策，必须有完整的政策法规、规划设计、技术装备、施工与运营体系予以支撑。我国的地下空间开发利用起步较晚，也没有针对地下空间的专门立法，目前已有的相关法律及地方性法规如下：

《城乡规划法》第三十三条规定，城市地下空间的开发和利用，应当与经济和技术发展水平相适应，遵循统筹安排、综合开发、合理利用的原则，充分考虑防灾减灾、人民防空和通信等需要，并符合城市规划，履行规划审批手续。

《民法典》第三百四十五条规定，建设用地使用权可以在土地的地表、地上或者地下分别设立。

《上海市地下空间规划建设条例》第九条第一款规定，市规划资源行政管理部门应当组织编制本市地下空间总体规划，作为专项规划纳入城市总体规划，并向社会公布。

第十一条第一款规定，涉及地下空间安排的各类专项规划，由市有关专业管理部门会同市规划资源行政管理部门组织编制，经批准后纳入相应的城乡规划。

《广州市地下空间开发利用管理办法》第三十二条规定，地下建设用地使用权登记以宗地为单位，并通过水平投影坐标、竖向高程和水平投影最大面积确定其权属范围。

《长春市城市地下空间开发利用管理条例》第二十条规定，地下空间建设用地使用权出让年限应当根据相关法律、行政法规所规定的用途确定，不得超过相同用途地表建设用地使用权法定出让最高年限。

《青岛市地下空间开发利用管理条例》第十六条规定，地下空间建设应当依法办理规划许可和建设用地使用审批手续，并取得地下建设用地使用权。禁止擅自进行地下空间建设。

结建式地下空间建设应当随地上建设一并办理规划许可、建设用地使用审批手续。

第十七条规定，地下空间建设项目符合划拨用地条件的，可以采用划拨方式取得地下建设用地使用权。

除划拨外，地下建设用地使用权应当依法通过出让等有偿使用方式取得。有下列情形之一的，地下建设用地使用权出让可以采用协议方式：

（一）地表建设用地使用权人申请开发其建设用地范围内的地下空间；

（二）附着于市政设施、交通设施等公益性项目且不具备独立开发条件的地下建设项目；

（三）其他依法可以协议出让的情形。

第十八条规定，穿越市政道路、公共绿地、公共广场等公共用地或者连接已设定产权用地建设的地下公共连通通道，属于非营利性的可以采取划拨方式供地；公共连通通道配建的经营性建筑不超过通道总建筑面积百分之二十的，可以按照公共连通通道用途采取协议方式出让。

相邻人民防空工程之间、人民防空工程与其他地下工程之间，按照规划要求修建的连通通道，符合人民防空工程设计、施工等相关规范的，通道面积可以计入人民防空工程建设面积。

第十九条第一款规定，地下空间国有建设用地使用权出让年限按照批准的使用用途依法确定。

2. 合规风险评估

（1）合规风险事件、违规情形描述

地下空间产权不清晰的常见情形有：①地下空间建筑物权属不明，即投资者在开发地下空间之后，由于无法取得相应的权属证明，地下空间权利无法在法律上得到承认和保护。②物权变动和取得缺乏详细规定，即由于地下空间在地理位置和建筑结构上的特殊性，对于地下空间的登记则不能完全参照我国现行法律体系中关于不动产物权的登记方法，其中两者最明显的区别就在于登记范围的确定方法。由于地下空间使用权在客体上的特殊性，地下空间的长、高、上、下、左、右等范围都很难得到法律上的确定。③权利冲突的解决机制不明，即对于地下空间权利冲突解决机制仅有原则性规定，导致诸如先设立的建设用地使用权人对于地下空间使用权的设立在同等条件下是否具有优先权，房屋所有人在出售房屋的同时是否需要将附着于该建筑物之上的地上、地表和地下空间都转让给房屋买受人等实践中经常产生的问题没有具有可操作性的相关规定。

（2）合规风险产生原因

我国《民法典》第二编物权第三百四十五条规定，建设用地使用权可以在土地的地表、地上或者地下分别设立。《青岛市地下空间开发利用管理条例》第十六条第一款规定，地下空间建设应当依法办理规划许可和建设用地使用审批手续，并取得地下建设用地使用权。禁止擅自进行地下空间建设。《城市房地产管理法》第六十条规定，国家实行土地使用权和房屋所有权登记发证制度。然而实践中，一些地下建筑物、构筑物及其附属设施因法律没有明确规定而无法办理产权登记，导致其权属不明、产权不清晰，极易产生纠纷。同时，对于地下空间出让金的确定依据、国家对于地下空间开发利用的优惠政策、地下空间进行转让的限制条件、地下空间的开发管理问题等也尚无法可依。

（3）合规风险等级

地下空间产权不清晰的合规风险等级为高等级。

由于我国针对地下空间的确权和开发的法律法规尚在完善过程中，实践中较易产生因地下空间产权不清晰而导致的法律风险。如未重视该法律风险，没有依法办理地下建设用地使用权和建（构）筑物所有权首次登记，或未明确界定地下空间的权属范围，未针对分层设立的地下空间明确层次和标高，均可能会导致产权不清晰而无法向银行抵押获得贷款和进行相应的市场操作，使得项目周期大幅延长乃至无法建成，使企业遭受较大的财产损失。

3. 合规风险处置

在地下空间确权的流程上，基于《民法典》物权编的明确规定，我国将登记作为地下空间权利确认、公示公信的唯一方式，故应按相关地方性法规的规定，向自然资源和规划主管部门申报地下空间的规划、用地和不动产登记。

而登记程序方面，除了一般的登记申请、登记受理、产权审查之外，主要步骤就是地下空间的勘丈绘图，这关系到城市地下空间权利范围的确定。地下空间不同于传统的土地资源，城市地下空间使用权的登记范围除了要确定平面范围之外，最重要的是要确定深度范围。《青岛市地下空间开发利用管理条例》第二十八条第一款规定，通过水平投影坐标、竖向高程和水平投影最大面积确定其权属范围。分层设立的地下建设用地使用权，应当在宗地图上注明层次和标高范围。

在针对地下空间的产权登记时，应特别注意地下空间权利范围的确定，有别于平面范围的“四至”概念，应该确定“八至”概念。地下空间是基于一定的地表而存在的物质载体，可从长、宽、高三维加以确定，可探索将确定的空间登记在土地登记簿上，并且应该将标注坐标的平面图和立体图备案以备后查，减少纠纷发生的可能性。

4. 案例分析

某地铁公司 TOD 项目住宅部分地下停车场产权因归属问题导致的诉讼①

（1）案件简介

2015 年，某市地铁公司与某市规划国土局签订《某市土地使用权出让合同书》，取得 A 地块的使用权。随后地铁公司与 B 公司签订《TOD 项目合作合同》，约定双方就 TOD 项目中的第 4 号地合作开发。2016 年，地铁公司与 B 公司签订《TOD 项目合作合同补充协议》，约定其中住宅项目产权分配比例：地铁公司占 1%，B 公司占 99%。2017 年，TOD 住宅项目 A、B、C、D、E 栋取得建设工程竣工验收证书。2017 年 6 月，地铁公司向某市规划国土局出具《情况说明》，载明该项目已交付使用，该物业的所有产权属 B 公司所有。

根据某市公安交通管理局颁发的《某市机动车停车场场地合格证》，该项目停车场结构为地下两层，面积为 4679 平方米，有效车位为 266 个。关于地下停车场的产权归属，B 公司主张规划的 266 个车位由 B 公司投资建设，均未计入容积率，买卖合同中也未约定停车场的归属应为 B 公司所有。地铁公司则认

---

① 裁判文书号：（2018）最高法民再 263 号。

为从房屋价格构成分析，未计入容积率的住宅部分公共配套设施，其建设成本早已计入购房价款之中，且案涉该项目住宅部分停车场负二层为人防工程，车位应归属全体业主。B公司提交了《建设工程竣工测量报告》《某市房屋建筑面积查丈报告》证明该项目住宅部分地下两层未计入容积率。地铁公司提交了《民防工程验收证书》证明该项目住宅部分实建民防地下室面积2692平方米，平时用途为车库。B公司认为该证书表明建设单位是B公司，根据谁投资、谁受益的原则，地下车库人防工程为B公司投资建设，平时的使用和收益应归B公司所有。

2017年，B公司（甲方）与地铁公司（乙方）签订《物业委托管理合同》，约定甲方委托乙方对该项目住宅部分实行物业管理，停车场的收费标准按政府规定执行，从批准收费之日起收入全归乙方，用于补贴物业管理费用的不足，以及其他条款。2018年，该项目业主委员会（甲方）与地铁公司（乙方）签订《物业委托管理合同》，约定甲方委托乙方对该项目进行物业管理，委托管理事项包括本物业规划红线内属物业管理范围的市政公用设施（包括停车场等）的维修、养护和管理及交通、车辆行驶及停泊；停车场的收费标准按政府规定执行，其收入用于补贴物业管理费用的不足。

2019年，B公司（甲方）与该项目业主委员会（乙方）签订《协议书》，约定甲方因资金困难无力支付该项目的房屋公用设施专用基金，甲方将出售或长期出租该项目地下停车位，根据乙方保证小区租车位户合理使用的要求，先期出让30个车位，价格由甲方自行合理拟定，甲方保证本次处置车位的收入首先支付大修基金，乙方有权监督大修基金的支付情况，大修基金支付完毕后，甲方有权自行处置其余收入；若今后国家或某市有关地下停车场的法律法规进行修订公布，则依照修订后的法律法规执行，如文件中界定甲方已处置的地下停车位为业主所有，甲方应另行补交大修基金。

庭审中，B公司提交了《车位租赁合同》和《租赁合同》，证明B公司早在案涉房产销售阶段已将106个车位长期出租给案涉住宅部分业主，一次性收取租金，车位使用年限等同于该项目住宅部分的产权年限；B公司与业主委员会签订《协议书》后，又与案涉小区业主签订《租赁合同》，将27个车位长期出租给案涉小区业主，租期为20年，20年以后有优先承租权。地铁公司认可上述证据的真实性，但认为该项目住宅部分业主委员会在未召开业主大会、未公示的情况下与 B 公司签订协议，不能代表小区全体业主的意见，且 B 公司也未依约将出租车位和筹集的资金汇入专项基金账号；B 公司长期出租的车位，业主每月只需向地铁公司支付管理费 50 元，低于物价局核定的停车费标准。B 公司认为地铁公司收取 50 元管理费是基于物业管理收费，收取 250 元则是基于对停车位的使用收益权；地铁公司则认为收取 250 元是基于物业管理收费，符合物业管理合同的约定和政府指导价，50 元则是根据 B 公司的要求收取，因车位的租金已由开发商一次性收取。

（2）争议焦点

B 公司对案涉车位是否享有所有权？B 公司要求地铁公司返还车位并支付上述车位停车费的请求能否支持？

（3）裁判结果

法院认为，《物权法》（已被 2021 年 1 月 1 日起施行的《民法典》替代）第七十四条规定，建筑区划内，规划用于停放汽车的车位、车库应当首先满足业主的需要。建筑区划内，规划用于停放汽车的车位、车库的归属，由当事人通过出售、附赠或者出租等方式约定。本案中，B 公司为案涉住宅的开发商与案涉住宅业主并未约定案涉住宅地下停车场的归属；地下停车场虽由 B 公司投资建设，但 B 公司亦无法证明地下停车场的建设款项未列入由业主分摊的案涉小区的建设成本；而现行的法律、法规也未规定未计入容积率的区域，所有权属于开发商。B 公司在本案中所举的证据不足以证明 B 公司享有对案涉小区地下停车位的所有权。案涉小区的地下停车场作为案涉小区的重要公共配套设施，应当首先满足业主的需要。

因案涉地下停车场既没有计入容积率即并未占用案涉小区土地的使用权，现地铁公司也未提交证据证明案涉地下停车场开发成本已相应分摊到各个商品房的出售价格之中，因此不宜认定案涉车位已随该 TOD 项目住宅部分所有权的转让，一并转移给全体业主。因并无事实和法律依据证明业主或者业主委员会有处置车位的权利，故地铁公司关于其与业主之间签订新的委托合同而占有案涉车位的主张不能成立。

因地铁公司与 B 公司之间的委托合同期满后，双方当事人并未就委托事宜重新签订相关协议，故地铁公司不再是案涉停车位管理委托人。依据《合同法》第八条第一款的规定：“依法成立的合同，对当事人具有法律约束力。当事人应当按照约定履行自己的义务，不得擅自变更或者解除合同”以及《物业委托管理合同》第六条约定：“本合同终止时，乙方（地铁公司）必须向甲方（B公司）移交原委托管理的全部物业及其各类档案、财务等资料；移交本物业的公共财产包括用管理费、公共收入积累形成的资产；对本物业的管理财务状况进行财务审计，甲方（B公司）有权指定专业审计机构”，地铁公司应当依照约定归还B公司委托其管理的案涉车位。该委托合同还约定，停车场的收费标准按政府规定执行，从批准收费之日起收入全归地铁公司，用于补贴物业管理费用的不足，但该委托合同期满后，B公司已经没有补贴地铁公司物业管理费用不足的义务。因此，地铁公司在该委托合同期满后继续收取案涉车位的租金收益没有合法依据，地铁公司亦应当将该委托合同期满后所收取的案涉车位的租金收益返还给B公司。

（4）合规预警

地下车位一般因历史原因很少或难以办理产权登记手续，而且其又涉及人防工程，我国还没有全国性的规范地下建设用地使用权设立和登记问题的法律、法规，仅有一些地方依据本地情况颁布了地下建设用地使用权设立和登记的规章或规范，由此造成理论上和审判实务分歧较大。

为避免争议，维护自身权益，建议开发商在商品房销售时，明确约定通过租赁或者转让的方式将地下车位交由业主或者其他人使用，以避免日后面临冗长而繁琐的权属争议纠纷。如果没有约定，开发商即应当对地下车位是否因其合法建造而原始取得所有权的事实提供相应的证据予以证明，并结合车位是否占用容积率、是否计入公摊面积、地下车位的成本是否以其他方式分摊到各个商品房的销售价格中等多种因素，主张业主并未通过继受取得的方式获得地下车位的所有权，业主不能仅仅根据项目整体销售给全体业主，即主张地下车位的所有权就转移给全体业主共有。

（三）TOD项目招商过程中宣传不实的合规风险

1. 合规义务来源

（1）合规规范

《房地产广告发布规定》第四条规定，房地产广告，房源信息应当真实，面积应当表明为建筑面积或者套内建筑面积，并不得含有下列内容：

（一）升值或者投资回报的承诺；

（二）以项目到达某一具体参照物的所需时间表示项目位置；

（三）违反国家有关价格管理的规定；

（四）对规划或者建设中的交通、商业、文化教育设施以及其他市政条件作误导宣传。

《广告法》第五十五条第一、三、四款规定，违反本法规定，发布虚假广告的，由市场监督管理部门责令停止发布广告，责令广告主在相应范围内消除影响，处广告费用三倍以上五倍以下的罚款，广告费用无法计算或者明显偏低的，处二十万元以上一百万元以下的罚款；两年内有三次以上违法行为或者有其他严重情节的，处广告费用五倍以上十倍以下的罚款，广告费用无法计算或者明显偏低的，处一百万元以上二百万元以下的罚款，可以吊销营业执照，并由广告审查机关撤销广告审查批准文件、一年内不受理其广告审查申请。

广告经营者、广告发布者明知或者应知广告虚假仍设计、制作、代理、发布的，由市场监督管理部门没收广告费用，并处广告费用三倍以上五倍以下的罚款，广告费用无法计算或者明显偏低的，处二十万元以上一百万元以下的罚款；两年内有三次以上违法行为或者有其他严重情节的，处广告费用五倍以上十倍以下的罚款，广告费用无法计算或者明显偏低的，处一百万元以上二百万元以下的罚款，并可以由有关部门暂停广告发布业务、吊销营业执照。

广告主、广告经营者、广告发布者有本条第一款、第三款规定行为，构成犯罪的，依法追究刑事责任。

《最高人民法院关于关于审理非法集资刑事案件具体应用法律若干问题的解释》第二条第（一）项规定，不具有房产销售的真实内容或者不以房产销售为主要目的，以返本销售、售后包租、约定回购、销售房产份额等方式非法吸收资金的，应当按照非法吸收公众存款罪定罪处罚。

（2）责任后果

实践中，广告宣传是贯穿 TOD 项目招商引资较长风险周期的环节，在项目招商前期，开发商或招商代理公司往往为了强力打造项目的招商热点及亮点，会在招商手册等各类宣传资料进行一些较为夸大不实的宣传，该类宣传一旦被认定属于发布虚假广告或含有违规内容的，可能会导致因违反《广告法》或《房地产广告发布规定》而面临罚款、行政处罚、承担赔偿责任的风险。同时，如招商优惠政策制定不合理，项目招商环境描述不客观，也容易产生因具体招商宣传内容构成合同内容导致承担履约不能的法律风险。此外，商业地产项目为加快回笼资金、推进招商运营，有时会采取售后包租模式进行销售。目前在我国法律层面，对于售后包租并没有绝对禁止，但在部门规章层面针对期房不得售后包租表示了否定和限制。

2. 合规风险评估

（1）合规风险事件、违规情形描述

开发商招商工作人员或招商代理公司在招商引资过程中，对于发布的招商广告或招商宣传内容描述不实，使得 TOD 项目因违反《广告法》或《房地产广告发布规定》而承担罚款、行政处罚、承担赔偿责任的后果，或因广告宣传内容较为具体明确，被法院认定为构成招商合同内容的组成部分要求兑现履约。此外，如该项目采用售后包租模式的，在发生资金周转失灵、买受人提前解约或不具有真实房产销售目的时，极易产生群体性事件甚至有被认定为非法吸收公众存款罪的法律风险。

（2）合规风险产生原因

TOD 内的商业地产项目在招商前期，为吸引大量商户尽快签约入驻会在招商宣传资料中明确具体的招商优惠政策或在招商手册中具体描述商业项目环境等宣传内容（如每天项目不少于××万的客群流量、开业率、定期进行某类宣传活动等），如果类似具体的广告宣传内容较为具体明确的，或将构成招商合同内容的组成部分而被要求兑现履约。而在招商前期，如项目运营不利，商户无法盈利，开发商或招商代理公司除将面临除涉嫌虚假宣传的法律风险之外，还将面临大面积商户以此为由要求解约索赔的法律风险。

此外，目前在我国法律层面，对于售后包租并没有绝对禁止，但在部门规章层面针对期房不得售后包租表示了否定和限制。售后包租在满足一定条件下，也是允许的。但当前市场上的售后包租模式较多，不同的返租模式，风险利弊各有不同，比较典型的有：①项目公司或第三方公司每个月需向购房人支付费用。此模式若在项目公司资金链断裂、项目公司或物业管理公司无法吸引商户承租商铺或第三方公司拒付费用的情形下，众多的购房人可能会采取集体行动，要求项目公司或第三方公司兑付租金。②售后包租模式中购房人与项目公司或第三方签订委托经营管理协议，此模式若购房人提前解除该协议，则项目公司或第三方对外出租的权利基础不再存在，从而导致项目公司或第三方公司需对商户承担相应的违约责任，进而存在影响整个商业地产项目经营的风险。③如存在不具有真实房产销售的售后包租行为，《最高人民法院关于审理非法集资刑事案件具体应用法律若干问题的解释》第二条规定，不具有房产销售的真实内容或者不以房产销售为主要目的，以返本销售、售后包租、约定回购、销售房产份额等方式非法吸收资金的，将被以非法吸收公众存款罪定罪处罚。

（3）合规风险等级

TOD 项目招商过程中宣传不实的合规风险等级为中等级。

由于 TOD 项目的招商和产业引入对于其健康发展至关重要，开发商或招商代理机构不可避免地会发布各类招商广告或采取各类招商模式进行宣传，较易产生开发商因宣传不实导致违反相关法律法规而遭受行政处罚，还可能承担因此产生的民事赔偿责任，甚至刑事责任。

3. 合规风险处置

首先，TOD 项目开发商/运营商内部应建立招商广告备案审查制度，对项目公司所有对外发布的招商广告进行备案审查。

其次，制定招商广告禁止性违规表述清单，由项目公司在发布招商广告时自查。

再次，发布招商广告时，由项目公司对广告中重要商业条件（如开业率、客流量等）能否实现制定实现风险评估清单，依照实现的风险大小决定是否予以列入广告内容。项目公司如涉及采取售后包租模式的，应报送集团公司设计或审批售后包租模式，制订项目售后包租过程风控措施预案。

最后，公司内部可制定售后包租禁止性清单，如禁止期房进行售后包租模式销售；禁止不具备真实房产销售内容的售后包租模式销售、禁止承诺固定回报利率等。

（四）TOD 项目产业引入失败的合规风险

1. 合规义务来源

（1）合规承诺

目前在 TOD 项目开发的实践中，越来越多的地方政府将挂牌出让的土地绑定产业引入的相关要求，地方政府认为，这种将土地出让与产业引入条件相结合的模式，对实体产业的发展将有一定利好。一些大型的产业项目投入大、周期长、回报慢，通过绑定土地出让将为项目投资奠定更好的基础。由此，土地出让合同要求土地使用权买受人引入总部办公、产业金融业、金融服务业等产业的情况屡见不鲜。

（2）责任后果

如未能按照土地使用权出让合同中约定的条件引入相应的产业项目，存在被当地政府追究违约责任、缴纳罚金，或该项目无法办理产权登记等后果。

2. 合规风险评估

（1）合规风险事件、违规情形描述

开发商工作人员对产业引入中的前期策划、前期规划、项目推广、招商销售、后期运营管理等产业引入的关键步骤不够重视，未进行精准的市场调研和市场定位，重建筑设计，轻商业规划，导致产业引入失败或最终不了了之。

（2）合规风险产生原因

首先，商业开发及项目引入对开发商专业性要求高，住宅地产与商业地产存在较大差异，在某些由传统地产公司建设的TOD项目中，受传统地产高周转思维的影响，大干快上，导致产业引入前在规划层面尚且达不到要求，更妄论日后的运营。其次，近年来，各大中城市商业地产的超速发展，商业项目人才比较匮乏，无法驾驭总部办公、科研院所、高端商业、金融服务等高端业态的进入与运营。复次，部分城市地铁公司缺乏完善的开发理念，一味追求“短、平、快”的盈利模式，着眼于做短期投资、快速回报。最后，部分城市地铁公司在TOD的开发过程中融资渠道单一，其融资渠道主要来自银行贷款和自有资金，其他社会投资如市场基金等融资渠道则相对缺乏。由此导致引入的产业及项目经营管理的主流模式以快速回收资金为主，忽略了商业地产开发的内在规律。

（3）合规风险等级

TOD项目产业引入失败的合规风险等级为高等级。

由于对前期规划、市场调研、引入项目的对接不重视，实践中较易产生产业引入失败的合规风险。因产业引入的时间节点为项目开发的中后期，可能会导致开发企业在投入巨量资金后却因无法引入满足要求的相关产业及项目，继而承担高昂的违约成本，使得企业遭受较大的财产损失。

3. 合规风险处置

在编制产业引入方案的过程中，城市轨道交通企业应针对土地出让文件中设定的产业引入条件进行仔细研讨并安排专门团队负责前期策划、前期规划，与欲引入的产业方进行对接、沟通等工作，如企业内部人员不具备相关大型商业项目经营条件，可考虑与具有丰富经验的第三方合作开发或经营，使 TOD 项目的开发在前期规划时就着力于完成既定的产业引入目标，以确保完成产业引入目标并进入完善、长周期的后期运营。

4. 案例分析

某地铁公司未能按照土地出让文件的要求完成 TOD 项目的配建义务及产业引入义务而导致承担违约责任

（1）案件简介

某地铁公司竞拍得某市某区一宗土地，土地出让条件为：竞得人在签订《成交确认书》时，必须同时与某区政府签订《某区项目总部引进与金融产业园合作框架协议》，承诺将其房地产类总部或至少一个金融类分行（省级以上）在某区落户，引进一个中国 500 强企业总部入驻；竞得人须自持不低于 6 万平方米的物业，引进落户 20 家以上中小微金融机构，确保产业园区每年完成税收区级留成 5 亿元以上。

相关违约责任如下：如未能在签订框架协议 180 天内，引进其房地产类总部或至少一个金融类分支机构在某区落户的；引进一个中国 500 强或中字头、国字号企业总部入驻的；或引进其他可参照一事一议认定项目的，视为合同违约，将参照违约责任第二条内容“未完成区级财政税收年收入 5 亿元”追溯竞得人违约责任，直至完成上述应履约责任。

竞得人承诺自签订本框架协议后，确保总部园区企业入驻，并在 3 年内总部园区的区级财政税收最终达到年收入 5 亿元，最终财政税收以区财政局认定为准，未完成的视为违约，并按照应履行协议的财政税收的 10% 缴纳违约金。

竞得人承诺自签订本框架协议，商务办公园区建成后，确保吸引 20 家以上金融企业机构，在某区落户注册并完成税收缴纳，最终财政税收以区财政局认定为准，未完成的视为违约，并按照上年度金融企业缴纳税金额度平均值的 10% 缴纳违约金，直至完成金融企业注册。

后续该项目建设未能完成上述产业引入义务，导致某地铁公司面临承担违约责任的风险。

（2）争议焦点

某地铁公司未完成产业引入义务应如何承担违约责任?

（3）事件结果

经与某市政府协商后，双方就该问题达成补充协议，由某地铁公司在各方另行达成的时限内完成该项目的产业引入任务，否则将由其承担违约责任。

（4）合规预警

因目前越来越多的城市将土地出让与项目、产业引入进行捆绑，故在TOD项目土地竞得阶段，应当安排专人或专门工作小组对项目引入进行分析、规划，在产业引入的过程中充分考虑各方面影响，如可行性研究对风险把握不全面，论证不充分，市场调研工作不到位，对未来市场行情的判断依据缺乏有力市场数据支撑等，均易出现产业引入失败或后期运营状况未达到土地出让合同约定的目标等情况。

第三节　重点环节的合规管理

一、制度制定环节合规管理的风险识别、评估与处置

合规管理本质上要求企业将合规要求嵌入企业业务流程全过程，制定可以事先控制、规划和管理的制度机制，有效划分企业与员工、母公司与子公司以及企业与第三方之间的责任，使企业的所有参与者都能遵守和执行各项制度、规范和要求，确保企业内部“有法可依”，以规避因企业经营管理行为违法违规而遭受民事诉讼、行政处罚、党纪政务处分等合规风险，但是若所制定的制度内容或制定程序本身违反法律法规的有关规定，将可能导致相关合规风险产生，对企业的正常经营管理活动产生不利影响。

1. 合规义务来源

（1）合规规范

《公司法》第十八条规定，公司职工依照《工会法》组织工会，开展工会

活动，维护职工合法权益。公司应当为本公司工会提供必要的活动条件。公司工会代表职工就职工的劳动报酬、工作时间、福利、保险和劳动安全卫生等事项依法与公司签订集体合同。

公司依照宪法和有关法律的规定，通过职工代表大会或者其他形式，实行民主管理。

公司研究决定改制以及经营方面的重大问题、制定重要的规章制度时，应当听取公司工会的意见，并通过职工代表大会或者其他形式听取职工的意见和建议。

第四十六条规定，董事会对股东会负责，行使下列职权：……（十）制定公司的基本管理制度……

第四十九条第一款规定，有限责任公司可以设经理，由董事会决定聘任或者解聘。经理对董事会负责，行使下列职权：……（四）拟订公司的基本管理制度；（五）制定公司的具体规章……

第一百零八条规定，股份有限公司设董事会，其成员为五人至十九人。

董事会成员中可以有公司职工代表。董事会中的职工代表由公司职工通过职工代表大会、职工大会或者其他形式民主选举产生。

本法第四十五条关于有限责任公司董事任期的规定，适用于股份有限公司董事。

本法第四十六条关于有限责任公司董事会职权的规定，适用于股份有限公司董事会。

第一百一十三条规定，股份有限公司设经理，由董事会决定聘任或者解聘。

本法第四十九条关于有限责任公司经理职权的规定，适用于股份有限公司经理。

《企业国有资产法》第三十二条规定，国有独资企业、国有独资公司有本法第三十条所列事项的，除依照本法第三十一条和有关法律、行政法规以及企业章程的规定，由履行出资人职责的机构决定的以外，国有独资企业由企业负责人集体讨论决定，国有独资公司由董事会决定。

第三十三条规定，国有资本控股公司、国有资本参股公司有本法第三十条所列事项的，依照法律、行政法规以及公司章程的规定，由公司股东会、股东大会或者董事会决定。由股东会、股东大会决定的，履行出资人职责的机构委派的股东代表应当依照本法第十三条的规定行使权利。

《企业国有资产监督管理暂行条例》第二十七条规定，国有资产监督管理机构可以对所出资企业中具备条件的国有独资企业、国有独资公司进行国有资产授权经营。

被授权的国有独资企业、国有独资公司对其全资、控股、参股企业中国家投资形成的国有资产依法进行经营、管理和监督。

第二十八条规定，被授权的国有独资企业、国有独资公司应当建立和完善规范的现代企业制度，并承担企业国有资产的保值增值责任。

第四十条规定，国有及国有控股企业、国有参股企业的组织形式、组织机构、权利和义务等，依照《公司法》等法律、行政法规和本条例的规定执行。

《劳动合同法》第四条规定，用人单位应当依法建立和完善劳动规章制度，保障劳动者享有劳动权利、履行劳动义务。

用人单位在制定、修改或者决定有关劳动报酬、工作时间、休息休假、劳动安全卫生、保险福利、职工培训、劳动纪律以及劳动定额管理等直接涉及劳动者切身利益的规章制度或者重大事项时，应当经职工代表大会或者全体职工讨论，提出方案和意见，与工会或者职工代表平等协商确定。

在规章制度和重大事项决定实施过程中，工会或者职工认为不适当的，有权向用人单位提出，通过协商予以修改完善。

用人单位应当将直接涉及劳动者切身利益的规章制度和重大事项决定公示，或者告知劳动者。

《安全生产法》第四条规定，生产经营单位必须遵守本法和其他有关安全生产的法律、法规，加强安全生产管理，建立健全全员安全生产责任制和安全生产规章制度，加大对安全生产资金、物资、技术、人员的投入保障力度，改善安全生产条件，加强安全生产标准化、信息化建设，构建安全风险分级管控和隐患排查治理双重预防机制，健全风险防范化解机制，提高安全生产水平，确保安全生产。

平台经济等新兴行业、领域的生产经营单位应当根据本行业、领域的特点，建立健全并落实全员安全生产责任制，加强从业人员安全生产教育和培训，履行本法和其他法律、法规规定的有关安全生产义务。

第七条规定，工会依法对安全生产工作进行监督。

生产经营单位的工会依法组织职工参加本单位安全生产工作的民主管理和民主监督，维护职工在安全生产方面的合法权益。生产经营单位制定或者修改有关安全生产的规章制度，应当听取工会的意见。

（2）责任后果

若城市轨道交通企业制定的制度内容或制度制定程序本身违反法律法规的有关规定，将可能因相关企业经营管理行为违法违规而遭受民事诉讼、行政处罚、党纪政务处分等合规风险，对企业的正常经营管理活动产生不利影响

2. 合规风险评估

（1）合规风险事件、违规情形描述

城市轨道交通企业企业管理部门或相关业务部门工作人员在制度制定环节未尽必要审慎注意义务，导致其起草或监督制定的相关制度内容或制定程序违反法律法规的有关规定，可能因此遭受民事诉讼、行政处罚、党纪政务处分等合规风险。

（2）合规风险产生原因

由于城市轨道交通行业的合规要求本身具有复杂性，城市轨道交通企业在合规制度的制定环节会涉及公司法、知识产权法、安全生产法、国有资产监督管理、交通运输管理、工程建设等多个法律领域，城市轨道交通企业企业管理部门或相关业务部门工作人员未尽必要审慎注意义务，导致其起草或监督制定的规章制度在内容或制定程序上出现违法违规的情形，引发相关合规风险事件。

（3）合规风险等级

制定制度的内容或制定程序违法违规的合规风险等级为高等级。

由于对城市轨道交通企业在制度制定环节所涉及法律法规认识不足，实践中较易产生制定制度的内容或制定程序违法违规的合规风险。若城市轨道交通企业企业管理部门或相关业务部门工作人员未尽必要审慎注意义务，导致其起草或监督制定的制度内容或制度制定程序违反法律法规的有关规定，将可能因相关企业经营管理行为违法违规而遭受民事诉讼、行政处罚、党纪政务处分等合规风险。

3. 合规风险处置

城市轨道交通企业在制定合规制度时应严格遵守公司法、知识产权法、安全生产法、国有资产监督管理、交通运输管理、工程建设等法律法规的有关规

定，按照法定程序，在法律法规允许的范围内结合企业经营管理的实际情况，针对法律法规规定的不足之处进行精确细化、调整和改善，由此最大限度地构建既符合合规要求，又符合企业实际经营管理需要的制度机制。

4. 案例分析

某集团公司投融资业务部门制定规章制度的内容违反相关规定被某集团公司董事会不予审核通过

（1）案件简介

某集团公司投融资业务部门制定规章制度，鼓励某集团公司员工为某集团公司下属担任私募基金管理人的子公司所管理的私募基金项目招揽投资人或为其招揽新项目，在招揽成功后通过服务费等形式给予推荐员工一定报酬，某集团公司投融资业务部门提请某集团公司董事会审核上述规章制度。

（2）争议焦点

上述规章制度的内容是否符合相关法律法规等规范性文件的要求？

（3）事件结果

列席相关董事会的某集团公司法律合规部认为，根据《私募投资基金募集行为管理办法》第二十四条“募集机构及其从业人员推介私募基金时，禁止有以下行为：（一）公开推介或者变相公开推介；……（十）允许非本机构雇佣的人员进行私募基金推介；（十一）推介非本机构设立或负责募集的私募基金”以及第三十七条“募集机构在开展私募基金募集业务过程中违反本办法第十六条、第二十一条、第二十四条、第二十五条、第二十七条、第二十八条的规定，中国基金业协会可以视情节轻重对募集机构采取加入黑名单、公开谴责、撤销管理人登记等纪律处分；对相关工作人员采取行业内谴责、加入黑名单、公开谴责、取消基金从业资格等纪律处分。情节严重的，移送中国证监会处理”的有关规定，担任私募基金管理人的机构及其从业人员不得公开推介或者变相公开推介私募基金项目、不得允许非本机构雇佣的人员进行私募基金推介活动、不得推介非本机构设立或负责募集的私募基金，提请审议的上述规章制度内容涉嫌违反上述规定，若审议通过相关规章制度将可能导致某集团公司下属担任私募基金管理人的子公司被中国基金业协会采取加入黑名单、公开谴责、撤销管理人登记等纪律处分措施，相关工作人员可能被采取行业内谴责、加入黑名单、公开谴责、取消基金从业资格等纪律处分措施，因此，存在较大合规风险，建议董事会不予以审议通过。最终，经过审议，某集团公司董事会认为上述规章制度内容存在较大合规风险，作出不予审议通过上述规章制度的董事会决议。

（4）合规预警

城市轨道交通企业企业管理部门或相关业务部门工作人员在制度制定环节未尽必要审慎注意义务，导致其起草或监督制定的相关制度内容或制定程序违反法律法规的有关规定，将可能因相关企业经营管理行为违法违规而遭受民事诉讼、行政处罚、党纪政务处分等合规风险，城市轨道交通企业决策机构应加强对相关规章制度的合规性审查，以规避相关合规风险。

二、经营决策环节合规管理的风险识别、评估与处置

随着法律法规的不断完善以及全面从严治党不断引向深入，企业尤其是国有企业监督体系也日臻完善。在经营决策环节，“三重一大”决策制度作为坚持依法、科学、集体、民主决策原则，规范国有企业重大事项决策、重要人事任免、重大项目安排和大额度资金使用的重要经营决策制度，对于促进企业领导人员廉洁从业，保障党委发挥“把方向、管大局、保落实”，规范企业决策行为、提高决策水平、强化企业内部管控具有重要意义。鉴于城市轨道交通企业性质上多为国有企业，若“三重一大”决策制度在经营决策环节未得到落实并因违规决策造成国有资产流失或产生重大不良影响，将可能导致相关合规风险产生，对企业的正常经营管理产生不利影响。

1. 合规义务来源

（1）合规规范

《关于进一步推进国有企业贯彻落实“三重一大”决策制度的意见》第二条规定，“三重一大”事项坚持集体决策原则。国有企业应当健全议事规则，明确“三重一大”事项的决策规则和程序，完善群众参与、专家咨询和集体决策相结合的决策机制。国有企业党委（党组）、董事会、未设董事会的经理班子等决策机构要依据各自的职责、权限和议事规则，集体讨论决定“三重一大”事项，防止个人或少数人专断。要坚持务实高效，保证决策的科学性；充分发扬民主，广泛听取意见，保证决策的民主性；遵守国家法律法规、党内法

规和有关政策，保证决策合法合规。

第二十条规定，“三重一大”决策制度的执行情况，应当作为巡视、党风廉政建设责任制考核的重要内容和企业领导人员经济责任审计的重点事项；作为民主生活会、企业领导人员述职述廉的重要内容；作为厂务公开的重要内容，除按照国家法律法规和有关政策应当保密的事项外，在适当范围内公开。

第二十一条规定，组织人事部门、履行国有资产出资人职责的机构和审计机关，应当将“三重一大”决策制度的执行情况，作为对企业领导人员考察、考核的重要内容和任免以及经济责任履行情况审计评价的重要依据。

第二十二条规定，国有企业领导人员违反“三重一大”决策制度的，应当依照《国有企业领导人员廉洁从业若干规定》和相关法律法规给予相应的处理，违反规定获取的不正当经济利益，应当责令清退；给国有企业造成经济损失的，应当承担经济赔偿责任。

《国有企业领导人员廉洁从业若干规定》第四条规定，国有企业领导人员应当切实维护国家和出资人利益。不得有滥用职权、损害国有资产权益的下列行为：

（一）违反决策原则和程序决定企业生产经营的重大决策、重要人事任免、重大项目安排及大额度资金运作事项；

（二）违反规定办理企业改制、兼并、重组、破产、资产评估、产权交易等事项；

（三）违反规定投资、融资、担保、拆借资金、委托理财、为他人代开信用证、购销商品和服务、招标投标等；

（四）未经批准或者经批准后未办理保全国有资产的法律手续，以个人或者其他名义用企业资产在国（境）外注册公司、投资入股、购买金融产品、购置不动产或者进行其他经营活动；

（五）授意、指使、强令财会人员进行违反国家财经纪律、企业财务制度的活动；

（六）未经履行国有资产出资人职责的机构和人事主管部门批准，决定本级领导人员的薪酬和住房补贴等福利待遇；

（七）未经企业领导班子集体研究，决定捐赠、赞助事项，或者虽经企业领导班子集体研究但未经履行国有资产出资人职责的机构批准，决定大额捐赠、赞助事项；

（八）其他滥用职权、损害国有资产权益的行为。

第二十二条规定，国有企业领导人员违反本规定第二章所列行为规范的，视情节轻重，由有关机构按照管理权限分别给予警示谈话、调离岗位、降职、免职处理。

应当追究纪律责任的，除适用前款规定外，视情节轻重，依照国家有关法律法规给予相应的处分。

对于其中的共产党员，视情节轻重，依照《中国共产党纪律处分条例》给予相应的党纪处分。

涉嫌犯罪的，依法移送司法机关处理。

《中国共产党纪律处分条例》第七十条规定，违反民主集中制原则，有下列行为之一的，给予警告或者严重警告处分；情节严重的，给予撤销党内职务或者留党察看处分：

（一）拒不执行或者擅自改变党组织作出的重大决定的；

（二）违反议事规则，个人或者少数人决定重大问题的；

（三）故意规避集体决策，决定重大事项、重要干部任免、重要项目安排和大额资金使用的；

（四）借集体决策名义集体违规的。

《企业国有资产交易监督管理办法》第五十九条规定，企业国有资产交易应当严格执行“三重一大”决策机制。国资监管机构、国有及国有控股企业、国有实际控制企业的有关人员违反规定越权决策、批准相关交易事项，或者玩忽职守、以权谋私致使国有权益受到侵害的，由有关单位按照人事和干部管理权限给予相关责任人员相应处分；造成国有资产损失的，相关责任人员应当承担赔偿责任；构成犯罪的，依法追究其刑事责任。

（2）责任后果

若“三重一大”决策制度在城市轨道交通企业经营决策环节未得到落实，出现坚持决策原则不全面、越级决策、规避决策、决策形式和程序不严谨等违规行为，并因违规决策造成国有资产流失或产生重大不良影响，不仅会对企业的正常经营管理产生不利影响，而且相关责任人员还可能因此承担相应赔偿责任，并遭受政务、党纪处分等不利后果。

2. 合规风险评估

（1）合规风险事件、违规情形描述

城市轨道交通企业相关责任人员在经营决策环节未贯彻落实“三重一大”决策制度，出现坚持决策原则不全面、越级决策、规避决策、决策形式和程序不严谨等违规行为，并因违规决策造成国有资产流失或产生重大不良影响，对企业的正常经营管理产生不利影响，相关责任人员还可能因此承担相应赔偿责任，并遭受政务、党纪处分等不利后果。

（2）合规风险产生原因

由于受国有企业决策事项的复杂性、管理人员思想认识以及业务部门水平等因素的影响，城市轨道交通企业相关责任人员对“三重一大”决策制度的内容和范围存在认识不足等问题，导致城市轨道交通企业在经营决策环节未贯彻落实“三重一大”决策制度，并因违规决策造成国有资产流失或产生重大不良影响，从而导致相关合规风险事件产生。

（3）合规风险等级

未贯彻落实“三重一大”决策制度的合规风险等级为高等级。

由于城市轨道交通企业相关责任人员对“三重一大”决策制度的内容和范围存在认识不足等问题，实践中较易产生未贯彻落实“三重一大”决策制度的合规风险。若城市轨道交通企业相关责任人员出现决策原则不全面、越级决策、规避决策、决策形式和程序不严谨等违规行为，并因违规决策造成国有资产流失或产生重大不良影响，不仅会对企业的正常经营管理产生不利影响，而且相关责任人员还可能因此承担相应赔偿责任，并可能遭受政务、党纪处分等不利后果。

3. 合规风险处置

（1）加大“三重一大”决策制度的宣贯力度

通过网站、微信、橱窗、报纸、展板等企业内部宣传平台对“三重一大”决策制度的原则、内容和程序进行宣传，推行企务公开制度，征集群众对企业“三重一大”决策制度执行情况的意见建议，营造全员关注“三重一大”执行的氛围。创新宣贯手段和途径，由企业党委、纪委组成联合督导宣讲组，深入下一级单位宣贯“三重一大”决策制度的重要性及相关要求，对贯彻执行过程中遇到的问题答疑解惑，把落实决策制度作为政治任务推行，让企业领导人员学深悟透，入脑入心，践行见效。

（2）强化监督检查，严格会后责任追究，抓好事后治理

“三重一大”决策制度是否落到实处，要作为年度党建工作考核、“四好领导班子”评选和绩效奖惩的重要内容。开展“三重一大”决策制度落实情况专项巡察、工作检查或民主测评，对发现的一般性问题及时纠偏、约谈并限期整改，对违规决策造成国有资产流失或产生重大不良影响的要敢于移交纪委，运用监督执纪工作规则对相关责任人员给予相应处理。通过不断强化监督考核和完善检查机制，保证“三重一大”决策制度有效运行，营造按程序办事、依规矩执行的风清气正的发展环境。

三、运营管理环节合规管理的风险识别、评估与处置

运营管理合规被认为是与业务管理、财务管理并驾齐驱的企业管理三大支柱之一，运营管理合规旨在告诉企业在具体的操作过程当中应当怎么做，具体到怎么合理做，合规做，合法做。

有效的合规管理有助于企业应对不确定性、风险和机会，有助于保护和增加股东价值，降低未预期损失和声誉损失的可能性。

目前，在企业运营管理的合规化方面面临的困境有以下几点：

1. 市场交易方面，目前，我国针对各类市场主体施行宽进严管的市场监管策略，强调事中事后监管。但因部分企业自身发育不良、合规意识不强，导致违法事件时有发生。而又因企业的违法行为在日益强化的监管下无处遁形，导致一旦发生合规风险，就可能给企业造成无法承受的违法后果。

2. 财务税收方面，企业不合理的节税渠道被逐渐堵住，而缺乏信息化、系统化、体系化的税务风险防范机制及管理模型将极大制约企业发展。

3. 信用围栏的完善导致惩戒力度空前，目前，我国以健全信用法律法规和标准体系、形成覆盖全社会的征信系统为基础，以推进政务诚信、商务诚信、社会诚信和司法公信建设为主要内容，以推进诚信文化建设、建立守信激励和失信惩戒机制为重点，建立了失信联合惩戒体系，这是信用监管机制的重要组成部分，是事后监管环节的核心手段，是构成全生命周期信用监管闭环的关键一环，也导致企业一旦发生合规问题，将面临联合惩戒的风险。

（一）市场交易环节的合规风险

1. 合规义务来源

（1）合规规范

《反不正当竞争法》《最高人民法院关于适用〈中华人民共和国反不正当竞争法〉若干问题的解释》《政府采购法实施条例》《刑法》《最高人民法院、最高人民检察院关于办理贪污贿赂刑事案件适用法律若干问题的解释》《最高人民法院、最高人民检察院关于办理商业贿赂刑事案件适用法律若干问题的意见》《最高人民检察院、公安部关于公安机关管辖的刑事案件立案追诉标准的规定（二）》等均对市场交易环节的合规规范进行了规定。

（2）责任后果

近年来，企业在反不正当竞争领域受到的相关处罚数量大幅增加，反不正当竞争、反商业贿赂的规定越发完善、处罚越发严厉。比如，《反不正当竞争法》中针对经营者不得采用财物或者其他手段贿赂单位或者个人，以谋取交易机会或者竞争优势的违法情形，新增了利用职权或者影响力影响交易的单位或者个人，而且处罚的金额也增至10万至300万，并没收违法所得。

此外，不正当竞争行为特别是商业贿赂，还存在触犯刑事犯罪的风险，个人犯罪涉及的罪名有非国家工作人员受贿罪、对非国家工作人员行贿罪、行贿罪、受贿罪、利用影响力受贿罪、对有影响力的人行贿罪、对单位行贿罪、介绍贿赂罪。单位犯罪涉及的罪名有对非国家工作人员行贿罪、单位受贿罪、对有影响力的人行贿罪、对单位行贿罪、单位行贿罪等。

2. 合规风险评估

（1）合规风险事件、违规情形描述

在市场交易环节常见的违规情形有企业员工收受或赠与对方公司员工项目销售赠品（购物卡、加油卡、手机等）、以“业务招待费”“咨询费”等名义收受供应商不当利益、接受由供应商或合作公司组织学术会议并提供旅游、要求供应商和合作公司免费赠送机器设备等。

需特别指出的是，中国法律并未将商务宴请等招待明确作为商业贿赂的一种形式，但在公司招待过程中却常常会混杂送礼、以埋单之名变相贿赂。向交易对手提供旅游和外地考察机会并支付相关费用的行为也被认定为商业贿赂的一种形式。

此外，折扣与返利行为的合规化管理也应引起重视，《反不正当竞争法》中，经营者向交易相对方支付折扣应当如实入账，接受折扣一方也应当如实入账。其中，上述“支付价款时对价款总额按一定比例即时予以扣除”即指折扣行为，“支付价款总额后再按一定比例予以退还”即指返利行为。

（2）合规风险产生原因

在我国，部分企业合规意识薄弱、合规文化缺位、合规机制不健全，员工在市场交易过程中的合规认识不强，缺少甚至没有确实可行且具有执行性的合规手册可供参考，造成在市场交易环节的合规风险识别、合规机制运行等具有平台企业特性的高风险敏感行为频发。

（3）合规风险等级

市场交易环节的合规风险等级为高等级。

对企业而言，在市场交易环节以商业贿赂方式达成的交易不仅存在合约无效的法律风险，还可能使企业及员工面临行政处罚甚至刑事制裁。虽然以商业贿赂为代表的不正当竞争行为的隐秘性使其通常拥有一个表面的借口或者伪装，但这只是取证和认定难易的问题。因此，企业及员工仍应对市场交易环节的合规风险保持高度警惕。

3. 合规风险处置

应当及时建立企业内部的合规性控制，主要包括制度的建设、部门的设立、机制的运行。制度建设一般要求建立约束员工的“行为准则”，详细规定与商业腐败相关的行为，包括商业行贿和商业受贿。部门设立是建立用以接受员工投诉和揭发不合规行为的监管部门或“合规执行官”，对不同子公司或区域的合规计划的执行情况进行监督。监管机制的运行是确立有效制止商业贿赂的程序和手段。

同时，在易发生相关风险的环节，如商务招待、商务考察参观、参会等，公司也应当对招待的行为制定详细的管理手册，对相关的标准、形式、财务要求进行具体细致的规定。

（二）财务税收环节的合规风险

1. 合规义务来源

（1）合规规范

税务缴纳相关规范为《企业所得税法实施条例》《刑法》等。

发票开具相关规范为《发票管理办法》等。

（2）责任后果

在税务领域，2016 年至 2021 年位列前列容易被税务部门处罚的违法点主要有税务登记、纳税申报、税款缴纳、发票管理。

涉税刑事案件主要涉及骗取出口退税罪、虚开增值税专用发票、用于骗取出口退税、抵扣税款发票罪、逃避缴纳税款罪。需特别注意的是，在税务管理领域，纳税人未按照规定设置、保管账簿或者保管记账凭证和有关资料及扣缴义务人未按照规定设置、保管代扣代缴、代收代缴税款账簿或者保管代扣代缴、代收代缴税款记账凭证及有关资料而受到税务处罚的情形在近年来呈快速上升趋势。

在发票领域，虚开发票罪，伪造、出售伪造的增值税专用发票罪等传统违法领域一直是企业首先应当防范的经营合规风险，而近年来，涉嫌骗取出口退税罪、虚开增值税专用发票、用于骗取出口退税、抵扣税款发票罪案件呈快速上升趋势。

2. 合规风险评估

（1）合规风险事件、违规情形描述

2020—2021 年，多地的省税务局挂出的建设工程涉税违法公告呈快速爆发增长，从各省税务局公告内容看，被处罚的企业主要因为在无实际生产经营、与受票企业间不存在真实业务交易的情况下虚开增值税发票、虚开普通发票、偷税漏税或者虚开用于骗取出口退税、抵扣税款等问题，被税务机关予以不同程度的经济罚款和行政处罚。

城市轨道交通企业应特别注意发生纳税义务未及时申报缴纳增值税、劳务费发票虚开问题、材料发票虚开问题、设备租赁发票失真等常见财务税收环节的违规情形。

（2）合规风险产生原因

城市轨道交通企业财税管理不规范，“营改增”后加大了城市轨道交通企业财税管理难度，不少企业在税务风险的控制方面没有进行科学的评估和规划，没有做好税务风险管理，往往从效率价值入手，于是虚开发票等违反税法规定的行为时有发生，在“金税三期”背景下，在大数据和信息化的税务征管模式下，没有税务风险管控为导向的税务筹划给企业带来的风险越来越大。

（3）合规风险等级

财务税收环节的合规风险等级为高等级。

在纳税申报的过程中，企业如未办理或者未按期办理纳税申报，或者进行虚假的纳税申报，则有可能导致税务机关依法追缴未缴纳或者未全部缴纳的税款，还有可能被追收滞纳金、处以罚款，如果情节严重甚至还会被追究刑事责任。

此外，企业在日常经营活动中，有可能会为了增加成本费用或增加进项税额，从而从事一些虚开增值税发票的行为，如企业为他人、为自己开具与实际经营业务情况不符的发票，或者是让他人为自己开具与实际经营业务情况不符的发票，再或者是介绍他人开具与实际经营业务情况不符的发票。以上行为均违反了《发票管理办法》之规定，将面临相关惩处，构成犯罪的，依法追究刑事责任。

企业的生产经营过程中所订立的合同、协议等法律文书通常也涉及税收问题。合同不仅仅是交易双方法律关系的重要依据，也是税务机关了解企业交易情况的重要途径。通过合同的内容，可以确定交易的标的、交易行为的性质，从而决定应当缴纳何种税负、纳税比例多少。不同的投资、交易方式所产生的税负不一，但可能会导致同样的法律后果，因此企业如没有对投资、交易方式进行提前分析，就有可能采取某种税负较高的交易方式进行。

3. 合规风险处置

首先，在企业经营过程中应当进行税务合规风险管理，通过分析企业的经营活动、税务管理制度及日常应税行为，发现其中存在的风险。包括对企业相关财务人员进行访谈，对企业预扣预缴、代扣代缴税款的申报材料进行分析，对财务账册进行分析等，参与税款计算与申报各环节，从而根据企业实际情况发现相关税务合规风险。

其次，应当从应税行为、税务制度、财税相关人员等方面多层次全方位地对风险进行评估，特别是在特殊经营区间内，要有针对性地进行税务风险评估，以便明晰企业在发展过程中所可能遇到的税务风险，并对这些风险的影响因素进行分析，建立一套完整系统的风险预警制度，并借助专业税务筹划机构进行筹划及定期监督。

4. 案例分析

某市城建轨道交通公司因违反税收管理、逃避缴纳税款遭受行政处罚①

（1）案件简介

某市城建轨道交通建设工程有限公司某分公司被某市税务局稽查局发现存在2020年5月1日至2020年5月31日教育费附加（增值税教育费附加）未按期进行申报、增值税未按期进行申报、城市维护建设税［市区（增值税附征）］未按期进行申报、地方教育附加（增值税地方教育附加）未按期进行申报，且存在取得增值税发票税前扣除少缴2019年9月城建税10698.55元、2019年企业所得税220174.27元的行为，合计115436.42元。

（2）争议焦点

该市城建轨道交通建设工程有限公司某分公司的行为如何认定，应受何种处罚？

（3）事件结果

经该市税务局稽查局认定，其行为被判定为偷税，处0.5倍罚款，分别处城建税罚款5349.28元、企业所得税罚款110087.14元。

（4）合规预警

财务税收环节的合规风险高发，某种程度上并非因为企业内部合规宣传不够，而是财务、法务部门之间存在天然的隔阂，法务往往无法也不可能直接接触到第一手财务单据；税法以金融、会计为基础，融合了审计内容，且通常需要税务行业相关从业经历，相对于一般法律更加专业，专业度要求甚高，更加大了企业内部财务税收合规的难度。

反观国家监管层面，随着金税三期的上线，企业账务风险、发票风险、预警风险越来越大，传统的税务稽查已经由“人查”“账查”全面进入了大数据

---

① 德令哈税罚［2020］146号——国家税务总局德令哈市税务局对北京城建轨道交通建设工程有限公司德令哈分公司做出的行政处罚决定书。

税务稽查时代。这就要求企业在建立财务税收环节过程中从严把控日常业务涉税风险并利用大数据风控软件进行同步监控。日常业务流程中，在账簿、凭证管理方面，应严格遵守国务院财政、税务主管部门规定的保管期限保管账簿、记账凭证、完税凭证及其他有关资料。账簿、记账凭证、完税凭证及其他有关资料不得伪造、变造或者擅自损毁。在发票管理方面，开具发票应当按照规定的时限、顺序、栏目，全部联次一次性如实开具，并加盖发票专用章。在网络发票管理方面，单位和个人取得网络发票时，应及时查询验证网络发票信息的真实性、完整性，不符合规定的发票，不得作为财务报销凭证。

同时，应整合发票业务流，实现整体经营风险可把控。高频的经营行为都会通过大量的进项和销项发票来记录。企业可以税务发票为载体，通过税务合规和市场交易合规的跨界整合，打通税务与法务的部门隔阂，利用大数据风控软件，让企业的每个经营行为都能够为合规模型所印证，杜绝企业经营违规源头。

第四节　重点人员的合规管理

一、管理人员合规管理的风险识别、评估与处置

党的十八大以来，以习近平同志为核心的党中央全面从严治党，坚定不移地推进反腐败斗争，无论是中央巡视组通过巡视所找出的问题、审计部门所找出的问题、办理相关案件透露出的问题还是人民群众信访提出的问题，有很多问题与国有企业管理者贪污腐败具有十分紧密的联系，其中不乏城市轨道交通企业管理者。部分管理人员通过手中所掌握的权力，牟取私利，侵吞国有资产，给企业、社会造成极为恶劣的影响。

根据有关规定和实践，“国有企业管理人员”应为国有资本全资、参股企业中国有企业董事会成员、企业党委成员、纪委成员，未设董事会的总经理、副总经理，以及国有企业中层和基层承担经营管理责任的人员，还应当包括廉政风险岗位的财务、购销以及自行聘用管理人员。基于目前城市轨道交通企业多为国有企业的大背景，城市轨道交通企业的管理人员应当为上述成员。

城市轨道交通企业的管理者贪污腐败，给国家、社会、企业、个人所造成的后果，极有可能比一般的企业干部贪污腐败所带来的影响更为恶劣。在管理人员的合规管理方面，应当加强对各环节管理人员的监督，加强城市轨道交通企业的党风廉洁建设，有序开展合规监察工作，积极实现合规管理的深化。

1. 合规义务来源

（1）合规规范

《刑法》规定，国有企业管理人员严重违纪违法违规可能触犯贪污罪，受贿罪，斡旋/间接受贿罪，行贿罪，挪用公款罪，私分国有资产罪，非法经营同类营业罪，徇私舞弊低价折股、出售国有资产罪，国有公司、企业、事业单位人员失职罪等罪名。

《中央企业合规管理指引（试行）》第十五条第（一）项规定，加强对管理人员的合规管理，促进管理人员切实提高合规意识，带头依法依规开展经营管理活动，认真履行承担的合规管理职责，强化考核与监督问责。

第二十三条规定，加强合规考核评价，把合规经营管理情况纳入对各部门和所属企业负责人的年度综合考核，细化评价指标。对所属单位和员工合规职责履行情况进行评价，并将结果作为员工考核、干部任用、评先选优等工作的重要依据。

（2）责任后果

城市轨道交通企业作为关系到国民经济发展的支柱性企业，如企业管理人员排斥党的领导，偏离主责主业，无视政治纪律和政治规矩，背离党的工作方针政策，对监管机构的部署要求置若罔闻甚至腐败犯罪，致使企业遭受重大资产损失，影响企业持续经营能力，降低社会评价，影响企业发展，涉嫌刑事犯罪的，还应当承担刑事责任。

2. 合规风险评估

（1）合规风险事件、违规情形描述

城市轨道交通企业集团公司或项目公司董事、监事、高管等管理人员在对企业进行管理执行公司职务时违反法律、行政法规或者公司章程的规定，未能履行忠实勤勉义务导致公司利益遭受损害；或在招投标工作中为牟取私利规避招标，向他人透露招标信息，与评委会成员串通或者收受贿赂，排挤其他投标人；或管理人员严重不负责任，滥用职权，徇私舞弊将企业资产折股或低价出售等导致资产流失影响企业发展。

（2）合规风险产生原因

国家法律、行业监管规章制度或者其他法规针对不合规行为的相关惩罚机制威慑力不足，且企业自身缺少合规规章制度或合规规章制度的设计存在明显的不合规缺陷，同时企业内部合规控制措施缺失或监控措施实施不到位导致企业管理人员认为有机可乘，在逐利心态的驱使下，偏离主责主业，出现违纪违法违规行为。

（3）合规风险等级

管理人员合规管理的合规风险等级为中等级。

城市轨道交通企业管理人员合规风险等级虽为中等级，但一旦发生则会对社会、企业造成巨大影响。从公布的案例来看，国企高管犯罪集中于贪污贿赂犯罪，且具有 80%—90% 的绝对占比，高发的涉案环节包含资产、资金管理、工程承揽、施工、贸易、日常经营、土地开发征用等。

城市轨道交通企业牵涉经济民生，作为在广大社会民众心中系信誉度较高且能够为日常生活带来福祉的企业，一旦管理人员在政治光环和公司业绩的笼罩下，权力膨胀，利欲熏心，迷失自我，用手中掌握的交通资源不择手段搞政治投机、拉票贿选，为个人造势、谋求职务晋升，把企业当成仕途发展的跳板，无视党纪和法律出现违纪违法情形，除使企业遭受巨大经济损失外，还可能会降低企业自身声誉，影响企业健康可持续发展。

3. 合规风险处置

城市轨道交通企业等国有企业是中国特色社会主义的重要物质基础，加强对企业管理人员的合规管理具有现实的紧迫性和重要的经济意义，健全合规制度以及合规管理体系可以预防腐败犯罪和防止国有资产流失，并为国有企业扩大规模和增强经济效益提供制度护航和体制支撑。

为有效规避管理人员的合规风险，企业应当完善公司法人治理结构保证其运行有效，加强监管，督促各部门梳理内控方面的缺陷并进行改进，避免家长式管理，不能使法人治理结构流于形式，充分发挥党纪法规及公司规章制度的监督效用；管理人员在工作中要遵守认同公正、公平等市场规则，尊重法律法规，运用法律规则指导、管理企业，依法争取经济和社会利益，保护企业合法权益。

二、重要风险岗位人员合规管理的风险识别、评估与处置

随着全国城市轨道交通行业的高速发展，迅速、舒适、安全的地铁已成为现代城市交通系统中重要的一环，为市民的日常出行提供了极大便利。作为具有公益性质的行业，国内外城市轨道交通运输都把地铁运营中的行车安全管理放在突出位置，行车安全的质量指标也成为衡量城市轨道交通管理水平的重要环节和内容。

在地铁运营过程中，列车驾驶员、行车调度员、行车值班员、信号工、通信工等重点风险岗位，责任大、风险大，因此对上述重点风险岗位人员，应强化行车安全意识、加强技能培训、进行定期考核，打造一支专业技术过硬、高素质的运营团队，提高地铁运行安全性，降低事故发生率，促进我国城市轨道交通事业的健康发展。

1. 合规义务来源

（1）合规规范

《中央企业合规管理指引（试行）》第十五条第（二）项规定，中央企业应当加强对重要风险岗位人员的合规管理，根据合规风险评估情况明确界定重要风险岗位，有针对性加大培训力度，使重要风险岗位人员熟悉并严格遵守业务涉及的各项规定，加强监督检查和违规行为追责。

《城市轨道交通运营管理规定》第十三条规定，运营单位应当配置满足运营需求的从业人员，按相关标准进行安全和技能培训教育，并对城市轨道交通列车驾驶员、行车调度员、行车值班员、信号工、通信工等重点岗位人员进行考核，考核不合格的，不得从事岗位工作。运营单位应当对重点岗位人员进行安全背景审查。城市轨道交通列车驾驶员应当按照法律法规的规定取得驾驶员职业准入资格。运营单位应当对列车驾驶员定期开展心理测试，对不符合要求的及时调整工作岗位。

《国务院办公厅关于保障城市轨道交通安全运行的意见》指出，加强运营安全管理，提升从业人员素质。深入开展行业运营人力资源跟踪研究，评估行业人才发展水平。鼓励各类院校设置城市轨道交通相关专业或者专业方向，扩大人才培养规模。完善从业人员培训考核管理制度，建立健全城市轨道交通职

业分类和职业标准体系、职业技能鉴定机制，完善列车驾驶员职业准入制度，规范和强化行车值班员、行车调度员等重点岗位职业水平评价，建立从业人员服务质量不良记录名单制度，规范行业内人才流动。

《城市轨道交通运营突发事件应急演练管理办法》第八条规定，运营单位现场处置方案应根据不同运营突发事件类型，针对具体的场所、设施设备等明确现场作业人员的应急处置流程、处置措施、安全注意事项等内容。关键岗位的现场处置方案应至少涵盖以下重点内容，并开展经常性演练：

（一）行车调度员：列车事故/故障、列车降级运行、列车区间阻塞、设施设备故障清客、火灾、临时调整行车交路、线路运营调整及故障抢修、道岔失表等。

（二）电力调度员、环控调度员：大面积停电、供电区段失电、电力监控系统离线、区间火灾、区间积水等。

（三）列车驾驶员：列车事故/故障、列车降级运行、区间乘客疏散、列车连挂救援、非正常交路行车等。

（四）行车值班员：非正常情况下的行车进路办理、列车接发作业、道岔失表、车站乘客疏散、抢修作业办理、火灾、客伤等。

（五）车站服务人员：大客流组织、乘客应急疏散、火灾、客伤、站台门故障等。

（六）设施设备维护人员：土建结构、轨道线路、车辆、供电、通信、信号等关键设施设备故障抢修。

第十一条规定，运营单位应根据岗位特点和运营需要，有针对性地加强重点岗位、重点内容的演练，磨合和检验作业人员现场处置能力。现场处置方案演练应纳入日常工作常态化开展，每个班组每年应将有关的现场处置方案至少全部演练一次，不同现场处置方案的演练可合并开展。

鼓励在收车阶段开展列车降级运行演练；在运营结束后开展列车区间阻塞、列车火灾、车站火灾、站台门及车门故障等演练。

《交通运输部办公厅关于强化城市公共交通运营安全工作的通知》指出，强化运营安全基础保障。要针对部分城市公共交通运营单位风险防范机制不健全、人员能力与岗位要求不匹配、片面追求发展速度导致后期运营维护资金保障不足等问题，不断强化运营安全保障。强化关键岗位人员能力要求。城市交通运输主管部门要按照《安全生产法》有关规定，积极向有关部门就轨道企业（集团）及所属运营单位负责人的安全生产管理能力提出相关建议，确保相关负责人胜任岗位要求；要指导城市轨道交通运营单位将外包、劳务派遣等人员与本企业员工统一纳入规范管理，严把能力关，严格持证上岗。

（2）责任后果

加强对重要风险岗位人员的合规管理是城市轨道交通企业合规管理的重要环节，城市轨道交通企业应贯彻落实相关规定的具体要求。例如，按照相关标准对重点风险岗位人员进行技能培训教育，特殊岗位应按照法律法规的规定取得职业准入资格，列车驾驶员、行车调度员、行车值班员、信号工、通信工等重点岗位从业人员应经考核后上岗等。如城市轨道交通企业未按相关规定落实对重点风险岗位的管理的，企业及其主要负责人、直接责任人将面临行政处罚的风险，构成刑事犯罪的，还可能会面临刑事处罚的风险。

2. 合规风险评估

（1）合规风险事件、违规情形描述

城市轨道交通企业未按照相关制度规定对重点风险岗位加强合规管理，即未对重点风险岗位人员进行技能培训，列车驾驶员、行车调度员、行车值班员、信号工、通信工等重点风险岗位从业人员上岗前未经考核，特殊岗位未取得职业准入资格，重点风险岗位未进行运营突发事件应急演练等，可能导致城市轨道交通企业及其主要负责人、直接责任人面临行政处罚的风险，构成刑事犯罪的，还可能会面临刑事处罚的风险。

（2）合规风险产生原因

综合分析地铁运营常见事故发生原因，通常与重点风险岗位人员安全意识缺失、技能培训不到位、应急处理能力不足等相关。在地铁运营中，列车驾驶员、行车调度员、行车值班员、信号工、通信工等重点风险岗位承担着至关重要的职责。为此，交通运输部多次发文，要求各级交通运输部门和城市轨道交通运营单位提高安全意识，加强人员培训，进一步增强红线意识和底线思维。

（3）合规风险等级

未按照相关制度对重点风险岗位人员进行合规管理的风险等级为高等级。

在地铁运营过程中，列车驾驶员、行车调度员、行车值班员、信号工、通信工等重点风险岗位，责任大，风险大，一旦发生操作失误、应急处理能力不足，将严重危及人民的生命和财产安全。同时，一旦发生因重点风险岗位人员合规管理不到位导致危及人民生命和财产的事件发生，可能会导致企业及其主要负责人、直接责任人面临行政处罚的风险，涉及刑事犯罪的，可能还会面临刑事处罚的风险。

3. 合规风险处置

城市轨道交通企业应按照相关制度规定，加强对重点风险岗位的合规管理。严格审核列车驾驶员、行车调度员、行车值班员、信号工、通信工等重点风险岗位人员是否具有职业资格，严格执行岗前培训制度并定期对重点风险岗位人员进行考核，加强岗位职责技能培训，强化突发事件应急处理能力。全面贯彻落实针对重点风险岗位的合规管理要求，防范因合规管理不到位导致的风险发生。

第 7 章 城市轨道交通行业合规管理的审计评估与合规文化培育

第一节 合规审计

企业合规审计是企业内部审计部门对企业合规管理体系运行的适当性和有效性进行的内部审计，其目的在于保障企业依法合规、安全、稳健、持续经营。企业合规审计属于企业内部审计范畴，从更小的范围来说，属于企业内部控制审计范畴。从合规管理体系角度来说，企业合规审计也是企业合规管理体系重要的、基本的构成要素。

一、合规审计的定位

（一）企业合规审计属于企业内部控制审计范畴

1. 内部控制

根据《企业内部控制基本规范》第三条的规定，该规范所称企业内部控制，是由企业董事会、监事会、经理层和全体员工实施的、旨在实现控制目标的过程。内部控制的目标是合理保证企业经营管理合法合规、资产安全、财务报告及相关信息真实完整，提高经营效率和效果，促进企业实现发展战略。

企业内部控制有三大目标，保证企业经营管理合法合规是企业内部控制的首要目标。其次是保证企业的资产安全，以及保证企业财务报告及相关信息真实完整。最终目标是提高企业经营效率和效果，促进企业实现发展战略。因此，企业合规管理是企业内部控制首要的、核心的内容。

2. 内部审计

按照中国内部审计协会《内部审计基本准则》第二条的规定，该准则所称内部审计，是一种独立、客观的确认和咨询活动，它通过运用系统、规范的方法，审查和评价组织的业务活动、内部控制和风险管理的适当性和有效性，以促进组织完善治理、增加价值和实现目标。

按照《中央企业内部审计管理暂行办法》第三条规定，该办法所称内部审计，是指企业内部审计机构依据国家有关法律法规、财务会计制度和企业内部管理规定，对本企业及子企业（单位）财务收支、财务预算、财务决算、资产质量、经营绩效，以及建设项目或者有关经济活动的真实性、合法性和效益性进行监督和评价工作。

3. 内部控制审计

根据中国内部审计协会《第 2201 号内部审计具体准则——内部控制审计》（2013 年 8 月 20 日）第二条规定，该准则所称企业内部控制审计，是指内部审计机构对组织内部控制设计和运行的有效性进行的审查和评价活动。

企业合规管理是企业内部控制的核心内容，企业内部控制审计包括对企业合规管理的审计，即合规审计。企业合规审计是企业内部审计部门对作为企业内部控制核心内容的企业合规管理的适当性和有效性进行的内部审计。

（二）企业合规审计是企业合规管理体系的基本构成要素

内部审计独立于合规管理部门。合规审计属于企业内部控制审计的组成部分。因此，有观点认为合规审计不应是企业合规管理体系的构成要素。我们经过分析、研究，认为合规审计是企业合规管理体系的构成要素之一。

1. 有关企业合规管理的国际组织的标准、指南以及我国国家标准、指引和办法的规定

企业合规审计既属于企业内部控制范畴，也是企业合规管理体系重要的、基本的构成要素。这一点已被有关企业合规管理的国际组织的标准、指南以及我国国家标准、指引和办法所确认。

巴塞尔银行监管委员会《合规与银行内部合规部门》引言 9 规定，合规部门的职责应予以明确规定，合规部门的工作应受到内部审计部门定期和独立的

复查。原则 8 对合规管理与内部审计的关系作了规定，要求合规部门与审计部门分离，以确保合规部门的各项工作受到独立的复查。

原银监会《商业银行合规风险管理指引》第二十二条第二款规定，商业银行内部审计部门应负责商业银行各项经营活动的合规性审计。内部审计方案应包括合规管理职能适当性和有效性的审计评价，内部审计的风险评估方法应包括对合规风险的评估。

原保监会《保险公司合规管理办法》第二十三条规定，将合规审计作为企业合规风险的第三道防线，要求保险公司内部审计部门履行合规管理的第三道防线职责，定期对公司的合规管理情况进行独立审计。

《中央企业合规管理指引（试行）》第十一条规定，将企业内部审计部门确定为企业合规组织之一，要求监察、审计、法律、内控、风险管理、安全生产、质量环保等相关部门，在职权范围内履行合规管理职责。

《企业境外经营合规管理指引》第二十六条规定，要求企业合规管理职能与内部审计职能分离，企业审计部门应对企业合规管理的执行情况、合规管理体系的适当性和有效性等进行独立审计。企业应根据合规审计和体系评价情况，进入合规风险再识别和合规制度再制定的持续改进阶段，保障合规管理体系全环节的稳健运行。

2. 国际标准化组织 ISO19600《合规管理体系 指南》的相关规定

国际标准化组织 ISO19600《合规管理体系 指南》第 3. 31 条以及第 9. 2 条对“audit”进行了规定。我国国家标准《合规管理体系 指南》第 2. 31 条和第 8. 2 条将其规定为“审核”。笔者认为，从国际标准化组织 ISO19600《合规管理体系 指南》第 3. 31 条以及第 9. 2 条所述“audit”的内容来看，将其理解为“审计”更为合适，或者说，这里的“audit”至少应包括“审计”的含义。

我国国家标准《合规管理体系 指南》第 2. 31 条规定，审核（audit）是为获取“审核证据”并对其进行客观的评价，以确定满足“审核准则”的程度所进行的系统的、独立的并形成文件的过程。第 8. 2 条对审核（audit）作了更加详细的规定：

组织宜至少在计划的时间间隔内安排审核，以提供信息。确定合规管理体系是否：A）符合：1）组织自身的准则；2）本标准的建议。B）有效实施和维护。需要时，也能进行额外审核。

组织宜：策划、建立、实施和维护审核方案，包括频率、方法、职责、策划要求和报告。审核方案宜考虑相关过程的重要性和前期审核的结果；界定审核准则和每次审核的范围；选择审核员，并进行审核，以确保审核过程客观公正；确保审核结果报告给相关管理层；保留文件化信息，作为实施审核方案和审核结果的证据。

二、合规审计与合规管理

（一）企业合规风险的三道防线

企业合规风险的三道防线，在巴塞尔银行监管委员会《合规与银行内部合规部门》中已初见雏形，要求合规部门应与审计部门分离，以确保合规部门的各项工作受到独立的复查。

国务院国资委《中央企业全面风险管理指引》第十条对风险管理三道防线提出了明确指引，要求具备条件的企业可建立风险管理三道防线，即各有关职能部门和业务单位为第一道防线；风险管理职能部门和董事会下设的风险管理委员会为第二道防线；内部审计部门和董事会下设的审计委员会为第三道防线。

原保监会《保险公司合规管理办法》第二十条至第二十三条对保险公司合规风险的三道防线作了具体规定，要求保险公司应当建立三道防线的合规管理框架，确保三道防线各司其职、协调配合，有效参与合规管理，形成合规管理合力。

1. 第一道防线（第二十一条）：各部门和分支机构

保险公司各部门和分支机构履行合规管理的第一道防线职责，对其职责范围内的合规管理负有直接和第一位的责任。要求保险公司各部门和分支机构主动进行日常的合规管控，定期进行合规自查，并向合规管理部门或者合规岗位提供合规风险信息或者风险点，支持并配合合规管理部门或者合规岗位的合规风险监测和评估。

2. 第二道防线（第二十二条）：合规管理部门和合规岗位

保险公司合规管理部门和合规岗位履行合规管理的第二道防线职责。合规管理部门和合规岗位应当履行合规管理职责，向公司各部门和分支机构的业务活动提供合规支持，组织、协调、监督各部门和分支机构开展合规管理各项工作。

3. 第三道防线（第二十三条）：内部审计部门

保险公司内部审计部门履行合规管理的第三道防线职责，定期对公司的合规管理情况进行独立审计。

（二）合规管理与内部审计分属相互独立的部门

有关企业合规管理的国际组织标准、指南以及我国国家标准、办法和指引都规定，合规管理与内部审计属于两个相互独立的部门。

1. 合规管理与内部审计分属合规风险的两道防线

如上所述，企业合规管理与内部审计分属企业合规风险的第二道防线与第三道防线，共同为企业合规风险的防控发挥作用。

2. 合规管理与内部审计属于两个不同管理职能部门

合规管理负责合规管理体系的建设、运行和保障，是企业内部控制的核心组成部分。合规审计属于企业内部审计的重要组成部分。两者属于不同的管理职能部门。

3. 合规管理与内部审计相互独立

巴塞尔银行监管委员会《合规与银行内部合规部门》原则 8、我国原银监会《商业银行合规风险管理指引》第二十二条、《企业境外经营合规管理指引》第二十六条，都要求合规部门与审计部门分离，以确保合规部门的各项工作受到独立的复查。

原保监会《保险公司合规管理办法》将合规管理与合规审计分属合规风险防范的第二道防线和第三道防线加以规定。《中央企业合规管理指引（试行）》第十一条将企业内部审计部门确定为企业合规组织之一，但属于与合规管理相互独立的部门，要求监察、审计、法律、内控、风险管理、安全生产、质量环保等相关部门在职权范围内履行合规管理职责。

（三）合规管理与合规审计的关系

1. 合规管理是合规审计的对象

有关企业合规管理的国际组织标准、指引以及我国国家标准、指引和办法都确定合规管理是合规审计的对象和范围。巴塞尔银行监管委员会《合规与银行内部合规部门》原则 8 规定，合规部门应与审计部门分离，以确保合规部门的各项工作受到独立的复查。

原银监会《商业银行合规风险管理指引》第二十二条要求，合规管理职能的履行情况应受到内部审计部门定期的独立评价。内部审计方案应包括合规管理职能适当性和有效性的审计评价，内部审计的风险评估方法应包括对合规风险的评估。

《企业境外经营合规管理指引》第二十六条规定，企业审计部门应对企业合规管理的执行情况、合规管理体系的适当性和有效性等进行独立审计。

2. 企业审计规章制度是合规审查的对象

有关企业合规管理的国际组织标准、指南以及我国国家标准、办法和指引都规定，合规审查是企业合规管理体系的基本构成要素。企业规章制度，包括企业审计规章制度和流程，都是合规审查的对象。

3. 合规管理向内部审计提供专业支持

合规审计的重要依据是合规规范。合规管理部门在提供、理解和解释合规规范方面向内部审计部门提供专业支持。

4. 合规管理评估为合规审计奠定基础

企业合规管理评估是企业合规组织（主要是企业治理机构和企业合规管理部门）对企业合规管理体系的适当性、有效性和充分性进行的自我评估。合规审计是对企业合规管理体系运行的适当性和有效性进行的内部审计。就合规组织而言，合规审计是来自外部的审查和监督，而合规管理评估是合规组织内部自我监督、纠错与持续改进的制度。

企业合规管理评估与合规审计除了分属不同部门的职责之外，两者在工作程序、方法、内容等方面都趋于一致。合规管理评估的内容多于合规审计，合规管理评估的范围包括合规管理体系的适当性、充分性和有效性；而合规审计只审计合规管理体系的适当性和有效性，不包括充分性审计。合规管理评估一般先于合规审计，并为合规审计奠定基础。

5. 合规管理与内部审计的协作联动

协同性原则是企业合规管理的基本原则之一，这同样反映在合规管理与内部审计方面。

（1）统筹衔接

《中央企业合规管理指引（试行）》第四条第（三）项要求推动合规管理与法律风险防范、监察、审计、内控、风险管理等工作相统筹、相衔接，确保合规管理体系有效运行。

《企业境外经营合规管理指引》第十二条对合规管理协调作了专门规定，要求合规管理部门与其他监督部门分工协作，与其他具有合规管理职能的监督部门（如审计部门、监察部门等）应建立明确的合作和信息交流机制，加强协调配合，形成管理合力。

（2）信息沟通

有关合规管理的国际组织标准、指南以及我国国家标准、办法和指引都要求，合规管理部门应与审计部门相互沟通信息：审计部门应该将与合规有关的任何审计情况和调查结果通报合规管理部门；合规管理部门也可以根据合规风险的监测情况主动向内部审计部门提出开展审计工作的建议。

三、合规审计的原则及分类

（一）合规审计的原则

我国《中央企业内部审计管理暂行办法》第十四条和中国内部审计协会《内部审计基本准则》都规定了内部审计的独立性原则、客观性原则和公正性原则。这些原则同样适用于合规审计。

1. 独立性原则

独立性是企业内部审计的首要和最基本的原则，要求企业内部审计部门独立开展内部审计，不受其他部门或个人干预。有关企业合规管理的国际组织标准、指南以及我国国家标准、办法和指引，我国《中央企业内部审计管理暂行办法》和《内部审计基本准则》都确认了合规审计的独立性原则。

2. 客观性原则

《内部审计基本准则》第四章对审计的客观性作了专章规定，同样适用于合规审计。

企业内部审计人员实施内部审计业务时，应当实事求是，不得因偏见、利益冲突而影响职业判断。企业内部审计人员实施内部审计业务，应当采取步骤对客观性进行评估，识别可能影响客观性的因素，并采取措施保障内部审计的客观性。当内部审计人员的客观性受到严重影响，且无法采取适当措施降低影响时，应停止实施有关业务，并及时向董事会或者最高管理层报告。

3. 公正性原则

企业内部审计的公正性原则要求企业内部审计人员公正、不偏不倚地作出审计职业判断，出具客观公正的审计报告，不得滥用职权、徇私舞弊、泄露秘密、玩忽职守。企业内部审计人员与审计事项有利害关系的，应当回避。这些规定同样适用于合规审计。

（二）合规审计的分类

1. 全面合规审计与专项合规审计

中国内部审计协会《第 2201 号内部审计具体准则——内部控制审计》将内部控制审计从范围上划分为全面内部控制审计和专项内部控制审计。同样，合规审计可以划分为全面合规审计与专项合规审计。

全面合规审计是针对企业全面合规管理体系的建立和运行的适当性和有效性所进行的全面审计；专项合规审计是针对企业合规管理体系的某个构成要素、某一业务领域或者某一业务部门（包括合规管理部门）的合规管理所进行的审计。

2. 定期合规审计、临时合规审计和后续合规审计

按照合规审计的频率，可以划分为定期、临时和后续合规审计。

定期合规审计，主要是指年度合规审计，由企业内部审计部门按照年度审计计划开展年度合规审计。

临时合规审计，是指对某一突发合规风险事件，或者按照治理机构的指示，或者依照自我决定，企业内部审计部门可以进行临时合规审计。

后续合规审计，是指内部审计机构为跟踪检查被审计单位针对审计发现的问题所采取的纠正措施及其改进效果，而进行的后续审查和评价活动。

四、合规审计的内容

企业合规审计在于对企业合规管理体系的适当性和有效性进行审计，与企

业合规管理评估的内容趋于一致。全面合规审计的内容涵盖企业全面合规管理体系的建立和运行的适当性和有效性的全面审计，专项合规审计限于对企业合规管理体系的某个构成要素、某一业务领域或者某一业务部门（包括合规管理部门）的合规管理的适当性和有效性合规审计。

（一）审计合规管理的适当性

《企业境外经营合规管理指引》将适当性确立为企业合规管理的一项基本原则，要求确保企业合规管理的适当性。合规管理的适当性包括合规规范的适用性、兼顾成本和效率、可操作性和持续适用。

（二）审计合规管理的有效性

合规管理的有效性英文为“compliance management effectiveness”，是指合规管理体系得到有效运行，合规风险得到有效防范和应对，企业经营管理的稳健和安全性得到有效保障。

（三）认定合规管理缺陷

中国内部审计协会《第2201号内部审计具体准则——内部控制审计》第五章对内部控制缺陷的认定作了具体规定，同样适用于合规审计。

1. 设计缺陷和运行缺陷

上述准则第二十一条规定，内部控制缺陷包括设计缺陷和运行缺陷。内部审计人员应当根据内部控制审计结果，结合相关管理层的自我评估，综合分析后提出内部控制缺陷认定意见，按照规定的权限和程序进行审核后予以认定。

2. 合规管理缺陷登记

上述准则第二十二条规定，内部审计人员应当根据获取的证据，对内部控制缺陷进行初步认定，并按照其性质和影响程度分为重大缺陷、重要缺陷和一般缺陷。

重大缺陷，是指一个或者多个控制缺陷的组合，可能导致组织严重偏离合规管理目标。重要缺陷，是指一个或者多个控制缺陷的组合，其严重程度和经济后果低于重大缺陷，但仍有可能导致组织偏离控制目标。一般缺陷，是指除重大缺陷、重要缺陷之外的其他缺陷。

重大缺陷、重要缺陷和一般缺陷的认定标准，由内部审计机构根据上述要求，结合本组织具体情况确定。

3. 合规管理缺陷报告

上述准则第二十三条要求，内部审计人员应当编制内部控制缺陷认定汇总表，对内部控制缺陷及其成因、表现形式和影响程度进行综合分析和全面复核，提出认定意见，并以适当的形式向组织适当管理层报告。重大缺陷应当及时向组织董事会或者最高管理层报告。

五、合规审计的程序和方法

（一）合规审计程序

按照中国内部审计协会《第 2201 号内部审计具体准则——内部控制审计》第十六条的规定，内部控制审计主要包括下列程序：（1）编制项目审计方案；（2）组成审计小组；（3）实施现场审查；（4）认定合规管理缺陷；（5）汇总合规审计结果；（6）编制合规审计报告。

内部合规审计人员在实施现场审查之前，可以要求被审计单位提交最近一次的合规管理评估报告。内部合规审计人员应当结合合规管理评估报告，确定合规审计内容及重点，实施合规审计。

按照中国内部审计协会《第 2201 号内部审计具体准则——内部控制审计》第二十四条的规定，内部控制审计报告的内容，应当包括审计目标、依据、范围、程序与方法、内部控制缺陷认定及整改情况，以及内部控制设计和运行有效性的审计结论、意见、建议等相关内容。

（二）合规审计方法

按照中国内部审计协会《第 2201 号内部审计具体准则——内部控制审计》第十九条的规定，企业合规审计的方法包括以下七个方面，与中国证券业协会《证券公司合规管理有效性评估指引》规定的合规管理评估方法相类似：（1）访谈；（2）问卷调查；（3）专题讨论；（4）穿行测试；（5）实地查验；（6）抽样；（7）比较分析。

（三）合规审计报告

中国内部审计协会《第2201号内部审计具体准则——内部控制审计》第六章对内部控制审计报告进行了规定，同样适用于企业合规审计报告。

1. 合规审计报告的内容

该准则第二十四条规定，内部控制审计报告的内容应当包括：（1）审计目标；（2）依据；（3）范围；（4）程序与方法；（5）内部控制缺陷认定及整改情况；（6）内部控制设计和运行有效性的审计结论、意见、建议等。

2. 合规审计报告的报批

该准则第二十五条规定，内部审计机构应当向组织适当管理层报告内部控制审计结果。一般情况下，全面内部控制审计报告应当报送组织董事会或者最高管理层。包含有重大缺陷认定的专项内部控制审计报告在报送组织适当管理层的同时，也应当报送董事会或者最高管理层。

3. 合规审计报告的披露

该准则第二十六条规定，经董事会或者最高管理层批准，内部控制审计报告可以作为《企业内部控制评价指引》中要求的内部控制评价报告对外披露。

第二节　合规管理评估

企业合规管理评估是企业合规组织（主要是企业治理机构和企业合规管理部门）对企业合规管理体系的适当性、有效性和充分性，进行自我审查、评价、监督和持续改进。

企业合规管理评估与合规审计不同。合规审计是企业审计部门对企业合规管理的执行情况、合规管理体系的适当性和有效性等进行的独立审计。就合规组织而言，合规审计是来自外部的审查和监督，而合规管理评估则是合规组织内部自我监督与纠错的制度。

合规管理评估英文为“Compliance Management Review”，或是“Compliance Assessment”。我国国家标准《合规管理体系 指南》在第8.3条将其翻译为合规管理评审。《亚太经合组织高效率公司合规项目基本要素》称之为定期评估和测试（Periodic Review and Testing），并将其作为企业合规管理十一大基本要素之一。

巴塞尔银行监管委员会《合规与银行内部合规部门》《中央企业合规管理指引（试行）》《企业境外经营合规管理指引》《商业银行合规风险管理指引》《保险公司合规管理办法》以及《证券公司和证券投资基金管理公司合规管理办法》称之为合规管理评估。我们倾向于后一种称谓，即“合规管理评估”，以更能反映其目的和内容，并使之更容易与“合规审查”“合规审计”等相区别。

按照有关合规管理的国际组织标准、指引以及我国国家标准、指引和办法的规定，合规管理评估的目的是及时发现合规管理体系运行过程中存在的问题和不足，并进行整改和持续改进，确保企业合规管理体系持续的适用性、充分性和有效性。

一、合规管理评估的机构

（一）合规管理评估机构

梳理有关企业合规管理的国际组织标准、指引以及我国国家标准、指引和办法，合规管理评估机构包括：

1. 合规管理部门

巴塞尔银行监管委员会《合规与银行内部合规部门》第三十九条规定，合规部门应该评估银行各项合规程序和指引的适当性，立即深入调查任何已识别的缺陷，如有必要，系统地提出修改建议。

原银监会《商业银行合规风险管理指引》第十八条第（五）项规定，合规管理部门评估合规管理程序和合规指南的适当性，为员工恰当执行法律、规则和准则提供指导。

2. 合规委员会

《中央企业经营合规管理指引（试行）》第八条规定，中央企业设立合规委员会，与企业法治建设领导小组或风险控制委员会等合署，承担合规管理的组织领导和统筹协调工作，定期召开会议，研究决定合规管理重大事项或提出意见建议，指导、监督和评价合规管理工作。《企业境外经营合规管理指引》也有类似的规定。

3. 高级管理人员（治理机构成员）

世界银行集团《诚信合规指南摘要》第三条规定，高管人员应采用系统的方法监督合规计划，定期检查合规计划在预防、发现、调查和应对各种不当行为方面的适用性、充分性和有效性。

巴塞尔银行监管委员会《合规与银行内部合规部门》在“定期评估与测试”这一合规管理基本要素中规定，企业高级管理人员应监督合规管理项目，定期评估项目的适用性、充分性和有效性，并实施适当的改进措施。

我国国家标准《企业合规管理 指南》第 8.3 条规定，最高管理者宜按计划定期评审组织的合规管理体系，以确保其持续的适用性、充分性和有效性。

4. 董事会

我国证监会《证券公司和证券投资基金管理公司合规管理办法》第七条规定，证券基金经营机构董事会决定本公司的合规管理目标，对合规管理的有效性承担责任，履行下列合规管理职责：……（六）评估合规管理有效性，督促解决合规管理中存在的问题……

（二）合规管理评估小组

1. 合规管理评估具有很强的专业性。合规管理评估机构宜组建合规管理评估小组开展合规管理评估。

中国证券业协会《证券公司合规管理有效性评估指引》第六条第一款规定，证券公司开展合规管理有效性评估，应当由董事会、监事会或董事会授权管理层组织评估小组或委托外部专业机构进行。

2. 宜由企业合规负责人担任合规管理评估小组组长，并由合规管理部门、相关职能部门（如内控、审计、财务等）以及外聘的专业中介机构（如外部律师）等委派人员共同组成合规管理评估小组。

二、合规管理评估的内容

合规管理评估在于评估合规管理的适用性、充分性和有效性。

(一) 合规管理的适用性

适用性即英文中的“suitability”，也有学者将其翻译为“适当性”。《企业境外经营合规管理指引》将适用性确立为企业合规管理的一项基本原则，要求企业合规管理在以下几个方面确保企业合规管理的适用性:

1. 合规规范的适用性

企业根据其经营所在国家和地区、经营范围、行业、产品等确定适用的外部合规规范，跟踪适用的外部合规规范的修改、补充以及新的适用的外部合规规范。

企业根据其经营范围、组织结构、业务规模的内部环境因素以及外部合规规范制定企业内部合规规范，并根据前述因素的变更等，调整、修改、补充企业内部合规规范并确保其适用性。

2. 兼顾成本和效率

企业合规管理要根据企业的实际情况，在保障合规的前提下，节约成本，保证效率。

3. 可操作性

企业合规管理体系，尤其是合规管理制度应当具有可操作性，切忌好高骛远，空中楼阁，若没有实际可操作性将成为鸡肋，从而影响企业合规的积极性和有效性。

4. 持续适用

企业应随着内外部环境的变化持续调整和改进合规管理体系，保证其持续适用性。

(二) 合规管理的充分性

充分性即英文中的“adequacy”。合规管理的充分性是合规管理“全面性”原则的基本要求，即企业合规管理应覆盖企业各业务领域、各部门、各级子企业和分支机构、全体员工，贯穿决策、执行、监督全流程，并体现于决策机制、内部控制、业务流程等各个方面。

企业合规管理的充分性要求:（1）向合规管理配置充分的资源，包括充分的人力、物力、财力、技术支持和保障;（2）配备充分的合规管理人员，并为其履行合规管理职责提供充分条件；（3）保障合规管理人员履职所需充分的自主权、知情权和调查权；（4）合规管理部门与合规管理人员应与其他职能管理部门和业务部门充分沟通协调；（5）应确保企业全体员工充分了解和理解企业的合规方针、合规承诺即合规要求；（6）鼓励和支持充分和坦诚报告的文化；（7）对违规举报人给予充分的保护；（8）建立全面、充分、有效的违规问责机制。

（三）合规管理的有效性

合规管理的有效性英文为“compliance management effectiveness”，是指合规管理体系有效运行，合规风险得到有效防范和应对，企业经营管理的稳健和安全性得到有效保障。

1. 综合我国有关企业合规管理的国家标准、指引和办法的规定以及中国证券业协会《证券公司合规管理有效性评估指引》，合规管理的有效性表现在以下几个方面：

（1）企业治理机构的高级管理人员等（企业领导）作出合规承诺，并作出合规表率，这是有效合规管理的前提；

（2）合规组织建设、合规管理人员配备情况，其履行合规管理职责情况；

（3）合规管理制度和流程的制定及运行状况；

（4）企业合规风险三道防线（业务部门、合规管理部门、审计部门）各司其职、协调配合，有效参与合规管理，形成合规管理合力是有效合规管理的保障；

（5）实施有效的合规风险管理，包括合规风险评估、应对、监测和预警以及持续改进；

（6）向企业所有员工提供有效的合规培训；

（7）建立全面有效的合规问责制度，明晰合规责任范围，细化违规惩处标准，严格认定和追究违规行为责任；

（8）建立有效的信息系统，是有效合规管理的工具保障。

2. 参考中国证券业协会《证券公司合规管理有效性评估指引》，对合规管理评估的有效性进行评估，应涵盖以下三个方面的内容：

（1）对合规管理环境的评估，重点关注公司高层是否重视合规管理、合规文化建设是否到位、合规管理制度是否健全、合规管理的履职保障是否充分等。

（2）对合规管理职责履行情况的评估，重点关注合规咨询、合规审查、合规检查、合规监测、合规培训、合规报告、监管沟通与配合、信息隔离墙管理、反洗钱等合规管理职能是否有效履行。

（3）对经营管理制度与机制建设运行情况的评估，重点关注各项经营管理制度和操作流程是否健全，是否与外部法律、法规和准则相一致，是否能够根据外部法律、法规和准则的变化及时修订、完善，以及是否能够严格执行经营管理制度和操作流程，是否能够及时发现并纠正有章不循、违规操作等问题。

（四）合规管理评估须考虑的因素

按照我国国家标准《企业合规管理 指南》第 8.3 条，合规管理评估宜考虑以下几个方面：（1）以前管理评估措施的状态；（2）合规方针的充分性；（3）合规目标实现的程度；（4）资源的充分性；（5）与合规管理体系相关的内外部问题的变化；（6）合规绩效信息，包括以下各项体现的趋势：不合格、纠正措施和解决的时间表，监视和测量的结果，与相关方的沟通，包括投诉、审核的结果；（7）持续改进的机会。

三、合规管理评估的程序

按照我国国家标准《企业合规管理 指南》第 8.3 条，参考中国证券业协会《证券公司合规管理有效性评估指引》，合规管理评估一般包括五个阶段，即评估准备、评估实施、评估报告、后续整改以及考核评价与问责。

（一）评估准备

合规管理评估准备包括：

1. 成立评估小组，进行职责分工，并对评估小组成员开展必要的培训。企业须确保评估小组具备独立开展合规管理评估的权力，确保评估小组成员具备相应的胜任能力。

2. 制订评估实施方案，明确评估目的、范围、内容、分工、进程和要求，制作评估底稿等评估工作文件。

（二）评估实施

合规管理评估实施包括以下几个方面：

1. 各部门自评

合规管理评估小组组织各部门（评估对象）开展合规自评，由各部门如实填写评估底稿，提交评估相关材料。

2. 收集内外部资料，明确评估重点

合规管理评估小组收集评估期内外部监管检查意见、审计报告、合规报告、投诉、举报、媒体报道等资料，明确评估重点。

3. 复核各部门自评底稿，进行合规管理评估

评估小组对各部门自评底稿进行复核，并采取合规管理评估方法，针对评估期内发生的合规风险事项开展重点评估，查找合规管理缺陷，分析问题产生原因，提出整改建议。

4. 复核

评估小组应当在评估工作结束前，与被评估部门就合规管理有效性评估的内容和结果进行必要沟通，就评估发现的问题进行核实。被评估部门应积极配合，并及时反馈意见。

（三）评估报告

合规管理评估部门开展合规管理评估，应起草合规管理评估报告，至少应包括：评估依据、评估范围和对象、评估程序和方法、评估内容、发现的问题及改进建议、前次评估中发现问题的整改情况等。

合规管理评估报告总的改进建议宜包括以下几个方面：（1）合规方针以及与它相关的目标、体系、结构和人员所需的改变；（2）合规过程的改变以确保与运行实践和体系有效整合；（3）需监视的未来潜在不合规的区域；（4）与不合规相关的纠正措施；（5）当前合规体系和长期持续改进的目标之间的差距和缺陷；（6）认可组织内的示范性合规行为。

合规管理评估报告应按企业内部规定履行报批程序。

（四）后续整改

1. 制订整改方案

合规管理评估报告经批准后，对于合规管理评估发现的问题，合规管理评估小组或者企业相关权力机构应要求其他部门制订整改方案，明确整改责任部门、整改内容、整改目标和时间表。

2. 监督与报告

合规管理部门应当对评估发现问题的整改情况进行持续关注和跟踪，指导并监督相关部门全面、及时完成整改。整改责任部门应当及时向公司管理层报告整改进展情况。

（五）考核评价与问责

1. 考核评价

企业应当将合规管理评估结果纳入企业管理层、合规管理部门、各业务部门和分支机构及其工作人员的绩效考核范围。

2. 问责

对合规管理有效性评估中新发现的违法、违规行为，企业应当及时对责任人采取问责措施。对在合规管理有效性评估过程中出现拒绝、阻碍和隐瞒的，企业应当采取相应的问责措施。

四、合规管理评估的方法和分类

（一）合规管理评估的方法

参考中国证券业协会《证券公司合规管理有效性评估指引》，合规管理评估的方法包括访谈、文本审阅、问卷调查、知识测试、抽样分析、穿行测试、系统及数据测试等。

1. 关于抽样分析

评估小组可以根据合规管理评估所关注的重点，对业务与管理事项进行抽样分析，按照业务发生频率、重要性及合规风险的高低，从确定的抽样总体中抽取一定比例的样本，并对样本的符合性作出判断。

2. 关于穿行测试

评估小组可以对具体业务处理流程开展穿行测试，检查与其相关的原始文件，并根据文件上的业务处理踪迹，追踪流程，对相关管理制度与操作流程的实际运行情况进行验证。

3. 关于系统及数据测试

评估小组可以对涉及的企业业务进行系统及数据测试，重点检查相关业务系统中权限、参数设置的合规性，并调取相关业务数据，将其与相应的业务凭证或其他工作记录相比对，以验证相关业务是否按规则运行。

（二）合规管理评估的分类

对合规管理评估可以从不同角度进行分类：

1. 全面合规管理评估与专项合规管理评估

按照中国证券业协会《证券公司合规管理有效性评估指引》，从合规管理评估的范围和内容上分析，可以划分为全面合规管理评估与专项合规管理评估。

（1）全面合规管理评估

全面合规管理评估是针对企业整个合规管理体系进行评估，是以合规风险为导向，合规管理评估覆盖合规管理各环节，重点关注可能影响合规目标实现的关键业务及管理活动，客观揭示合规管理状况。

（2）专项合规管理评估

专项合规管理评估是针对某一具体部门，某一业务领域，或者某一重大或反复出现的合规风险和违规问题，进行专门的合规管理评估。

2. 定期评估、临时评估与反复评估

按照合规管理的频率，可以划分为定期评估、临时评估与反复评估。

（1）定期评估

证监会《证券公司和证券投资基金管理公司合规管理办法》第三十一条第一款规定，证券基金经营机构应当组织内部有关机构和部门或者委托具有专业资质的外部专业机构对公司合规管理的有效性进行评估，及时解决合规管理中存在的问题。对合规管理有效性的全面评估，每年不得少于1次。委托具有专业资质的外部专业机构进行的全面评估，每 3 年至少进行 1 次。

企业可以根据自己业务规模、行业特点、合规风险情况、行业监管要求等，确定本企业合规管理评估的频率。以下合规管理评估的频率值得参考：

全面合规管理评估：企业建立合规管理体系后的前三年，宜每年一次；以后每两年一次。专项合规管理评估：企业可以选择针对各职能管理部门和业务管理部门，轮流进行专项合规管理评估，每年评估一至两个部门。

（2）临时评估

对某一突发合规风险事件，或者按照治理机构的指示，或者依照自我决定，合规管理评估机构可以进行临时合规管理评估。

（3）反复评估

对重大或反复出现的合规风险和违规问题，宜进行再评估和多次评估。

3. 集团评估、同级评估与自我评估

按照评估机构的级别来划分，可以划分为集团评估、同级评估与自我评估。

集团评估，是指集团合规管理部门对各子公司进行合规管理评估。同级评估是指合规管理部门对其他职能管理部门和业务部门进行的合规管理评估。自我评估，是指合规组织对自我合规管理进行的评估。

第三节　合规文化培育与推广

我国国家标准《合规管理体系 指南》第 2. 19 条规定，合规文化是贯穿整个企业的价值观、道德规范和信念，与组织的结构和控制系统相互作用，产生有利于合规成果的行为准则。

企业合规文化既是企业合规管理体系的基本构成要素，也是企业文化的重要组成部分。

一、企业文化

企业文化是企业在经营管理中形成的企业经营理念、经营目的、经营方针、核心价值观、企业使命、社会责任、企业形象等的总和。

（一）企业文化的构成

一般认为，企业文化由四个层次构成：

1. 物质文化

物质文化是表层的企业文化，主要包括企业的生产环境（厂房），机械设备，以及产品的造型、外观、包装、质量等物质形态，是物质文明建设在企业文化的具体体现。

2. 行为文化

企业行为包括企业与第三方之间（包括企业与员工之间）、企业与商业伙伴之间、企业与政府部门之间、企业与社会之间的行为。企业行为文化表现为企业管理人员和员工在生产经营管理及学习、培训、团体活动中产生的行为文化。

3. 制度文化

企业制度文化在于对企业管理人员和员工的行为文化赋予一定限制，是企业行为实现的保障。企业制度文化包括企业治理机制、企业组织结构和授权体系以及企业各项规章制度和流程。企业章程、企业组织及职责分工、工艺操作流程、合规管理制度与流程、考核奖惩办法等，均属于企业制度文化的内容。

4. 精神文化

企业精神文化又称企业精神，是企业文化的核心，是精神文明建设在企业的具体体现。企业精神文化是企业在长期生产经营管理过程中逐步形成的企业意识形态的总和，包括：（1）企业的经营理念；（2）企业核心价值观；（3）企业使命；（4）企业经营方针，如质量方针、环安卫方针等；（5）企业精神，即企业基于自身性质、宗旨、任务和发展方向等，经过精心培养而形成的企业管理人员和全体员工独特的精神风貌；（6）企业道德，是由善恶、公私、荣辱、诚实与虚伪等构成的道德规范；（7）团体意识；（8）企业形象，包括企业门牌、厂徽、司标、广告、商标、服装以及企业视觉识别系统（VIS）等。

（二）企业文化的作用

企业文化展示企业鲜明的个性和时代特色，是企业的灵魂，是企业核心竞争力和发展的原动力。综合起来，企业文化的作用包括：（1）激发企业全体员工的使命感；（2）提高企业全体员工的凝聚力和向心力，形成员工极强的归属感；（3）加强员工的责任感；（4）赋予员工荣誉感。

二、企业合规文化

（一）企业合规文化的定义

我国国家标准《合规管理体系 指南》第 2.19 条对合规文化作了专门定义，即合规文化是贯穿整个组织的价值观、道德规范和信念，与组织的结构和控制系统相互作用，产生有利于合规成果的行为准则。

结合企业文化的定义，企业合规文化可以定义为：企业在合规管理中形成的合规理念、合规目的、合规方针、合规价值观、合规管理体系、合规管理运行等的总和。

（二）企业合规文化是企业文化的组成部分

企业合规文化是企业文化的组成部分。原银监会《商业银行合规风险管理指引》第六条第一款要求商业银行加强合规文化建设，将合规文化建设融入企业文化建设全过程。

原保监会《保险公司合规管理办法》第四条要求保险公司倡导和培育良好的合规文化，努力培育公司全体保险从业人员的合规意识，并将合规文化建设作为公司文化建设的一个重要组成部分。

（三）企业合规文化是企业合规管理体系的基本构成要素

从有关合规管理的国际组织标准、指南以及我国国家标准、办法和指引的规定来看，企业合规文化是企业合规管理体系的基本构成要素。

我国国家标准《合规管理体系 指南》第 2.19 条对合规文化作了专门定义，第 6.3.2.3 条对支持合规文化发展的因素以及合规文化形成的体现提供了具体指引。

原保监会《保险公司合规管理办法》第三条要求保险公司推动合规文化建设，倡导和培育良好的合规文化。第二十五条要求保险公司制定合规政策，包括保险公司进行合规管理的目标和基本原则和倡导的合规文化等内容。

证监会《证券公司和证券投资基金管理公司合规管理办法》第四条要求证券基金经营机构倡导和推进合规文化建设，培育全体工作人员合规意识，提升合规管理人员职业荣誉感和专业化、职业化水平。

《中央企业合规管理指引（试行）》第二十七条要求中央企业积极培育合规文化。《企业境外经营合规管理指引》第四条规定合规管理框架，明确要求企业以倡导合规经营价值观为导向培育合规文化，并在第八章用专章来规范企业合规文化建设。

（四）企业合规文化就是企业法治文化

国务院国资委于 2015 年 12 月 8 日发布《关于全面推进法治央企建设的意见》，要求把依法治企要求全面融入企业决策运营各个环节，贯穿各业务领域、各管理层级、各工作岗位，努力实现法治工作全流程、全覆盖，同时突出依法治理、依法合规经营、依法规范管理等重点领域法治建设；打造企业法治文化，大力推进法治文化建设，弘扬法治精神，增强法治理念，努力使全体员工成为法治的忠实崇尚者、自觉践行者、坚定捍卫者。

该意见要求到 2020 年，中央企业依法治理能力进一步增强，依法合规经营水平显著提升，依法规范管理能力不断强化，全员法治素质明显提高，企业法治文化更加浓厚，依法治企能力达到国际同行业先进水平，努力成为治理完善、经营合规、管理规范、守法诚信的法治央企。

该意见还要求地方国有资产监督管理机构参照该意见，积极推进所出资企业法治建设。可见，企业合规文化就是企业法治文化。

（五）企业合规文化的基本内容

有关合规管理的国际组织标准、指引以及我国国家标准、指引和办法对企业合规文化的基本内容提出了指引，具体包括：

1. 合规理念

（1）合规从领导做起

《合规管理体系 指南》第 6. 3. 2. 3 条、证监会《证券公司和证券投资基金管理公司合规管理办法》第四条、原银监会《商业银行合规风险管理指引》第六条、《企业境外经营合规管理指引》第二十九条。

（2）全员主动合规

原银监会《商业银行合规风险管理指引》第六条、原保监会《保险公司合规管理办法》第四条、证监会《证券公司和证券投资基金管理公司合规管理办法》第四条。

（3）合规创造价值

原银监会《商业银行合规风险管理指引》第六条、原保监会《保险公司合规管理办法》第四条、证监会《证券公司和证券投资基金管理公司合规管理办法》第四条。

（4）全员安全、质量、诚信和廉洁

《中央企业合规管理指引（试行）》第二十七条。

（5）合规是企业生存的基础

证监会《证券公司和证券投资基金管理公司合规管理办法》第四条。

2. 合规价值观

（1）诚信与正直

原银监会《商业银行合规风险管理指引》第六条。

（2）诚实守信

原保监会《保险公司合规管理办法》第四条、《中央企业合规管理指引（试行）》第二十七条、《企业境外经营合规管理指引》第二十九条。

（3）依法合规

《中央企业合规管理指引（试行）》第二十七条、《企业境外经营合规管理指引》第二十九条。

3. 合规行为

（1）与外部监管部门有效互动

促进企业自身合规与外部监管的有效互动。我国原银监会《商业银行合规风险管理指引》第六条、原保监会《保险公司合规管理办法》第四条。

（2）培训

治理机构、管理层和具有合规义务的所有员工都宜具备有效履行合规义务的能力。确保能通过多种方式获得能力，包括通过教育、培训或工作经历获取必需的技能和知识。培训项目的目标是确保所有员工有能力以与组织合规文化和对合规的承诺一致的方式履行角色职责。

（3）制定和发放合规手册、签订合规承诺书

《中央企业合规管理指引（试行）》第二十七条。

4. 合规管理人员荣誉感

证监会《证券公司和证券投资基金管理公司合规管理办法》第四条。

三、企业合规文化的培育

如上所述，有关合规管理的国际组织标准、指引以及我国国家标准、指引和办法，都要求企业积极培育企业合规文化，提高全体员工的合规意识，提升合规管理人员职业荣誉感和专业化、职业化水平。

（一）支持合规文化发展的因素

我国国家标准《合规管理体系 指南》第6.3.2.3条详细列明了支持合规文化发展的因素，梳理如下：

1. 合规价值观：企业应有清晰的价值观系列。

2. 合规从管理层做起：管理层积极实施和遵守价值观。

3. 平等原则：不论职位，处理相似措施时保持一致。

4. 身体力行：合规管理人员在监视、辅导和指导合规管理过程中以身作则。

5. 员工聘用前合规尽职调查：对潜在员工进行适当的就业前评估。

6. 培训：持续进行合规培训（包括更新培训内容），在入职培训或新员工训练中强调合规和企业价值观。

7. 沟通：持续就合规问题进行沟通（包括公开和适当的沟通）。

8. 合规考核与评价：建立绩效考核体系，考虑对合规行为的评估，并将合规表现与工资挂钩，以实现合规关键绩效措施和结果。

9. 激励：对合规管理业绩和结果予以明确认可。

10. 问责：对故意或因疏忽而违反合规义务给予及时和适当的惩罚。

11. 协同联动：在组织战略和个人角色之间建立清晰的联系，反映出合规是实现企业合规结果所必不可少的。

（二）企业合规文化形成的表现

按照我国国家标准《合规管理体系 指南》第6.3.2.3条，企业合规文化的形成体现于以下方面的实现程度：

1. 以上（一）所述所有上述事项（“支持合规文化发展的因素”）均得到充分实施。

2. 利益相关方（尤其是员工）相信上述事项已得到充分实施。

3. 员工充分了解与其自身活动和所在业务部门活动相关的合规义务。

4. 企业各层按要求针对不合规进行“自主”补救，并采取相应措施。

5. 合规团队所扮演的角色及其目标得到重视。

6. 员工有能力且受到鼓励向相应的管理层提出其合规疑虑。

（三）企业合规文化的培育方法

有关合规管理的国际组织标准、指南以及我国国家标准、办法和指引提出了企业合规文化培训方法指引，列示如下：

1. 领导承诺

发展合规文化要求治理机构、最高管理者和管理层，对企业的各个领域所要求的共同的、已发布的行为标准作出积极的、可见的、一致的和持久的承诺（《合规管理体系 指南》第6.3.2.3条）。

2. 领导层（董事会和高级管理人员）身体力行，积极推动

《合规管理体系 指南》第6.3.2.3条、证监会《证券公司和证券投资基金管理公司合规管理办法》第四条、原银监会《商业银行合规风险管理指引》第六条、《企业境外经营合规管理指引》第二十九条。

3. 制定和发放合规手册、签订合规承诺书

《中央企业合规管理指引（试行）》第二十七条。

4. 促进企业自身合规与外部监管的有效互动

原银监会《商业银行合规风险管理指引》第六条、原保监会《保险公司合规管理办法》第四条。

5. 培训

治理机构、管理层和具有合规义务的所有员工都宜具备有效履行合规义务

的能力。确保能通过多种方式获得能力，包括通过教育、培训或工作经历获取必需的技能和知识。培训项目目标是确保所有员工有能力以与组织合规文化和对合规的承诺一致的方式履行角色职责。

（四）企业合规文化推广

有关合规管理的国际组织标准、指南以及我国国家标准、办法和指引提出了企业合规文化推广指引，列示如下：

1. 企业应将合规作为企业经营理念和社会责任的重要内容，并将合规文化传递至利益相关方（《企业境外经营合规管理指引》第二十九条）。

2. 企业应促进自身合规与外部监管的有效互动（原银监会《商业银行合规风险管理指引》第六条、原保监会《保险公司合规管理办法》第四条）。

后　记

本书作为城市轨道交通企业的法务管理者与律师事务所的合规实务操作者合作的专著，具有别样的意义。在全社会日益关注企业合规管理的大背景下，如果能够将合规管理体系建设的理论与行业的合规管理实务相结合，将会使得问题的研究更有实践意义。

随着城市轨道交通行业的深入发展，企业的法务管理者及外部的法律服务机构对合规管理实务工作的不断深入，加之实践中相关的行业合规风险也不断增加，有越来越多的合规管理诉求需要给出切实可行的解决方案。而且，随着作者团队合规管理实践的积累和经验的丰富，作者也感到自身越来越有能力、越来越有必要撰写一本城市轨道交通行业的合规管理实务书籍，以回应法律实践的需求，同时也借此对相关问题进行进一步的探索。

于是，本书作者及团队的伙伴们，在紧张的日常工作之余，加班加点撰写本书，从图书的题目到全书的提纲体例，从每一章节的结构到相关案例、法规的梳理总结，无不凝结着作者团队的集体智慧和经验结晶，本书的最终完成离不开作者团队的努力，一个个不眠之夜终究结出了丰硕的成果。

本书由王松山、周海燕、王凯编著，负责统筹撰写全书及定稿，并由王凯负责全书的统稿。本书得以付梓，也离不开中国法制出版社编辑们的辛勤努力，在此致以诚挚的感谢。本书的内容虽经作者深思熟虑，但也难免存在偏差，望读者不吝批评指正！

图书在版编目（CIP）数据

城市轨道交通行业合规实务操作指南／王松山，周海燕，王凯著．—北京：中国法制出版社，2022.9
ISBN 978－7－5216－2865－4

Ⅰ.①城…　Ⅱ.①王…　②周…　③王…　Ⅲ.①城市交通－轨道交通－交通法－中国－指南　Ⅳ.①D922.144

中国版本图书馆CIP数据核字（2022）第162826号

责任编辑　李璞娜　　　　封面设计　杨泽江

城市轨道交通行业合规实务操作指南

CHENGSHI GUIDAO JIAOTONG HANGYE HEGUI SHIWU CAOZUO ZHINAN

著者/王松山　周海燕　王凯
经销/新华书店
印刷/三河市紫恒印装有限公司
开本/710毫米×1000毫米　16开　　　　印张/18.75　字数/234千
版次/2022年9月第1版　　　　2022年9月第1次印刷

中国法制出版社出版
书号ISBN 978－7－5216－2865－4　　　　定价：70.00元

北京市西城区西便门西里甲16号西便门办公区
邮政编码：100053　　　　传真：010－63141600
网址：http：//www.zgfzs.com　　　　**编辑部电话：010－63141663**
市场营销部电话：010－63141612　　　　**印务部电话：010－63141606**

（如有印装质量问题，请与本社印务部联系。）